Der Glaube als Weg und als Zeugnis

Norbert Brox

Der Glaube als Weg und als Zeugnis

Nach biblischen und altchristlichen Zeugnissen

Herausgegeben von Ferdinand R. Prostmeier
und Knut Wenzel

MATTHIAS-GRÜNEWALD-VERLAG

Mix
Produktgruppe aus vorbildlich bewirtschafteten
Wäldern, kontrollierten Herkünften und
Recyclingholz oder -fasern
www.fsc.org Zert.-Nr. GFA-COC-001229
© 1996 Forest Stewardship Council

Für die Schwabenverlag AG ist Nachhaltigkeit ein wichtiger Maßstab ihres
Handelns. Wir achten daher auf den Einsatz umweltschonender Ressourcen und
Materialien. Dieses Buch wurde auf FSC-zertifiziertem Papier gedruckt. FSC (Forest Stewardship
Council) ist eine nicht staatliche, gemeinnützige Organisation, die sich für eine
ökologische und sozial verantwortliche Nutzung der Wälder unserer Erde einsetzt.

Bibliografische Information der Deutschen Nationalbibliothek
Die Deutsche Nationalbibliothek verzeichnet diese Publikation in der
Deutschen Nationalbibliografie; detaillierte bibliografische Daten sind
im Internet über http://dnb.d-nb.de abrufbar.

Der Matthias-Grünewald-Verlag
ist Mitglied der Verlagsgruppe engagement

Umschlaggestaltung: Finken & Bumiller, Stuttgart
Umschlagabbildung: Foto: himberry / Quelle: Photocase
Gesamtherstellung: Matthias-Grünewald-Verlag, Ostfildern
Hergestellt in Deutschland

ISBN 978-3-7867-2813-9

Inhalt

Der Glaube als Zeugnis

Literatur

Prolog

Ein linker Spinner?

Kleine Besinnung auf Walter Dirks

Wenn ich über mich nachdenke, wenn ich mir wieder einmal klar werden will, worauf es ankommt, wenn ich mir Rechenschaft ablege, dann ist es mir oft hilfreich, mich an Menschen zu orientieren, die in ihrem Leben Zeugen dessen sind oder waren, was ich suche und auch will, was ich zu sein und zu verwirklichen wünsche. Für mich ist einer dieser Zeugen Walter Dirks geworden, ein katholischer Publizist und Sozialist, der am 30.5.1991 gestorben ist. Übrigens war er Mitglied in Pax Christi, so daß die Nähe zu ihm, die man spürt, nicht verwunderlich ist. In frühen Jahren war er in Berlin Sekretär von Romano Guardini, der ein Reformer auf einem anderen Terrain, nämlich kirchenintern, nicht politisch-sozialistisch war. Walter Dirks gab zusammen mit Eugen Kogon die „Frankfurter Hefte" heraus („Zeitschrift für Kultur und Politik"). Zuletzt hießen diese Hefte zusätzlich „Die Neue Gesellschaft", und zu den ersten beiden Herausgebern kamen Holger Börner, Johannes Rau, Heinz O. Vetter, Hans-Jochen Vogel und Herbert Wehner hinzu. Walter Dirks redigierte durch fast die ganze Nazi-Zeit den Kulturteil der (damaligen) „Frankfurter Rundschau". Er arbeitete unermüdlich politisch-publizistisch. Er war ein Christ mit sozialem / sozialistischem Lebensprogramm, und zwar so, daß er die Arbeit daran in der Kirche, im Christentum leistete. Man hat ihn einen „sozialistischen Querdenker" genannt. In dieser „Rolle" hat er Enormes an Argumentation und Öffentlichkeitsarbeit geleistet. Er war einer von uns, wenn ich das in aller Zurückhaltung und mit allem Respekt vor seiner Theorie und vor seinem Mut sagen darf. Wir brauchen Zeugen, die uns ein Stück voraus und wegweisend sind, und wir können und sollten solche nennen. Zwei Dinge sind, glaube ich, besonders bezeichnend für ihn. Er hat es sein Leben lang nicht verwunden, daß er noch lebte, das hieß, daß er das Nazi-Regime überlebt hatte, das fast alle seine Freunde umgebracht hatte. Er fragte sich, ob er zu wenig mutig gewesen war, ob er die Aufgabe des Christen und PubliZisten also nicht erfüllt, sondern verraten hatte. – Moderne Sehnsucht nach dem Martyrium?

1983 erschienen bei Kösel die beiden Bändchen „Der singende Stotterer, Autobiographische Texte" und „War ich ein linker Spinner? Republikanische Texte – von Weimar bis Bonn". Hier lernt man den Zeugen kennen. Der eine Leser wird von den politischen Analysen und Konsequenzen, der andere von den autobiographischen Aussagen eingefangen. In diesem letzten Buch arbeitet Dirks an seinem schwierigen Verhältnis zu einer immer noch problematischer werdenden Kirche. Dirks ringt um mögliche Zugehörigkeiten in seinem Leben, zwischen religiösem Humanismus und gläubigem Sozialismus, zwischen katholischer Kirche und säkularer Gesellschaft, stellt die „innere Emigration" zur Diskussion und weiß genau von sich: „Den Roten zu schwarz – den Schwarzen zu rot." 1952 schrieb er ein Buch unter dem Titel „Die Antwort der Mönche" (³1968). Aus seinen Besinnungen eines 90jährigen zitiere ich hier einen Abschnitt wieder aus dem Autobiographischen (S. 33). Er schreibt dort unter der Überschrift „Ein Katholik sucht ein Christ zu werden.":

„... in manchem waren wir dem Konzil wirklich um Jahrzehnte voraus. Das Konzil hat nichts Prophetisches gehabt: es hat einen Nachholbedarf erfüllt. Um den gewichtigen Teil der Wandlung, den das Konzil nicht geschafft hat, wird heute gekämpft, und ich kann nicht sagen, daß ich an den Methoden dieses Kampfes Freude habe. Ich sehe den Dank und die Buße, die unser Teil sind, gefährdet, mehr durch die Altgläubigen als durch die Vorwärtsdrängenden, aber auch durch diese. Die Kirche Christi ist für mich durch drei Elemente definiert: durch Jesus Christus, dessen unfaßbare Göttlichkeit ich unter dem legitimen Aspekt unserer eigenen Bedürftigkeit darin sehe, daß er der menschlichste Mensch war und ist, zweitens durch die Gemeinde derer, die an ihn glauben, sich an ihn halten und seine Sache in der Gesellschaft und in der Geschichte zu führen suchen, und drittens durch die geschichtliche Kontinuität, die mehr und etwas anderes ist als eine lückenlose Folge von Handauflegungen. So bin ich Katholik und suche ein Christ zu werden, der an der Kommunikation der Religionen und der Kulturen teilhat, die an die Stelle der Mission getreten ist. Mein Interesse an Theologie läßt langsam nach, mein Interesse an Organisationen droht zu erlöschen. Mein Respekt vor dem, was wir Amtskirche nennen, ist nicht mehr sehr groß: die eigenen Lebenserfahrungen beginnen schwerer zu wiegen als autoritäre Ansprüche. Ich halte mich an die mithoffenden Freunde, übe den Dank und die Buße ein, habe zu wenigen Bischöfen einiges Zutrauen, rechne mit Schlimmem und bin doch nicht ohne Hoffnung."

Diese Illusionslosigkeit gegenüber der Kirche war für die Generation eines Walter Dirks zweifellos wesentlich schwerer zu gewinnen als für uns Jüngere. Dirks' Leben stand, wenn man ihn danach fragte, auf drei Grundpositionen, wie er sagte: auf Ehe, Sozialismus und Eucharistie.

Der Glaube als Weg

1. Einführung

Es ist mehr als spielerische Poesie, wenn der Mensch sein Leben begreift und benennt als Weg, der einen Anfang nahm, seine Herkunft hat und einem Ziel zuführt, jedenfalls an ein Ende gelangt. Dieses Bild vom Weg des Menschen entspricht offensichtlich sehr genau einer breiten menschlichen Erfahrung. Die Geistes- und Religionsgeschichte bietet zahlreiche und aufschlußreiche Variationen dieser Vorstellung, daß der Mensch auf einem Weg, daß er unterwegs sei. Die Erfahrungen des Werdens und Wachsens, des Vorübergehens und Weiterkommens, des Hintersichlassens und des Weitereilens verdichten sich in dem Bild vom Weg, der dem Menschen zu gehen aufgegeben ist. Wer von der Geschichte des Menschen und der Menschheit als einem Weg spricht, steht in einer langen Überlieferung menschlichen Deutens und Sprechens. Zwei Elemente halten sich in dieser Überlieferung durch: Zuerst also, daß das menschliche Leben im „Weg" sein zutreffendes Symbol findet, nicht etwa im Bild der Herberge; daß das Leben einem Gehen und Wandern gleichkommt und nur als Versäumnis ein Schlaf und permanente Ruhestellung ist; daß es ein Wandel (wie wir sagen) und nicht ein Stehen ist; und auch, daß im Gehen, im Vorankommen auf diesem Weg, – in welchem Verständnis immer – die Chance des Lebens liegt.

– Die zweite Konstante ist, daß dem Menschen sein Leben als Weg fragwürdig ist bezüglich des Anfanges und des Zieles.

In etlichen Epochen begegnet die Frage nach dem Sinn des Weges, der ja von seiner Herkunft und seinem Ende bedingt wird, nur als schon beantwortete Frage, in anderen Epochen bricht sie elementar neu auf. Aber alle Antworten wie die Frage selbst lassen die Tatsache erkennen, daß der Mensch, da er sich bewußt wird, unterwegs zu sein, bereits ein Wegstück zurückgelegt hat, welches – wie übrigens und vor allem der Beginn des Weges selbst – absolut nicht in seiner Hand lag; er lernt es nur als zurückgelegte Wegphase kennen, vage genug, und in ihren Konsequenzen so weitreichend, daß im Augenblick der Bewußtwerdung das erste Wegstück eben schon fixiert, eine Richtung schon eingeschlagen und der weitere Weg von dieser ersten „Strecke" nicht zu trennen ist, sondern mit ihr zu einem wird. Den Ort, an dem sein Weg verläuft, hatte der Mensch sich nicht wählen können. Und während er nun in bestimmter Richtung geht, ist diese Richtung auf jeden Fall einschneidend bestimmt durch den Ausgangspunkt des Weges, der nicht in seiner Verfügung stand. – Andererseits liegt vor ihm das Wegstück, das er noch nicht kennt, auf welches er aber zugeht. Das Weitergehen ist jedoch von der Frage nach Ziel und Ende des Weges begleitet, denn – auch das eine im Zusammenhang mit der Weg-Terminologie immer wiederkehrende menschliche Überzeugung –: beliebig kann die Richtung nicht sein, ein Ziel ist gewiß; der Weg führt hin, sofern er am Ziel orientiert ist.

Um beides muß der Mensch folglich wissen, um Anfang und Ziel, um das Woher und Wohin seines Weges. Woher aber kommt ihm die Orientierung? Jede Epoche weiß um die Vielzahl der angebotenen Antworten, lebt aus ihnen bzw. aus einer von ihnen, oder aber fragt ganz neu und ursprünglich nach Auskunft. Die Sinnfrage nach dem menschlichen Leben formuliert sich bezeichnenderweise nicht selten als Frage nach dem Woher und Wohin eines Weges, als dessen einzig bekannte Phase die Gegenwart des Fragenden gilt, und dabei bekommt die gegenwärtige Wegstrecke doch ihre Qualifizierung einzig und allein von jenem unbekannten Woher und dem rätselhaften Wohin. Ein Zeugnis aus der Zeit des sich entfaltenden jungen Christentums spricht diese Frage nach Sinn und Möglichkeit des Menschseins als Frage nach Anfang und Ziel eines Weges, auf dem man sich gehen weiß, in zum Teil höchst modern klingenden Formulierungen aus. Im Munde eines valentinianischen Gnostikers des 2. Jahrhunderts, also sehr am Rande des kirchlichen Christentums, stellt sich die zentrale Frage des Menschen so: „Wo waren wir? Wohin sind wir geworfen? Wohin eilen wir? Von wo werden wir erlöst? Was ist Geburt, – was Wiedergeburt?"[i]. Die Antwort auf diese Fragen zu erlangen, ist die Sehnsucht des Menschen nicht nur in der Epoche der alten Kirche und der ausgehenden Antike mit ihren Umwälzungen einer Orientierung in der Welt. Die Antwort läßt eben hoffen, den Weg zu begreifen und ihn als Heilsweg zu erkennen und zu beschreiten. Die Bildrede vom Weg mit Anfang und Ziel bekommt ihre Aktualität dabei immer von der Voraussetzung her, daß der Mensch mehrere Wegmöglichkeiten hat. So sehr

---

1   *Clemens Alexandrinus*, exc. Thdot. 78,2 (GCS 17 131,17–19; SC 23,202).

er sich, wie gesagt, auf einem längst begonnenen Weg vorfindet, weiß er sich nicht unabänderlich auf eine Bahn, auf ein stählernes Gleis gesetzt. Im Umkreis der Rede vom menschlichen Leben als einem Weg weiß man darum, daß der Mensch verschiedene Wegmöglichkeiten für sich erkennt und in einer freien Entscheidung – allerdings nicht ohne Beeinflussung durch die gegensätzlichsten Kräfte – eine der offenen Richtungen zu wählen und einzuschlagen vermag. In einem Erfahrungshorizont, wo diese Freiheit des Menschen nicht zugestanden wird, spricht man von Schicksal (εἱμαφμένη), jedenfalls nicht vom „Weg", den es zu gehen gilt.

Sobald nun das Woher und Wohin dieses Weges aus dem Horizont religiöser Weltdeutung verstanden wird, steht der Weg nicht mehr unter den Entwürfen und Direktiven der rationalen Weltinterpretation, sondern unter dem Anspruch der Gottheit bzw. Gottes. Im gleichen Augenblick ist die Wegwahl des Menschen ganz neu qualifiziert. Angesichts der Totalität des göttlichen Anspruchs kann nun ernsthafterweise nur mehr von zwei, nicht von vielen möglichen Wegen gesprochen werden. Es handelt sich jetzt um mehr als um die verschiedenartige Erfüllung (oder Versagung) sittlicher Verwirklichung des Menschen, es geht jetzt nämlich um die Entscheidung für oder wider den Gott, der den Menschen in diese seine Freiheit versetzt hat. Und vor diesem Für und Wider verlieren alle weiteren Unterschiede des Weges ihre Bedeutsamkeit. Letztlich gibt es nur noch zwei Wegrichtungen, zwei Möglichkeiten des Wandels in der Welt. Insofern nun der Mensch in gültiger Entscheidung eine Richtung eingeschlagen hat, ist sie der Weg für ihn. Trotzdem aber sieht er sich, wiewohl er sein Ziel und die Richtung längst gewählt hat, immer aufs Neue an einem Scheideweg angelangt, d. h. in eine neue Situation gestellt, in eine Möglichkeit – der Weggabelung vergleichbar –, die eingeschlagene Richtung zu verlassen, zu verleugnen oder irrend zu verfehlen. Denn sie muß hier neu gefunden und neu eingeschlagen werden. In diesem Sinn spricht das Frühjudentum und auch Jesus, ebenfalls die altkirchliche Literatur von den „zwei Wegen", die sich dem Menschen anbieten, deren einen es zu wählen und unbeirrt zu beschreiten gilt (s.u.).

Das Bild vom Weg und der Wegwahl begleitet den Menschen so durch alle Situationen seines Wandels. Es birgt alle Momente seines Unterwegsseins. Es umfaßt das kontinuierliche Fortschreiten, die beharrende Entscheidung; das Vorwärts- und Näherkommen, die notwendige Bewegung; das Flüchtige des Vorübergehenden so gut wie das Erquickende der Wegrast und Ruhe (wie es beim Vorsokratiker Demokrit heißt, daß „ein Leben ohne Feierstunde wie ein langer Weg ohne Rasthaus"[2] sei; das Bild umfaßt aber auch das Moment der Gefahr, des gefährdeten Suchens, des tastenden Tappens in Dunkelheit und Unwegsamkeit; ebenso das Moment der Wegunterbrechung, des Umweges und Neuanfanges, der Verfehlung des Ziels, zu dem man aufgebrochen war, und auch des Nichterkennens des Ziels von Anfang an; ferner das Moment der unverhofften Begegnung, mit der auf dem Weg zu rechnen ist: der gefährlichen, vernichtenden oder aber der beglückenden und wiederum wegweisenden Begegnung; und endlich das Bewußtsein der Möglichkeit des anderen Weges, der nicht begangen wird, der sich aber bleibend anbietet und dem fortwährend der einmal gewählte Weg vorgezogen wird, weil man weiß und sich immer neue Rechenschaft gibt, warum man ihn wählte (auch wenn man sich vielleicht auf ihm bereits vorgefunden hat).

Unser Thema hier ist nun nicht die allgemein menschliche und religiöse Rede vom Leben als Weg, sondern die biblische und frühchristliche Verwendung der Weg-Terminologie zur Interpretation dessen, was im christlichen Sinn ein Leben unter dem Glauben ist. Wir greifen damit auf eine überaus reiche Überlieferung der kirchlichen Symbolsprache zurück, aus der sich hier freilich nur auswahlweise schöpfen läßt. Der Begriff des Weges führt in zentrale theologische Zusammenhänge, die aber darum zentral sind, weil sie die Gestalt und eben den „Weg" des Glaubens selbst anschaulich und exemplarisch deuten. Die frühkirchliche Theologie ist aus dem Grunde immer wieder vom Bild des Weges inspiriert, weil sie sich außer durch die skizzierte menschliche Erfahrung, die dieses Bild nahelegt, von den diesbezüglichen biblischen Aussagen leiten läßt. Die entscheidende Füllung und Verdichtung des Bildes vom Weg ist in der Bibel, speziell im Neuen Testament vollzogen. Die altkirchlichen Zeugnisse erschließen uns in ihren Interpretationen die reiche Aussage der Schrift in immer neuem Licht. Nun ist das Vorlegen und Auslegen vieler historischer Texte eine recht ermüdende Angelegenheit. Aber welchen anderen Weg könnte man in diesem Fall gehen? Eine solche Bemühung hat selbst bereits mit dem Weg zu tun, um dessen Verständnis es hier geht: mit dem Weg des Christen. Die Anstrengung um das Erkennen und Begreifen ist ja schon der Aufbruch oder in gewissem, wenn auch nicht umfassendem Sinn das Gehen des Weges selbst. Dafür darf man sich auf Origenes beziehen. Er sagt einleitend zu seiner Auslegung des Johannes-Evangeliums, welches zu unserem Thema die zentrale Aussage macht, daß diese Aus-

---

2 *Demokrit*os, Fragment 230 (FVS II, 191 Z. 11f.): βίος ἀνεόρταστος μακρὴ ὁδὸς ἀπανδόκευτος.

legung als Bemühung um das Verständnis im Glauben dem Weg vergleichbar sei und die Strapazen einer Wanderung abverlange. Er bemerkt im Vorwort zum XXXII. Buche seines Johannes-Kommentars:[3] „Von Gott durch Jesus Christus wohlgeführt (εὐοδούμενοι), wollen wir den großen Weg des Evangeliums gehen (ἐρχώμεθα τὴν μεγάλην τοῦ εὐαγγελίου ὁδόν). Er ist uns ein lebenbringender Weg, wenn wir ihn sowohl erkennen als auch gehen, und zwar bis zu Ende … Wir wollen weder der Länge des Weges erliegen noch ob unserer Schwachheit ermüden, sondern angetrieben von der Säule der Wahrheit auf ihren Spuren vorwärtsschreiten." – Vielleicht dürfen wir auch diese Bemühung hier, die die alten Zeugnisse einer Interpretation des Weges des Christen nachzusprechen sucht, unter dasselbe Motto stellen.

2. Der Weg Gottes

Es ist sehr aufschlußreich, zum Thema „Der Weg des Christen" sich zuvor einige der zahlreichen alttestamentlichen Stellen zur Wegvorstellung zu vergegenwärtigen, obwohl sie zunächst vom Weg des Juden, eben nicht vom Weg des Christen sprechen. Aber die neutestamentliche Weg-Theologie steht in ihrer Neuheit und Unvergleichlichkeit auf dem Boden des Alten Testamentes, welches den Weg des Menschen kurzum den Weg Gottes nennt und damit eine sehr weittragende Orientierung des menschlichen Weges gibt: Der Weg, der den Menschen zu seinem Ziel führt, ist für Israel nicht jene Möglichkeit, die der Mensch selbst entdeckt, nicht der Weg, den er selbst entwirft, nicht der Pfad, den er sich selbst ebnet, sondern „Weg Gottes" in dem Sinn, daß er der von Gott vorgezeichnete, ermöglichte, gewollte ist.

Um die Häufigkeit der Rede vom Weg des Menschen im Alten Testament zu begründen, muß man kaum den Umstand bemühen, daß der Altisraelit Nomade war, daß also der Weg und die Wanderschaft für sein Leben und Denken eine unvergleichliche Rolle spielten. Vor dem technischen Zeitalter war wohl keinem Volk die Erfahrung und Symbolkraft des vom Menschen wirklich mit den Füßen gegangenen, langen Weges fremd.

Es sei also zunächst eine Reihe von Aussagen aus der Fülle alttestamentlicher Texte genannt, die das Leben des Glaubenden als Weg Gottes umschrei-

3 *Origenes*, Jo. 32 (GCS 10, 425 Z. I–3.8-II; Übers. nach Gögler, Origenes 93).

ben, den Lebenswandel also unter einen bestimmten Anspruch und zugleich unter eine bestimmte Möglichkeit stellen. – So ist die Orientierung des gläubigen Juden das Wort seines Gottes: „Wandelt ganz den Weg, den ich euch weise" (Jer 7,23). Folglich ist alle Aufmerksamkeit darauf gerichtet, diesen Weg zu erkennen: „Kommt, laßt uns hinaufziehen zum Berge des Herrn …! Er lehre uns seine Wege! Wir wollen wandeln auf seinen Pfaden!" (Jes 2,3). Der Mensch läßt sich sagen, wie er gehen soll. Er ist bereit, sich den Weg zeigen zu lassen. Dazu aber bricht er selbst auf, er geht sein eigenes Stück Weg, um zu erfahren, welches der Weg Gottes für ihn ist: „laßt uns hinaufziehen zum Berge des Herrn". Indem er sich aufmacht, empfängt er die Belehrung über den ihm zugedachten Weg. Wo diese Erwartung einer Wegweisung lebendig ist, spricht sich die Suche nach Wegorientierung in der Bitte aus: „Herr, tu mir kund deine Wege! Lehre mich deine Pfade!" (Ps 25,4). „Weise mir, Herr, deinen Weg, daß in Treue zu dir ich wandle!" (Ps 86,11). „Herr, sei mir Führer auf deinem heiligen Pfad …; ebne vor mir deinen Weg!" (Ps 5,9). Das Vertrauen, das sich in solchen Bitten ausspricht, hat seinen Grund in der Gewißheit, daß hier der Weg zu finden sei, der des Menschen Glück bedeutet: zu finden eben als Gottes Wort und Angebot. Wenn Gottes Weg für den Menschen gefunden ist, so bedeutet der Weg selbst Geborgenheit und Freude: „Glückselig sind, die … ihn von ganzem Herzen suchen, … auf seinen Wegen wandeln!" (Ps 119,2f.). Denn das Ziel und sein Erreichen ist dann gewiß. Es ist „der Weg des Friedens" (Jes 59,8). Das Eingehen in das Heil ist bei Jesaja (35,8ff.) unter anderem auch im Bild des Weges beschrieben, und zwar eines Heimweges aus Exil und Gefangenschaft: „Ein Straßendamm wird dort entstehen und ein Weg; ‚Heilige Straße' wird man ihn nennen … Selbst Unkundige werden nicht irr gehen auf ihm. Keine Löwen wird es dort geben. Kein reißendes Tier wird ihn betreten. Nichts dergleichen wird sich dort finden … Die vom Herrn Losgekauften werden heimkehren auf ihm und mit Jauchzen nach Sion kommen." Ein ungefährdeter Weg also, der Sicherheit verleiht.

Das Alte Testament variiert dieses Bild immer neu. Gott macht die Berge zu Wegen (Jes 49,11), verwandelt also das für den Menschen schwer Überwindbare in wegsames Gelände. Auch in der Wüste, dem Symbol der Weg- und Orientierungslosigkeit, bahnte er einen Weg (Jes 43,19). Israel identifizierte seine unter Jahwes Anspruch gelebte Geschichte sehr unmittelbar mit diesem Bild des Weges, der gefunden und eingehalten, aber auch verfehlt oder verlassen werden kann. Dieses Selbstverständnis ruht auf der Überzeugung, daß des Menschen Weg und Wandel immer schon, ob er es weiß oder nicht, ob er es will oder sich sträubt, in Gottes Händen liegt. Aus den zahllosen Zeugnissen nur dieses aus dem Buch der Sprüche: „Vom Herrn sind des Menschen Schritte bestimmt; was versteht der Mensch denn von seinem Weg?" (Spr 20,24; vgl. Ijob 31,4; Dan 5,23; Jer 10,23). Gott hat den Weg gezeichnet und markiert. Die Orientierungen sind seine Gebote, so daß der Begriff des Weges sich häufig mit dem des Gesetzes nahezu deckt (Ps 18,22; 119).[4] Freilich liegt hier ein lebendiges, anspruchsvolles und durchaus nicht legalistisches Gesetzesverständnis zugrunde, denn wo das Gesetz als Weg oder Wegorientierung gedeutet ist, ist es ja gerade das Element, welches den Menschen – um im Bild zu bleiben – anlockt und weiterschickt, ihm Halt und Richtung gibt, aber um weiterzugehen in der gewiesenen Richtung.

Darin, daß des Menschen Weg Gottes Weg, d. h. ein von Gott gewiesener Weg ist, daß er auch Gebot und Satzung ist, sieht der alttestamentliche Gläubige sich nicht etwa bedrängt und eingeengt, sondern gerade befreit. Auf Grund seines Gottesbildes einerseits, auf Grund des spezifischen Wegverständnisses andererseits ist das Gehen dieses Weges immer noch oder gerade so erst des Menschen freie und beglückende Tat. Gott bietet diesen Weg, auf dem er zum Heil, „in ein schönes Land" (Dt 8,6) führt, an, doch er zwingt ihn nicht auf. Der Mensch ist aufgefordert, ihn in seiner Freiheit zu wählen: „Seht, den Weg zum Leben und den Weg zum Tode lege ich euch vor!" (Jer 21,8)[5]. Gott zwingt nicht, aber er lockt auf die Wege des Heils. So heißt es: „Gib mir dein Herz, mein Sohn! Meine Wege laß deinen Augen gefallen!" (Spr 23,26); „wandelt ganz den Weg, den ich euch weise" (Jer 7,23).

Für das biblische Verständnis des Verhältnisses von Gottes Forderung und menschlicher Entsprechung sind solche Texte sehr bedeutsam; „wandelt ganz den Weg", „gib mir dein Herz". Man sieht an der Bildrede selbst unmittelbar, wie weit der hier sich bezeugende Glaubensvollzug von kleinlichem Gesetzesdenken entfernt ist und gerade den Menschen selbst, sein „Herz", beteiligt, d. h. daß der Gott, der auf seine Wege ruft, die Freiheit und Verantwortung des Gehens selbst dem Menschen überläßt. Den Weg zu

---

4 Vgl. Nötscher, Gotteswege und Menschenwege 28–30.
5 Zwar bezieht dieser Text sich unmittelbar auf die Situation des belagerten Jerusalem (vgl. Jer 21,9) und die Überlebenschancen der Einwohner. Doch auch hier sind nach alttestamentlichem Denken „Leben" und „Tod" und der „Weg" dorthin sehr grundsätzlich verstanden.

kennen[6] ist Gottes Geschenk; ihn zu gehen ist die Entscheidung des Menschen, und zwar eine Entscheidung, die um die andere Möglichkeit weiß, Gottes Wege nicht zu kennen oder sie nicht zu beschreiten (Mal 2,9; Jer 5,4f.; Weish 5,7; Spr 2,13.16; Jes 56,11). Hinter diesem schlichten Bild der Wegwahl verbirgt sich das gesamte biblische Gottesverhältnis und die Einstellung des alttestamentlichen Gläubigen zur Wirklichkeit seines Lebens, die er eben nicht autonom bewältigen will, sondern unter Gottes Weisung und Wegführung. Dabei weiß er sehr genau um die oft heroischer und scheinbar „menschenwürdiger" sich ausnehmende Lebensweise des Menschen, der sich weigert, auf einem geschenkten, angewiesenen Weg statt auf dem selbst gefundenen, selbst gebauten Weg zu gehen. Jer 6,16 charakterisiert diese Situation: „So spricht der Herr: ‚Beschreitet die rechten Wege, haltet Umschau und fragt nach den Pfaden der Vorzeit, wo der Weg sei zum Heil! Wenn ihr ihn geht, findet ihr Ruhe für eure Seele.‘ Sie aber sagten: ‚Wir gehen nicht.‘" – Es gibt die Verweigerung des Weges sozusagen „mit erhobener Hand". Das Weisheitsbuch läßt die Gottlosen am Ende sagen: „Da sind wir ja doch vom Wege der Wahrheit gewichen; uns hat nicht geleuchtet das Licht der Gerechtigkeit; uns ist nicht aufgegangen die Sonne. Wir haben uns abgemüht auf den Pfaden der Gesetzwidrigkeit und des Verderbens. Wir haben unwegsame Wüsten durchzogen. Doch den Weg des Herrn haben wir nicht erkannt" (Weish 5,6f.; vgl. Jer 5,4f.). Einen anderen Weg zu gehen bleibt immer reale Möglichkeit. Sich aber auf Gottes Weg einzulassen, ihn zu beschreiten, empfindet der alttestamentliche Fromme nicht als Schwäche, nicht als Kapitulation vor der eigenen Mutlosigkeit, sondern er nennt es Weisheit. Und er meint damit die Konsequenz aus der Einsicht, daß der Mensch seine eigenen Kräfte wirksam und sinnvoll nur dann einsetzt, wenn er sich die Richtung sagen läßt, die er von sich aus nicht finden kann. „Dem Toren dünkt sein Weg der rechte; doch der Weise nimmt Lehre an", heißt es Spr 12,15. Oder: „Alle Wege des Menschen erscheinen ihm selbst rein; der aber die Herzen prüft, ist Jahwe" (Spr 21,2; vgl. 16,2). Der Mensch ist in der Beurteilung seines Weges und Wandels der Täuschung ausgesetzt. „Mancher Weg", heißt es, „erscheint einem gerade, und doch sind's schließlich Wege zum Tod" (Spr 14,12; 16,25). Der eine, heilvolle Weg – so ist gemeint – läßt sich nur aus der Orientierung an Gottes Wort finden. Ohne dieses Maß gibt es dann nur die zahllosen verschiedenen Wege, auf denen jeder Mensch auf

---

6 VGL. NÖTSCHER, Gotteswege und Menschenwege 30–32.

verfehlte Weise nur zu sich selbst unterwegs ist, statt dorthin, wo er sich wirklich selbst finden würde. Jes 56,11 beklagt: „Sie gehen alle ihren eigenen Weg, jeder auf seinen Vorteil bedacht, der eine so wie der andere"; „abtrünnig geht das Volk dahin auf dem Weg seines eigenen Herzens" (Jes 57,17); „wie Schafe irrten wir alle umher, jeder ging seinen eigenen Weg" (Jes 53,6).

Allerdings muß man wenigstens kurz einfügen, daß die alttestamentliche Rede vom Weg des Menschen ebenso wenig einschichtig ist wie die alttestamentliche Gotteserfahrung selbst. Es gibt nicht nur die Erfahrung, daß Gott den Weg bahnt und der Mensch ihn voller Seligkeit findet und geht bzw. ihn willentlich ablehnt und sich auf seinem eigenen Weg wohlfühlt – ungeachtet des Ausganges. Jer 6,21 spricht davon, daß Gott die Wege des Menschen auch zu stören bereit ist, wenn seine Warnungen vergeblich verhallen: „Drum spricht also der Herr: ‚Sieh, Hindernisse lege ich diesem Volk in den Weg. Darüber mögen sie stürzen.'" Die letzte Möglichkeit ist es hier für den Menschen, daß er an den Verhältnissen scheitert, in die Gott ihn auf seinem selbstgesuchten Weg geraten läßt. – Daneben gibt es die noch einmal andere, bedrückende Erfahrung des Ijob, der in der Todessehnsucht des Leidenden und Betrübten, des vergeblich nach Sinn Fragenden so spricht: „So steht's mit dem Mann, dessen Pfad sich verhüllt, dem Gott jeden Ausweg versperrte ... Denn was ich fürchte, das Furchtbare, fiel her über mich ... Ich finde nicht Ruh, ich finde nicht Rast, ich finde nicht Frieden – die Unruhe ist da" (Ijob 3,23.25f.). Hier also die Erfahrung, daß unter dem Weg, der das Leben ist, gelitten wird: er ist Widerfahrnis – nicht Glück; er ist quälende Unsicherheit und Unrast – nicht ein festes Schreiten; er verläuft im Dunkel und gibt keine Sicht auf ein Ziel frei. Und das als Erfahrung nicht des Gottlosen, sondern des Frommen, des Glaubenden, der dann sagt, daß Gott es ist, der den Ausweg versperrt.

Die Wahl des Weges, das Beharren auf dem Weg bekommen ihren Ernst von dorther, daß jeder Weg an das ihm zugehörige Ende gelangt (vgl. Ps 1,6). Dieses Bildwort vom Weg impliziert die stetige Bewegung des menschlichen Lebens auf einen definitiven Endpunkt zu, die allmähliche Erfüllung und Verdichtung zum Endgültigen des Ausgangs, in dem es besiegelt wird. Der Weg verliert sich für menschliches Wissen in die unbekannte Zukunft hinein. Einmal aber wird er bis zu seinem Ende gegangen sein. Und darum ist er schon während des Gehens qualifiziert, denn sein Ziel ist in jeder einzelnen Phase bereits da und qualifiziert den Weg rückläufig bzw. vorwegnehmend. Jeder Weg trägt seinen Wert von Richtung und Ziel her, die ihm seinen Sinn geben. In diesem Zusammenhang wird das Bild vom Weg seinerseits interpretiert durch das andere Bild vom Gegensatz zwischen Licht und Dunkel: „Der Pfad der Gerechten ist wie der Morgenschein, – er wird immer lichter bis zum vollen Tage. Der Gottlosen Weg ist wie dunkle Nacht; sie wissen nicht, worüber sie straucheln" (Spr 4,18f.).

Man sieht, wie im Umkreis dieses Denkens, nicht zuletzt natürlich aus paränetischer Tendenz, sehr alternativ gesprochen wird. Die Gewißheit ist, daß Gott einen Weg eröffnet und gezeigt hat, eben seinen Weg im Unterschied zu den selbstgewählten und entworfenen Wegen der Menschen, oder kurz, mit Ex 18,20, „den Weg, den sie gehen sollen". Darum wird nun jeder Weg, den ein Mensch geht, seine Wahl und Entscheidung vor Gott; nichts geschieht mehr außerhalb dieser Alternative des Für und Wider gegenüber dem göttlichen Angebot und Anspruch. Die diesbezügliche Schärfe der biblischen Redeweise ist bekannt. In der uns hier interessierenden Weg-Terminologie schlägt sie sich in der Weise nieder, daß man von (nur) zwei Wegen spricht, auf die das ganze menschliche Leben als auf seine Möglichkeiten reduziert wird. Es handelt sich um ein katechetisch-paränetisches Schema, das hier zur Sprache kommen soll, weil es zum Neuen Testament und zur altkirchlichen Literatur hinüberleitet und dort seine Rolle spielt.

3. Die zwei Wege

Daß es für den Menschen einen „Weg Gottes" gibt und daß er sein bestimmtes Ziel hat, ist immer aus dem Kontrast zur anderen, zweiten Möglichkeit begriffen. Das Sprechen vom „Weg zum Leben" bekommt seinen Sinn aus der Gewißheit, daß es daneben den „Weg zum Tod" gibt. In etlichen der schon zitierten Texte des Alten Testamentes werden darum beide Wege nebeneinandergestellt. Zu nennen ist noch Spr 12,28: „Der Pfad der Gerechtigkeit führt zum Leben, doch der Weg des Frevlers zum Tode" (vgl. Ps 1,6). Immer wieder wird vom guten, geraden, vollkommenen Weg gesprochen, der in Übung der Gerechtigkeit, in der Treue zur Wahrheit und im Bemühen um den Frieden besteht. Dieser Weg führt zum Leben. Anders verläuft der schlechte, gewundene Weg, den die Unverständigen einschlagen, die Sünder und Bösen, und der in Tod und Untergang mündet[7]. Diese Rede ist die bildhafte Einkleidung der Ermahnung zur konsequenten Entscheidung und der Erziehung zur Verantwortung des eigenen Lebensweges. Denn wie schon gesagt, setzt das Symbol der Wegwahl gerade die Freiheit des Wanderers, den einen oder den anderen Weg zu nehmen, sowie die Verantwortung für den gewählten Weg voraus. Unter anderen Bildern findet man dieselbe Aussage Sir 15,14: „Gott schuf im Anfang den Menschen und überließ ihn der eigenen Entscheidung. Wenn du willst, kannst du die Gebote halten, und Treue üben hängt von deinem freien Willen ab. Er hat dir vorgelegt Feuer und Wasser. Streck deine Hand aus, wonach du willst. Vor dem Menschen liegen Leben und Tod."

In dieser entscheidungsschweren Situation, den „rechten und guten Weg" finden und wählen zu müssen, stößt der Mensch auf seine Schwäche und auf sein mangelndes Beharren im Richtunghalten und Ausschreiten. Zahlreiche alttestamentliche Gebete bitten um Gottes Führung auf dem Weg[8], der trotzdem des Menschen Weg bleibt: „Sieh, ob ich wandle den Weg des Verderbens, und leite mich auf der Ewigkeit Pfad!" (Ps 139,24).

In der nachbiblischen, frühjüdischen Literatur ist das Bild von den zwei Wegen zu einem festen Topos geworden. Wegen seiner Anschaulichkeit und Eindringlichkeit entsprach es sowohl paränetischen wie erbaulichen Tendenzen[9]. Selbst in seinen oft recht formelhaften, flachen Anwendungen hält es die Verantwortlichkeit und weitreichende Entscheidung bewußt, die das Leben als Weg des Menschen bedeutet. Unter dem Anspruch Gottes ist das Leben nicht ein Getrieben- und Fortgerissenwerden, sondern das willentliche, entschiedene Gehen auf einem Weg, der auch eine Alternative hat. Und auf diesem Weg ist nicht nur Wille und Kalkül, sondern das Herz des Menschen dabei, ob nun in dieser oder jener Richtung, – sofern der Weg nur bewußt gegangen wird. „Weg" soll das Leben sein im biblischen Verständnis, nicht Schlaf; ein wirkliches Gehen (wenn man das Bild weiter ausfalten will), getragen von der Sorge um das Finden und Erreichen des Ziels, damit es nicht ein sinnloses Gehen sei. Vom Ziel allein, nicht von der Bequemlichkeit der Straße muß der Mensch sich bestimmen lassen.

---

7   Belege bei Darrieutort, Weg 741; Nötscher, Gotteswege und Menschenwege 55–57.

8   Vgl. Nötscher, Gotteswege und Menschenwege 32–42.

9   Vgl. Schlecht, Apostellehre 69–97, zeigt die Verwendung des Zwei-Wege-Schemas in der Liturgie und Katechese der Kirche bis ins Mittelalter hinein.

Und in diesem Sinn greift bekanntlich nun Jesus dieses Bild von den zwei möglichen Wegen auf (Mt 7,13f.). Freilich ist es jetzt aus dem Kontext der unvergleichlich neuen Botschaft zu verstehen. Das Bild verlangt ja nach konkreter Füllung: Von welchen Wegen ist jeweils die Rede? Das Bild als solches begegnet beispielsweise auch in der populär-philosophischen Literatur. In der Komposition der Bergpredigt ist uns in Mt 7 das Logion Jesu mit dem Doppelbild von Tür und Weg überliefert. Wir stoßen in diesem Jesuswort ein erstes Mal auf die spezifische Weg-Terminologie des Neuen Testamentes, die uns als solche und in ihrer altkirchlichen Interpretation beschäftigen soll. Hier interessiert vorerst, wie Jesus und die kirchliche Theologie das jüdische Schema von den zwei Wegen zur Deutung der menschlichen Situation und Möglichkeit übernehmen, allerdings jetzt als Deutung der ganz neu aufgebrochenen Möglichkeit. – Wir verbleiben damit vorerst noch eine Weile bei der stärker formalen Betrachtung dieser Bildrede, die dann durch die Darstellung der spezifisch christlichen Füllung ergänzt werden muß, worauf selbstredend das Schwergewicht liegt.

Zunächst also Mt 7,13f.: „Geht ein durch die enge Pforte; denn weit ist die Pforte und breit der Weg, der ins Verderben führt, und viele sind es, die auf ihm hineinkommen. Denn eng ist die Pforte und schmal der Weg, der ins Leben führt, und wenige sind es, die ihn finden." – Mt läßt dieses Wort Jesu auf die Forderungen der Bergpredigt folgen. Man versteht unmittelbar, daß von der Schwere der Forderung hier, von der leichten Möglichkeit der Verweigerung dort gesprochen ist. Wie ist das Bild vom schmalen und breiten Weg näher zu fassen?[10] Daneben steht das Wort von der engen und weiten Pforte, das ein zweites, selbständiges Bild darstellt und auf welches wir hier nicht eingehen. – Wir haben eines der bezeichnenden kompromißlosen Worte Jesu vor uns, die keine Täuschung aufkommen lassen und keine Halbheit dulden, – zugleich eines der dunkelsten Worte des Neuen Testamentes. Für das Verständnis ist der Anfang wichtig: „Geht ein (durch die enge Pforte)!" Es handelt sich in erster Linie um eine Werbung, um Aufforderung und Appell, die dann in ihrer Tragweite ausgelegt werden, indem die Schwere dieser Forderung ohne Beschönigung im Vordergrund steht. Das Verlangte wird von Jesus mit dem engen, also beschwerlichen und mühsamen Weg verglichen, die Verweigerung mit der breiten, sich anbietenden Straße. Angesichts dessen, was Jesus als die neue Forderung Gottes bzw. als

---

10 Zur folgenden Auslegung vgl. Schmid, Das Evangelium nach Matthäus 149f.; Michaelis, ὁδός κτλ. 71–77; Bauer, Weg 1492.

Weg des Menschen verlangt (wir werden noch ausdrücklich davon sprechen), bliebe es unterhalb der Prägnanz seiner Verkündigung, wenn man bei dem breiten Weg an ein Leben des Lasters und bei dem schmalen Weg an ein Leben der Tugendhaftigkeit denken und wenn man also auf dem Boden des ethischen Verhaltens im allgemeinen Sinn verbleiben würde. Es geht hier um das letztlich Entscheidende, denn Jesus spricht von Verderben und Leben, zu denen der Weg führt. Und beides hat nun nach Jesu Worten nicht mit bloßer sittlicher Bewährung allein zu tun, sondern mit dem Glauben im Sinne der Umkehr, wie Jesus ihn verlangt.

Das Bild stellt also die nicht zu umgehende Schwere heraus, die in sehr bedrückender Weise durch den Schluß unterstrichen wird: „schmal" ist der Weg, der ins Leben führt, und wenige sind es, die ihn finden." Ist dies eine allgemeine pessimistische Prognose über die Zahl der Geretteten? Bezieht sie sich vielleicht nur auf Jesu Zeitgenossen? Hat diese Schärfe Jesu rein paränetischen Sinn? Die Auslegung hat viele Versuche gemacht, dieses Wort begreiflich zu machen. Mit seinem großen Ernst steht es in der Reihe anderer, nicht minder unausweichlicher und bedrängender Worte Jesu, in denen er auf geradezu bedrohliche Weise den Glauben mit seinen Konsequenzen verlangt. Wir können an dieser Stelle so viel hinzufügen, daß nach Jesu Verkündigung der Glaube selbst, also das Finden und das Gehen des Weges, nicht dem Vermögen des Menschen überlassen bleibt, sondern Gnadengeschenk und Erwählung ist, so daß die beängstigende Schärfe dieses Wortes von den „Wenigen" mit der Zuversicht zur Barmherzigkeit Gottes verbunden ist, die Jesus zum Inhalt seiner Botschaft gemacht hat. – Es dürfte auch richtig sein, daß dieses schwierige Wort in erster Linie nicht die Entscheidung eines theologischen Problems, also die Auskunft über die Zahl der tatsächlich Geretteten bzw. über Vorherbestimmung zu Heil und Unheil bzw. über die Aussichten des Menschen, den Forderungen des Evangeliums zu entsprechen, geben will, sondern daß es sich um ein Wort des Aufrufs und der Werbung zuerst handelt. Der Ton liegt auf dem Ernst der verlangten Entscheidung. Dafür spricht auch die besondere Stelle, an der Matthäus das Logion in seinem Evangelium einordnet. In der Bergpredigt will Jesus ja dem Menschen den Weg weisen, allerdings gerade hier mit unerhörter Schärfe, aber wohl kaum um mutlos zu machen, sondern um in einer ungeheuren Zumutung an den

---

11 Eine eigenwillige Deutung erfährt das Partizip τεθλιμμένη („schmal") in Mt 7,14 bei *Origenes*, Jo. VI 19. Vgl. dazu unten 35 Anm. 32.

Menschen zu appellieren, unter erschwerten Umständen den ganzen Einsatz zu wagen.

Das Finden des Weges ist schwer, es gelingt nur „Wenigen", heißt es. Es verlangt nämlich die Offenheit, den Eifer, das Verlangen des Menschen, ebenso wie das Finden der Perle oder des Schatzes im Acker dies verlangt. Es ist eben das Geschenk des Glaubens selbst, der wie eine kostbare Findung und Entdeckung erfahren wird. Eine gefundene Perle oder einen gefundenen Schatz erwirbt man, indem man alles andere dafür hergibt (Mt 13,44–46); einen entdeckten Weg, den man gesucht, auf dessen Sichzeigen man sehnsüchtig gewartet hatte, beschreitet man, indem man andere Wegmöglichkeiten dafür aufgibt. Jesus stellt die Entscheidung zum Glauben an das begegnende Reich Gottes unter den Bildern vom gefundenen Schatz und der gefundenen Perle als Freude, in den Gleichnissen vom Dieb (Mt 24,43f. par), von dem mit der Aufsicht beauftragten Knecht (Mt 24,45–51 par) als Wachsamkeit, im Gleichnis von den anvertrauten Geldern (Mt 25,14–30 par) als Treue dar. Das Bildwort von der Schwere (der „Schmalheit") des Weges zeigt den Glauben in seiner Entschiedenheit und Härte. Jesus verwies bei der Aufforderung zum Glauben immer zugleich darauf, daß dieser Glaube und seine Konsequenzen nicht unterschätzt werden dürfen, daß man sie nicht leichtfertig und nur vorläufig oder vorübergehend bejahen kann. Man denke an die Gleichnisse vom Turmbau und Kriegführen (Lk 14,28–32), auch an den Pflüger, der sein Werk schlecht tut, wenn er zurückblickt (Lk 9,6f.).

In Mt 7,13f. wirbt Jesus um den Glauben, dessen Ernsthaftigkeit und durchaus nicht einfache Verwirklichung schlicht und eindringlich im Bild des schwer gangbaren, aber ins Leben einmündenden Weges deutlich gemacht wird. Daneben gibt es den breiten Weg, auf dem sich's leicht geht – so ist vorausgesetzt –, doch führt er ins Verderben, heißt es kurzum. Der Weg, den der Mensch unter Gottes Anspruch und in der Verantwortung seiner Freiheit zu gehen hat, wie die alttestamentlichen Aussagen es uns vor Augen stellten, ist kein hindernisloser, kein breit und bequem gebahnter Weg, sondern eben ein „schmaler". Unter dem Gegensatz von „breit" und „schmal" ist im Munde Jesu sicher etwas Hintergründigeres, Fundamentaleres zu verstehen, wie gesagt, als die Wahl zwischen Laster und Tugend, in der sich das Hintergründige allenfalls niederschlägt. Der eigentliche, aufgetragene Weg ist „schmal", d.h. es fällt dem Menschen nicht in den Schoß, ihn zu finden und zu gehen. Er will gefunden, bejaht und beschritten sein. Es ist der Weg, auf den Gottes Wort ruft und den man nur einzuhalten vermag, solange man dieses Wort hört und seine „Richtung" zu leben übernimmt – im Glauben. Es handelt sich um mehr als die Aneignung einer Reihe von Tugenden, als die Erfüllung eines Katalogs von Imperativen. Dieser Weg hat ein konkretes, sehr bestimmtes und unvergleichliches Gesicht, was der eigentliche Gegenstand unserer Überlegungen sein wird.

Der im Gegensatz dazu „breite" Weg ist vielleicht umschreibbar als die Leichtfertigkeit, Gleichgültigkeit oder Oberflächlichkeit in den entscheidenden Fragen, von denen der Mensch sich nicht dispensieren kann. Das ist die Haltung der Schlafenden, die in den Gleichnissen Jesu die entscheidende Stunde verpassen. Es ist die törichte Sicherheit des Reichen, der da sagt: „Liebe Seele, du hast (nun) viele Güter daliegen auf viele Jahre hinaus, – ruh dich aus, iß, trink und laß dir's wohl sein! Aber da sprach Gott zu ihm: Du Tor, in dieser Nacht (noch) wird man deine Seele von dir fordern." (Lk 12,16–21). Das ist auch die von Jesus scharf verurteilte Haltung, in der man sein Verhältnis zu Gott auf dem absichernden Weg einer gesetzlichen Korrektheit und doktrinären Pedanterie regeln zu können glaubt. Man geht, sagt das Bild, zwar leicht und hindernislos dahin, wenn man im Vordergründigen verharrt, statt sich aufzumachen, statt „einzugehen", und wenn man die Augen und Ohren vor den unausweichlichen Fragen nach den Rätseln und Dunkelheiten dieser Welt, nach dem Sinn, dem Woher und Wohin des menschlichen Weges und nach Gott verschließt. Dieses Suchen und Fragen auszusparen führt nicht „zum Leben". Die Antwort aus dem Munde des in Jesus sich offenbarenden Gottes anzunehmen, ist Glaube und Nachfolge im biblisch-neutestamentlichen Verständnis. Unter dem Bild des „schmalen Weges" ist aber der Besitz dieser Antwort wie das Christsein überhaupt von Jesus nicht als das Einfache, nicht als die bequemste Lösung für ein Leben in dieser Welt, sondern als ein Weg gekennzeichnet, den es mit aller Wachheit und unter Anstrengung nach der verläßlichen Orientierung einzuhalten gilt. – Klemens von Alexandria greift diesen Ernst auf seine Weise auf wie folgt:

> „Wie nun, sagt man, komme ich hinauf zu den Himmeln? Der ,Weg' ist der Herr (vgl. Joh 14,6; dazu unten), ,enge' (Mt 7,13f.) zwar, aber ,aus dem Himmel' (Joh 3,13); enge zwar, aber zu den Himmeln hinaufführend, enge und auf der Erde verachtet, breit und im Himmel angebetet. [2]Indessen wer von dem Logos nicht gehört hat, hat zur Entschuldigung seines Irregehens die Unwissenheit. Derjenige aber, dem er zu Ohren gedrungen ist, und der mit Überlegung den Unglauben in seiner Seele hegt, wenn er auch noch so

verständig scheint, ihm ist die Erkenntnis zum Verderben, weil er den Verstand zum Ankläger hat, daß er nicht das Beste auswählte"[12].

Das jüdische Zwei-Wege-Schema, in dessen Überlieferung rein formal auch
Jesu Wort vom breiten und schmalen Weg steht, wurde als geläufige Vorstellung zusammen mit anderen Modellen der religiösen Unterweisung und Ermahnung an einigen Stellen der überlieferten frühchristlichen Literatur
übernommen. In dieser Überlieferung werden beide Wege meistens breit
ausgemalt und vornehmlich durch einen ausführlichen Tugend- bzw. Lasterkatalog erläutert[13]. Dadurch bekommt das Bild auch in der christlichen Literatur einen stark ethischen Akzent. Während aber das jüdische Schema auf
dem Hintergrund einer dualistischen Anthropologie steht, wonach der
Mensch unter der Herrschaft entweder des bösen oder des guten der beiden
über ihn gesetzten Geister steht, bekommt die Vorstellung innerhalb der
frühchristlichen Lehre eine neue Spitze dadurch, daß innerhalb der Vielzahl
der Gebote und Hinweise das Liebesgebot an den Anfang rückt.

Ein erstes Mal begegnet uns das Bild in der sog. „Lehre der zwölf Apostel", der Didache, einer Kirchenordnung aus der ersten Hälfte des 2. Jahrhunderts. Die ersten sechs Kapitel, die älter sein dürften als die Schrift selbst,
enthalten die beschriebene Anschauung: „Zwei Wege gibt es, einen zum Leben und einen zum Tod; der Unterschied zwischen den beiden Wegen aber
ist groß. Der Weg des Lebens nun ist dieser: erstens du sollst deinen Gott lieben, der dich erschaffen hat, zweitens deinen Nächsten wie dich selbst" (Did
1,1.2). Darauf wird in vielen Einzelgeboten und -verboten die Lehre (zum guten Teil mit Wendungen aus der Bergpredigt) entfaltet, die in diesem Wort
enthalten sei, so daß alles übrige Verhalten ebenfalls vom Liebesgebot her
verstanden sein will. Die lange Aufzählung wird abgeschlossen: „Dies ist der
Weg des Lebens" (Did 4,14), um dann fortzufahren: „Der Weg des Todes
aber ist dieser ..." (Did 5,1), und es schließt sich eine erdrückende Aufzählung von Sünden und Lastern an. Zum Schluß wird man ausdrücklich ermahnt: „Gib acht, daß niemand dich wegführe von dem Wege dieser Lehre,
da er dich anders als Gott unterweist" (Did 6,1). Ganz deutlich spricht sich
hier die alttestamentlich-jüdische Gewißheit aus, daß Gott durch seine Gebote den „Weg des Lebens" klar und unübersehbar zeigt. In die christliche

12   *Clemens Alexandrinus*, prot. 100,1f. (GCS 12,72 Z. 17–24; BKV¹ 42,190; vgl. BKV²·² 7,175).
13   Vgl. WIBBING, Die Tugend- und Lasterkataloge im Neuen Testament 34f.

Unterweisung aufgenommen, ist dieses Zwei-Wege-Schema nunmehr von Jesus Christus her zu deuten.

In sehr ähnlicher Form verwendet der Barnabasbrief (vor 140 n.Chr.) dasselbe Schema, verwendet aber statt der Antithese Leben – Tod diejenige von Licht – Finsternis: „Es gibt zwei Wege der Lehre und der Macht, nämlich den des Lichtes und den der Finsternis. Der Unterschied zwischen den beiden Wegen aber ist groß …" (Barn 18,1). Sodann wieder die Ausführung: „Der Weg des Lichtes nun ist dieser: Wenn einer seinen Weg gehen will bis zum vorgesteckten Ziel, so soll er sich beeilen durch seine Werke. Die Erkenntnis nun, die uns gegeben wurde darüber, wie wir auf diesem Wege wandeln müssen, ist also: Liebe den, der dich erschaffen, fürchte den, der dich gebildet, verherrliche den, der vom Tode dich erlöst hat. Sei geraden Herzens und reich im Geiste. Verkehre nicht mit denen, die wandeln auf dem Wege des Todes (Barn 19,1.2) … Liebe deinen Nächsten mehr als deine eigene Seele (Barn 19,5). … Das ist der Weg des Lichtes" (Barn 19,12). Wiederum folgt das Gegenstück: „Der Weg der Finsternis aber ist krumm und voll Fluch. Es ist nämlich der Weg zum ewigen Tode voll Strafe" (Barn 20,1), der auch hier durch einen Lasterkatalog beschrieben wird. Darauf wird noch einmal die Alternative und die folgenschwere Bedeutung der Wahl des Menschen betont: „Daher ist es recht, daß der Mensch alle Satzungen des Herrn, die geschrieben stehen, kennenlerne und in diesen wandle. Denn wer dieses tut, wird im Reiche Gottes verherrlicht werden; wer dagegen jenes andere (nämlich den Weg der Finsternis) sich auserwählt, wird zugleich mit seinen Werken verlorengehen. Darum gibt es eine Auferstehung, darum eine Wiedervergeltung" (Barn 21,1). Zusammen mit dem Schema der zwei Wege ist ganz offensichtlich jüdische Terminologie und jüdisches Denken übernommen worden, das, wie sich leicht heraushören läßt, in einigem Umfang seine Selbständigkeit bewahrt hat.

Ebenfalls aus jüdischem Milieu stammt ein hierher gehöriger Abschnitt aus dem sog. Hirten des Hermas, einer in der Stilform der Apokalypse abgefaßten christlichen Paränese und Bußpredigt des frühen 2. Jahrhunderts. Eine Offenbarungsgestalt teilt dem Hermas die Gebote mit: „Du sollst dem Rechten vertrauen, aber nicht dem Unrechten, denn das Gerechte hat einen geraden Weg, das Unrechte einen verkehrten. Du sollst den rechten, ebenen Weg gehen, den verkehrten sollst du meiden. Denn der verkehrte Weg hat keine Pfade, er ist nicht gangbar, bietet vielfachen Anstoß, er ist rauh und dornig; so schadet er denen, die ihn begehen. Die aber auf dem rechten

Wege wandeln, gehen eben und ohne Anstoß dahin; er ist auch nicht rauh und dornig. Du siehst also, daß es nützlicher ist, auf diesem Wege zu gehen ... Du wirst ihn gehen ... und jeder, der sich von ganzem Herzen zum Herrn bekehrt, wird ihn gehen" (Hermas, mand. VI 1,1–5). – Statt als „breit" und „schmal", statt nach „Leben" und „Tod", nach „Licht" und „Finsternis", sind hier die Wege als „recht" und „verkehrt" unterschieden. Auffällig ist, daß – ganz anders als z. B. Mt 7,13f. – der rechte Weg nunmehr der ebene, gangbare, angenehme Weg ist, während der verkehrte Weg nicht gangbar, sondern rauh, dornig und gefährlich ist. Das ist eine Sache der Bildausdeutung. Der Weg zum Leben ist das eine Mal der „schmale" und schwierige, weil er seine erheblichen Anforderungen an den Menschen stellt, der ihn begeht. Das andere Mal ist er der „nützliche" und geebnete Weg, weil der Mensch, der um den Unterschied zwischen beiden Möglichkeiten weiß, den Wandel auf dem Lebensweg als das alleinige Fortschreiten, als die einzig gangbare Möglichkeit, sich dem Wegziel zu nähern, erfährt; für ihn ist das Gehen auf dem „verkehrten" Weg eine einzige Weglosigkeit, ein fortwährendes Anstoßen und Straucheln, aus dem der Mensch nie an sein Ziel gelangt, denn dieser Weg hat in Wirklichkeit keinen „Pfad", der weiterführt. So birgt also beiderlei Redeweise je ihre Erfahrung und Wahrheit. Als weiteres und letztes Beispiel sei die Unterscheidung der „zwei Wege" in den stark judenchristlich orientierten Pseudo-Clementinen (hom. VII 6,1–7,3) genannt, wo es unter anderem heißt: „vor diesen beiden Wegen stehen Glaube und Unglaube"[14].

Wir konnten an einer Reihe von biblischen Texten sehen, wie dort das Menschsein unter dem Bild des Weges in einer ganz spezifischen Weise ausgelegt wird. Immer ist das Menschsein Weg und Wandel, aber die Richtung ist nicht willkürlich, weil dem Gehen ein Ziel, ein Sinn zugedacht ist. Der Weg hat ein bestimmtes Woher und Wohin. Das Bild vom menschlichen Leben als einem Weg zeigt in der biblischen Überlieferung in seinen zahlreichen Einzelzügen vor allem dies, daß dem Menschen eine Möglichkeit eröffnet ist, die nicht sein Entwurf ist, sondern die er als Geschenk und Anspruch erfährt und als sinnvolle Möglichkeit im Glauben begreift. Das war gemeint, wenn es hieß, der Mensch gehe auf „Gottes Weg". – Doch wenn der Weg geschenkt, von Gott gezeigt und markiert ist, dann als Einladung und Aufforderung an den Menschen, ihn zu beschreiten. Das Wählen und Gehen des

---

14 *Clementina*, hom. VII 7,3 (NTApo³ 2,393).

Weges ist mit aller Schärfe des Menschen eigene, verantwortliche Entscheidung. Das hielt sich das frühe Christentum im Bild von den zwei möglichen
Wegen in bedrängender Weise bewußt. Schon Jesus hatte dieses Bild aufgegriffen, um mit ihm den Entscheidungscharakter wie auch die Schwere und
den Ernst der Forderung des Glaubens deutlich zu machen.

Die Aussagen über den Glauben, die da mit Hilfe des vielsagenden Bildes
vom Weg gemacht sind, bekommen eine noch größere Anschaulichkeit und
auch bereits eine nähere inhaltliche Bestimmung, wenn wir zunächst zwei
besondere Typen des Glaubens als Weg betrachten, die innerhalb der biblischen Überlieferung von besonderem Rang sind.

4. Zwei Typen des Weges

Da ist zunächst der Exodus Israels aus Ägypten, der Weg aus der Gefangenschaft durch die Wüste und in das verheißene Land. Ein mühsamer Wüstenzug von 40 Jahren Dauer. In diesem Weg der Herausführung aus Ägypten
und der Hinführung in das Land sah Israel von Anfang an nicht eines unter
vielen Ereignissen seiner Volksgeschichte, sondern der Auszug und die Errettung am Schilfmeer haben eine grundlegende Bedeutung gewonnen, die weit
„über das persönliche Schicksal der damals dabei Beteiligten"[15] hinausging.
Das Bekenntnis zu Jahwe, der aus Ägypten herausgeführt (Ex 20,2; Lev 19,36
u.a.), der also den Weg gebahnt hat, ist Israels Urbekenntnis. Die Erinnerung an dieses Ereignis begleitet das Volk als Bekenntnis in aller späteren Geschichte. Nicht zuletzt wegen seines eminenten Ranges dürfte die gesamte
Wegsymbolik und -terminologie in der alttestamentlichen Literatur so lebendig sein. Zur Urerfahrung Israels mit seinem Gott Jahwe gehört dieser Weg,
der in seiner überlieferungsgeschichtlichen Ausgestaltung bereits alle Einzel-
züge des Bildes enthält, die man sonst verstreut findet; er wurde zum Symbol
für Israels Geschichte mit seinem Gott schlechthin. Das Woher dieses Weges
ist die Gefangenschaft, sein Wohin das gelobte Land. Dazwischen liegt der
lange Weg durch die weglose Wüste, der in seinem Verlauf so transparent ist,
daß er viel später im Neuen Testament und bei den Kirchenvätern und eigentlich immer auf aktuelle, unmittelbar begreifliche Weise das Unterwegs-

---

15   VON RAD, Theologie des Alten Testaments I, 22f.

sein des Menschen auf Gottes Ruf hin darstellt. Der Wüstenweg steht unter Gottes Führung, er selbst geht voran in der Wolken- und Feuersäule, ihnen den Weg zu zeigen (Ex 13,21f.), sie leben 40 Jahre lang vom Brot, das er regnen läßt (Ex 16,4.35). Das Volk aber wird des Weges und seiner Strapazen müde, obwohl es die Führung Gottes erfährt und obwohl ihm das Ziel angesagt ist. Sie murren gegen Gott, der sie auf diesen Weg schickte (Ex 16,2f.; Num 14,2.36), vergessen, daß der Weg als Befreiung, als Erlösung begann, und sie unterliegen den Beschwernissen. Sie lehnen sich auf: „Ist denn der Herr in unserer Mitte oder nicht?" (Ex 17,7); ja, sie fassen den Entschluß: „Wir wollen uns einen Anführer wählen und nach Ägypten zurückkehren!" (Num 14,4). Der Weg wird aufgegeben, man will ihn rückgängig machen – man will einen anderen Wegführer als Jahwe bzw. seinen Beauftragten; man will nämlich noch jetzt anders als Jahwe führt. – Nicht alle gelangen darum in das Land, aber der Weg führt doch hin und wird auch bis zu seinem Ende gegangen. Israel selbst hat nachträglich die Symbolträchtigkeit des Exodus und des Wüstenzuges aufgespürt und die Ereignisse erzählend, bekennend, preisend in entsprechender Form mündlich und literarisch gestaltet.

Aus der Rückschau, in Bekenntnis und Lob, steht freilich das Gelingen der Wanderung auf Gottes wirksame Führung hin im Vordergrund. Das alte Israel wird zum Paradigma der Forderung, „zu wandeln mit deinem Gott" (wie es Mich 6,8 heißt). Israels Befreiung und seine Geschichte als Gottes Volk wird durch die Bildsprache vom Weg und der Wegführung beschrieben: „Er schalt das Schilfmeer, und es wurde trocken. Er führte sie durch Meerestiefen wie durch eine Au" (Ps 106,9). Israels Gott ist der, „der uns aus Ägypten geführt, der uns durch die Wüste geleitet, durch Steppen und Schluchten, durch dürres und düsteres Land, durch ein Land, das kein Wanderer durchzieht und kein Mensch bewohnt" (Jer 2,6; vgl. 17f.; Am 2,10; Ps 68,8; 77,20; 136,16). Im Hinblick auf den Auszug spricht Gott zum Volk: „Ich zerbrach die Stangen eures Jochs und ließ euch aufrecht einhergehen" (Lev 26,13). Hier handelt es sich nicht um Auffrischung historischer Erinnerungen, vielmehr um bildhafte Ausdeutung des Gottesverhältnisses, das bleibend als Weg unter Gottes Führung verstanden wird. In der späteren Situation des Buches Dt heißt es (wobei das Bild immer weiter entfaltet wird): „Der Herr, euer Gott, der euch voranzieht, wird für euch streiten, genau so, wie er euch in Ägypten sichtbar beigestanden hat. In der Wüste, die du kennengelernt hast, hat dich der Herr, dein Gott, (und nun heißt es:) getragen, wie man sein Kind zu tragen pflegt, auf dem ganzen Weg, den ihr zurückgelegt habt, bis zu eurer Ankunft an diesem Ort. Aber trotzdem habt ihr kein Vertrauen zum Herrn, eurem Gott, der doch auf dem Wege vor euch herzog und den Lagerplatz für euch aussuchte, bei Nacht im Feuer, damit ihr auf dem Wege sehen konntet, den ihr ziehen mußtet, und bei Tag in der Wolke." (Dtn 1,30–33). Zu diesem Bild von Israel als dem Kind, das von Jahwe den ganzen Weg getragen wird, ist sogleich eine Stelle des Propheten Hosea zu nennen. Die exemplarische Frühzeit, der Anfang des ganzen Weges Israels, wird bildhaft so nacherzählt: „Als Israel jung war, gewann ich es lieb und rief meinen Sohn aus Ägypten. Doch je mehr ich sie rief, desto weiter entliefen sie mir … Und doch habe ich Ephraim am Gängelbande geführt und ihn auf meine Arme gehoben. Doch sie haben nicht erkannt, daß ich ihr Heiland war … Zurück muß Ephraim nach Ägypten! Sein König sei Assur, weil sie die Umkehr verweigern! … Mein Volk neigt ja dazu, sich von mir zu wenden. Ruft man es aufwärts, so erhebt sich keiner von ihnen" (Hos 11,1–3.5.7). Gottes Sorge und Verläßlichkeit kontrastieren mit der kindischen Torheit des Menschen. Darum die Mahnung in Dtn 8,2–4: „Erinnere dich an den ganzen Weg, den dich der Herr, dein Gott, 40 Jahre lang in der Wüste geführt hat … Deine Kleider verschlissen nicht an deinem Leib, und deine Füße bekamen keine Schwielen, schon 40 Jahre lang."

Aufschlußreich ist, daß der Auszug und Wüstenzug vom vergangenen Ereignis zum Symbol für das Erwartete wird. Deuterojesaja versteht den bevorstehenden Exodus aus dem Exil in Babylon „als ein heilsgeschichtliches Gegenstück zu dem uralten Auszug Israels aus Ägypten"[16]. Das Exil war ja die Umkehr des Exodus, indem es wieder in Knechtschaft führte. Die Errettung wird also ein neuer Auszug sein, der nun ganz in den Bilddetails der Exodus-Überlieferung ausgemalt wird. Das kann hier nicht ausführlich gezeigt werden. Als Beispiel nur: „Sie litten nicht Durst, als er durch Wüsten sie führte. Wasser ließ er aus Felsen rinnen für sie" (Jes 48,21), was als Beschreibung des neuen Exodus durch die Wüste zu verstehen ist (vgl. 42,13.16; 49,10f.; Jer 31,9). Es wird aber ein Unterschied angekündigt: Im Gegensatz zur Eile des Aufbruchs, die ein wichtiges Element der alten Auszugs- und Paschatradition war (Ex 12,11; Dtn 16,7), geht es nun ohne Hast zu: „Nicht in eiliger Hast braucht ihr auszuziehen, nicht in Flucht von dannen zu weichen; denn vor euch her geht der Herr. Eure Nachhut ist Israels Gott" (Jes 52,12). Und tatsächlich beurteilt Deuterojesaja ja trotz des Bewußtseins der heilsgeschichtli-

16 VON RAD, Theologie des Alten Testaments II, 260; vgl. zum Folgenden ebd. 259–262; NÖTSCHER, Gotteswege und Menschenwege 34; DARRIEUTORT, Weg 741f.

chen Kontinuität in einer geradezu ketzerischen Distanzierung von Israels Urbekenntnis zur alten Exodus-Tradition die erwartete Zukunft als das überbietende und unerhört Neue: „So spricht Jahwe, der im Meer einen Weg machte, in gewaltigen Wogen einen Pfad ... Gedenket nicht an das Frühere, und des Vergangenen achtet nicht! Siehe, ich wirke ein Neues, jetzt sproßt es, merkt ihr es nicht? Ja, in der Wüste schaffe ich einen Weg ..." (Jes 43,16–19a). Nun, was haben wir mit dieser Wegsymbolik des alten Israel zu tun? Was kann sie zur Interpretation des Weges des Christen leisten? Wir haben oben einiges Wesentliche aus dem spezifisch biblischen und also auch neutestamentlich-christlichen Glaubensverständnis zusammengetragen, wie es gerade in der Weg-Terminologie zur Sprache und zur Entfaltung kommt. Darüber hinaus aber wird die Überlieferung vom Weg Israels in der Wüste bekanntlich im Neuen Testament unmittelbar als Interpretament des christlichen Glaubens aufgegriffen, indem Exodus und Wüstenzug eine paradigmatische, typologische und erzieherische Funktion bekommen. Paulus und der Verfasser des Hebräerbriefes greifen auf das wandernde Gottesvolk in der Wüste zurück, weil sie darin die Situation der Kirche wiedererkennen. Auch die Kirche ist unterwegs, nicht am Ziel; und sie ist gefährdet wie Israel. Der Hebräerbrief erinnert die christliche Gemeinde, daß Israels Weg nur gelingen konnte, weil er im Glauben gegangen wurde: „Durch Glauben durchschritten sie das Rote Meer wie durch trockenes Land, während die Ägypter, als sie einen (gleichen) Versuch unternahmen (d. h. ohne Glauben durchzukommen suchten), verschlungen wurden" (Hebr 11,29). – Im Vordergrund steht aber begreiflicherweise die ernste Warnung, die der Auszugsgeschichte Israels für die kirchliche Ermahnung zu entnehmen ist. Einer offensichtlich sehr müde gewordenen Gemeinde der zweiten christlichen Generation hält der Verfasser des Hebräerbriefes mit Worten des Ps 95 das ermüdende, versagende, auf dem Weg erliegende und darum scheiternde Israel vor Augen: „Darum, wie der heilige Geist sagt: ‚Heute, wenn ihr seine Stimme hört, verhärtet eure Herzen nicht wie bei der Erbitterung am Tage der Versuchung in der Wüste ... Sie erkannten meine Wege nicht, so schwur ich in meinem Zorn: Sie sollen nicht eingehen in meine Ruhe!' (Ps 95,7f.10c)" (Hebr 3,7–19). Das wird unmittelbar auf die Kirche appliziert, da die Christen in derselben Weise lahme Wanderer zu sein versucht sind, den Weg schlecht oder sogar zurück gehen, aus Unglauben. Der Hebräerbrief sieht die Situation nicht anders als für Israel, eher noch verschärft durch das jetzt angebrochene „Heute" des Angebotes Gottes, und sagt: „Fürchten wir uns also, daß nicht etwa einer von euch zurückgeblieben erscheine (auf dem Weg), während die Verheißung, in seine Ruhe einzugehen, (noch) aussteht ... Denn wir gehen in die Ruhe ein als die Glaubenden ... Mühen wir uns also, in jene Ruhe einzugehen, damit keiner nach demselben Beispiel des Ungehorsams falle" (vgl. Hebr 4,1–11) – wie eben ein Großteil Israels in der Wüste.[17]

In ganz ähnlicher Weise wertete schon Paulus das Wüstenschicksal Israels paränetisch aus: „Ich möchte euch nicht in Unkenntnis lassen, Brüder, daß unsere Väter zwar alle unter der Wolke waren und alle durch das Meer gingen ... Aber an den meisten von ihnen hatte Gott kein Wohlgefallen; denn ‚sie wurden dahingerafft in der Wüste' (Num 14,16)" (1 Kor 10,1–5). Paulus zählt etliche Einzelversagen der Wüstengeneration auf, von denen er auch die korinthischen Christen bedroht sieht, und nennt jeweils die furchtbare Strafe hinzu, die darauf folgte, um zu sagen: „Dies alles aber widerfuhr ihnen als Vorbild (τυπικῶς); es wurde zur Warnung niedergeschrieben für uns, für die das Ende der Zeiten gekommen ist" (10,11). Also auch hier dasselbe unter verschärften Vorzeichen. Und wenn das alles τυπικῶς, als Typos, geschehen ist, so ist ihm gar seine Eigenbedeutung und Selbständigkeit genommen (wie es dem gesamten Alten Testament innerhalb des Neuen Testamentes geschieht). Der Weg Israels unter Gottes Führung durch die Wüste mit ihren Gefährdungen, die Gefahr der Unlust, den Weg fortzusetzen, die Versuchung, aufzugeben und an Ägyptens Fleischtöpfe zurückzukehren, die Gefährlichkeit, daß das Ziel weit ist und unter Anstrengung erreicht wird, – all das ist nach Paulus Typos der Kirche. Das heißt also, daß die ganze Wegsituation ein Bild auch des Christseins ist. Wir werden die diesbezügliche Sprache der jungen Kirche noch weiter verfolgen, unabhängig vom Typos des ausziehenden Gottesvolkes.

Dieser Typos wird in der altkirchlichen Theologie begreiflicherweise wieder und wieder erklärt. Wir greifen nur die eine Version heraus, daß „der ganze Auszug des Volkes aus Ägypten ... von Gott als Typos und Vorbild des künftigen Auszugs der Kirche aus den Heiden veranstaltet"[18] wurde. Das Christwerden und Kirchesein wird als Auszug aus der heidnischen Vergangenheit, also als zurückgelegter, immer noch zu gehender Weg interpretiert.

Ein zweiter wichtiger Typ des Weges ist der Aufbruch Abrahams, der in aller Kürze noch genannt werden muß. Die alttestamentliche Grundlage ist

17 Zum Motiv im Hebr vgl. Käsemann, Das wandernde Gottesvolk 5–9.
18 Irenaeus, haer. IV 30,4 (FC 8/4 244f.; vgl. PG 7, 1067; SC 100, 784).

Gen 12: „Und Jahwe sprach zu Abram: ‚Gehe doch aus deiner Heimat und aus deiner Verwandtschaft und aus deinem Vaterhause in ein Land, das ich dir zeigen will!' ... Da machte sich Abram auf den Weg, wie ihm Jahwe geboten hatte" (Gen 12,1.4a). „Das Ziel der angetretenen Wanderung ist ‚ein Land', von dem Abraham nur das erfährt, daß Gott es ihm zeigen will. So sehr damit ... eine wirkliche Begebenheit aus der Vorzeit Israels erzählt werden soll, so ist doch zu bezweifeln, daß sich das Interesse des Erzählers hier und im Folgenden in der Darstellung von Vergangenheitlichem erschöpft. In diesem Ruf und in diesem dann angetretenen Weg sah Israel gewiß nicht nur ein Ereignis seiner frühesten Geschichte, sondern zugleich auch ein Grundmerkmal seines ganzen Daseins vor Gott. Herausgenommen aus der Gemeinschaft der Völker (vgl. 4. Mos. 23,9) und auch in Kanaan nie recht bodenständig, sondern auch da ein Fremdling (vgl. 3. Mos. 25,23; Ps 39,13) sah es sich einen besonderen Weg geführt, dessen Plan und Ziel ganz in der Hand Jahwes lag."[19] Schon Israel sah also Abraham typisch.

Für Paulus ist Abraham das Vorbild auch des Christusglaubens wegen der besonderen Qualität seines Glaubens hinsichtlich der unwahrscheinlichen Verheißung einer Nachkommenschaft: „Er hat wider Hoffnung in Hoffnung daran geglaubt, er werde Vater vieler Völker ... an der Verheißung Gottes zweifelte er nicht im Unglauben, sondern er wurde stark im Glauben, gab Gott die Ehre und war ganz davon erfüllt, daß er, was er verheißen habe, auch zu tun mächtig sei" (Röm 4,18.20f.).

Wiederum greift auch der Hebräerbrief denselben Typos auf. Hier aber spielt der Glaube Abrahams an die Verheißung zahlreicher Nachkommenschaft, der bei Paulus das zentrale Datum ist, überhaupt keine Rolle. Für den Hebräerbrief und die Situation seiner am Glauben zweifelnden Kirche ist ein anderer Zug der Abrahamsgeschichte relevant, nämlich der in den zitierten Genesis-Versen dargestellte gehorsame Aufbruch Abrahams aus seiner Geburtsheimat in ein fremdes Land. Und zwar sieht das nun in der christlichen Verkündigung, die mit Hilfe dieses Typos den Weg des Christen aufzeigen will, so aus: „Durch Glauben gehorchte Abraham, als er gerufen wurde, auszuziehen an einen Ort, den er zum Erbe empfangen sollte, und er zog aus, ohne zu wissen, wohin er gehe. Durch Glauben siedelte er sich im Lande der Verheißung wie in einem fremden an, in Zelten wohnend" (Hebr 11,8f.). Das also ist für den Hebräerbrief der Typos des christlichen Glaubens in der Situ-

---

19 VON RAD, Das erste Buch Mose 132; vgl. 134.

ation der nie erfüllten Heilshoffnung, die unter Anstoß, Widerstand und Schwierigkeit im Glauben durchgetragen werden will. Denn der gesamte Brief zeigt als Hintergrund seiner Theologie und Paränese die Schwierigkeit, daß im Nachlassen der Glaubensintensität der ersten Generation sich in der Kirche lähmend der Anstoß des Kreuzes, der Unscheinbarkeit und Unsichtbarkeit des Geglaubten breitmacht. Der Verfasser zeichnet diese Anstößigkeit des Glaubens als dessen genuine Gestalt und verifiziert dies an seiner Christologie, aber auch – was hier interessiert – an der Heilsgeschichte. In diesem Zusammenhang steht das Abrahamsbeispiel. Abraham ist Zeuge des Glaubens in Unscheinbarkeit und auf einem ungewissen Weg, wie er in der Kirche des Hebräerbriefes stark empfunden und zur Gefahr wird. Der Gehorsam Abrahams lag „in seinem Glauben an ein ihm von Gott gewiesenes und versprochenes Ziel"[20], und mit voller Absicht und allem Nachdruck wird hinzugefügt, daß dieses Ziel noch nicht sichtbar war: „er zog aus, ohne zu wissen, wohin er gehe". Dieser Aufbruch ist das Paradigma des christlichen Glaubens. Man muß bedenken, daß es sich nicht etwa um ein hyperbolisches Bild, um ein provokant überspitztes Wort an eine aus Selbstsicherheit und Lethargie aufzurüttelnde Gemeinde handelt; der Adressat dieser Abrahams-Interpretation ist vielmehr gerade eine unsichere und durch die Unsicherheit skandalisierte Gemeinde, wie man aus dem gesamten Kontext des Briefes zeigen müßte. Das Beispiel des sich ohne Kenntnis des Zieles auf den Weg machenden Abraham will folglich in seiner ganzen Schärfe das Bild des christlichen Glaubens, des Weges des Christen sein, um freilich den Glauben gerade aus dieser Erfahrung der Ungreifbarkeit des Zieles, in die hinein es gesprochen wird, und nicht an ihr vorbei, zu deuten. „Abraham bricht also die Brücken hinter sich ab, ohne eine irdisch-kontrollierbare Sicherheit für die Existenz und den Wert seines Zieles zu haben; seine einzige Stütze ist das Wort Gottes, Befehl und Verheißung in einem."[21] Und selbst als er das Land der Verheißung erreicht, ist es noch nicht sein Besitz, – obwohl er schon darin ist, bleibt er unterwegs, auf dem Wege. Er ist Fremder in fremdem Land (vgl. Gen 17,8; 20,1; 21,23.34; 24,37; Jos 24,3). Und „daß er in Zelten wohnt (Gen 12,8; 13,3; 26,25; 33,19; 35,21), wird aus der Perspektive des Hebräerbriefverfassers gleichfalls als Symbol eines tiefer gehenden, die ganze Existenz betreffenden Unterwegs ausgedeutet"[22]. Und das Ganze ist nicht gemeint als

---

20 Kuss, Der Brief an die Hebräer 171.
21 Ebd. 171.
22 Ebd. 171f.

Hinweis auf einen Heroen der Vergangenheit, sondern als Typos, als Wegweiser für eine mühsam sich hinschleppende Kirche. Dieser Typos bedeutet nach Paulus für die Christen, daß sie „auch wandeln in den Spuren des Glaubens unseres Vaters Abraham, den dieser vor der Beschneidung bewies" (Röm 4,12).

Auch unabhängig von Zitaten der alttestamentlichen Weg-Terminologie und von alttestamentlichen Typoi und auch unabhängig vom überkommenen Schema der „zwei Wege" finden Bild und Terminologie des Weges eine mehrfache, jeweils sehr prägnante Verwendung im Neuen Testament.

5. Christus – der Weg

im Neuen Testament erhält die Rede vom Weg theologisch einen ebenfalls ganz eminenten Rang, vergleichbar der Sprache des alttestamentlichen Urbekenntnisses vom Exodus. Im nachbiblischen Judentum war der Weg nur noch ein Bild für die Lehre bzw. für den sittlichen Wandel geblieben, was in der aus verwandtem Milieu stammenden frühchristlichen Literatur dann übernommen wird.

Für das neutestamentliche Denken ist nun vom ersten Augenblick an die Heilschance des Menschen mit solcher Ausschließlichkeit an Jesus Christus gebunden, daß in einer absoluten und eindeutigen Weise nur noch von dem einen Weg gesprochen wird: Es gibt nur einen wirklichen Weg, angesichts dessen nichts mehr sonst „Weg" heißen kann. Man erinnert sich an die Verheißung aus Jer 32,39: „Ich will ihnen einerlei Sinn und einerlei Wandel geben", woran sich die Verheißung vom bleibenden Bund anschließt: „daß ich mich nicht von ihnen abwenden will" (Jer 32,40). Es ist der endgültige Wandel und Weg. Die Schlüsselstelle ist diesbezüglich jene Selbstaussage des johanneischen Christus: „Ich bin der Weg, (die Wahrheit und das Leben)" (Joh 14,6), womit wir denn günstigerweise beginnen.

Die betreffende Szene im vierten Evangelium stellt mit unvergleichlicher Prägnanz die entscheidende Situation heraus. Es heißt: „Und wohin ich gehe, wißt ihr den Weg. Da sprach Thomas zu ihm: Herr, wir wissen nicht, wohin du gehst; wie können wir den Weg wissen? Jesus sprach zu ihm: Ich bin der Weg ... Niemand kommt zum Vater außer durch mich" (Joh 14,4–6). Der Weg ist nicht Gebot, Gesetz und Lehre, sondern Christus selbst. Das

Zentrum dieser Weg-Theologie ist die Christologie. Jesus Christus ist der Zugang zu dem Gott, den die Frage des Menschen nach seinem Weg, nach Woher und Wohin, suchte[23]. Denn er ist „die Wahrheit und das Leben" (Hebr 14,6); „Wahrheit und Leben" sind aber in der johanneischen Sprache die Wirklichkeit des göttlichen Heiles selbst. Indem sie in Jesus „da" sind, ist er der Weg. – Alle weiteren Zeugnisse, mit denen wir uns befassen werden, sind Entfaltung, Umschreibung, Auslegung dieser Selbstidentifizierung Jesu mit dem Weg: „Ich bin der Weg."(Joh 14,6a). Zunächst aber noch zu diesem Wort selbst.

Es steht am Beginn der Abschiedsreden Jesu. Jesus spricht vorbereitend von seinem „Hingehen", um als Tröstung zu sagen: „Wohin ich gehe, wißt ihr den Weg."(Joh 14,4). Die Frage des Thomas: „Herr, wir wissen nicht, wohin du gehst; wie können wir den Weg wissen?" (Joh 14,5a), verrät einerseits das immer-noch-nicht-Begreifen der Jünger, ist aber zugleich doch „insofern richtig gestellt, als in ihr deutlich wird, daß das Wissen um den eigenen Weg von dem Wissen um das ὑπάγειν Jesu abhängt"[24]. Auf den Weg der Menschen, der Jünger, zielt ja die Frage des Thomas[25], denn Jesu Wort „ihr wißt den Weg" ist ja nur dann ein Trostwort an die Zurückgelassenen, wenn es den Weg bereits als Orientierung des Menschen meint und nicht nur von Jesu Weg spricht. Die Frage nach dem Weg des Menschen wird so beantwortet, daß von Christus, von seinem Hingehen gesprochen wird. Die Weg-Theologie wird zur Christologie, und zwar zunächst einmal in allgemeiner Redeweise so, daß das vorausgehende Hingehen Jesu, sein „Weg" also, als Notwendigkeit hingestellt wird, nach deren Erfüllung der Mensch überhaupt erst gehen kann. Im Anschluß an die Fußwaschungsszene hieß es: „Noch eine kleine Weile bin ich unter euch; ihr werdet mich suchen, – aber wie ich zu den Juden gesagt habe: Wohin ich gehe, dahin könnt ihr nicht kommen, das sage ich nunmehr auch euch … Simon Petrus sprach zu ihm: Herr, wo-

---

23 Aus der mit den johanneischen „Ich bin"-Aussagen befaßten Monographie von SCHWEIZER (Ego eimi) läßt sich für die Interpretation dieses Bildwortes vom Weg speziell zwar nichts gewinnen, aber doch die wichtige grundsätzliche Einsicht übernehmen, daß nicht Jesus Christus von den Details des Bildwortes her erklärt werden darf, sondern umgekehrt vom johanneischen Verständnis des Christus her das Bild in seiner besonderen Verwendung auszulegen ist. – Vgl. auch die Interpretation der Augustinus-Exegese von Joh 14,6 bei SÖHNGEN, Der Weg der abendländischen Theologie 42–46, 86–92; ebd. 101–111 über den „Heilsweg" in ostasiatischen Hochreligionen.

24 BULTMANN, Das Evangelium des Johannes 466f.

25 Vgl. MICHAELIS, ὁδός κτλ. 81.

hin gehst du? Jesus antwortete: Wohin ich gehe, dahin kannst du mir jetzt nicht folgen; du wirst mir aber später folgen" (Joh 13,33–36). Jesus muß vorausgehen, sonst gibt es den Weg nicht. Das chronologische Nacheinander des Gehens gehört freilich zur Bildhälfte der Aussage und meint theologisch die Unvergleichlichkeit und Heilsbedeutung Jesu. Die Fragen des Petrus (Joh 13,36) und Thomas (Joh 14,5) nach dem Wohin Jesu werden vom Evangelisten als unzulängliche Fragen behandelt (vgl. Joh 13,37f.; 14,7), und zwar weil sie die Rede vom Weg mißverstehen. Es geht nicht um eine beschreibbare Wegstrecke geographischer oder mythischer (s.u.) Art, durch ein bestimmtes Gelände und über Hindernisse hinweg, auf der man Jesus begleiten oder hinter ihm hergehen könnte. Der Weg ist Symbol für Fundamentaleres, das es im Glauben zu begreifen gilt.

Auf die Thomas-Frage nach dem Ziel verweist Jesus auf den Weg. Weg und Ziel gehören engstens zusammen, ja das Ziel wird erst auf dem Weg sichtbar[26], weil dieser Weg nicht eine beschilderte Straße, sondern Jesus Christus ist, der über das Ziel demjenigen Kunde und Gewißheit gibt, der sich auf diesen Weg begibt im Glauben. – „Indem sich Jesus selbst als den Weg bezeichnet, wird deutlich: 1. daß es für die Jünger anders steht als für ihn, – er braucht für sich keinen ‚Weg' in dem Sinne wie die Jünger; vielmehr ist er für sie der Weg; 2. daß Weg und Ziel nicht im Sinn des mythologischen Denkens getrennt werden dürfen."[27] Auf das unterscheidend Christliche dieses zweiten Punktes wird später noch verwiesen, indem das Wegverständnis eines heterodoxen Christentums der Frühzeit zur Sprache kommen soll.

Diese Identitätsformel: „ich bin der Weg" erfährt zwar keine inhaltliche Interpretation, wie man sie näher verstehen solle, indem in der Sprache vom Weg weitergesprochen würde. Die Identifizierung des Weges mit der lebendigen Person Jesu Christi ist aber als solche höchst aufschlußreich, und wir werden zu ihrer Interpretation uns später auch nicht allein an die Weg-Terminologie klammern. Denn das Bild vom Weg ist ja auch im Johannes-Evangelium nur eines unter den anderen Bildern und gehört beispielsweise mit dem der Tür (Joh 10,7.9) eng zusammen. Dasselbe wird in anderen Bildern und außerdem auch in einer theologischen Begrifflichkeit im ganzen Neuen Testament entfaltet. Hier sei nur im Anschluß an Joh 14,6 schon das gesagt: Wenn Jesus der Weg ist, dann nicht in dem Sinn, daß er einmal einen

---

26 Vgl. STRATHMANN, Das Evangelium nach Johannes 207.
27 BULTMANN, Das Evangelium des Johannes 467.

Tatbestand geschaffen hätte, der seither in einem kirchlichen Kosmos religiöser Praktiken sein Eigendasein hätte und Jesus entbehrlich machte. Er ist der Weg und hat nicht nur einen solchen gezeigt oder ermöglicht, den man unabhängig von ihm gehen könnte. Er hat nicht Heilslehren und Erlösungsmittel bereitgestellt, die man quantitativ in Gebrauch nimmt. Die kirchliche Verkündigung und die kirchlichen Sakramente bzw. auch die Kirche selbst als das Sakrament wollen folglich so begriffen werden, wie es zumal im Johannes-Evangelium geschieht, daß nämlich in ihnen Christus selbst sich als den Weg anbietet und als solcher geglaubt, erfahren und angenommen wird. Und darin ist das Ziel, „Wahrheit und Leben", schon da. Dieser Weg birgt in neuer Weise sein Ziel in sich, und das Ziel wird als Weg angenommen, indem Er angenommen wird.

Ein Mensch ist jetzt also der Weg: „der Mensch Christus Jesus" (1 Tim 2,5). Er ist der Weg, weil er nicht ein beliebiger Mensch unter vielen ist, sondern der, von dem im johanneischen Sinn gesagt werden kann: „Ich bin die Wahrheit und das Leben" (Joh 14,6), – darum also „der Weg".

Diese Identifizierung Jesu Christi mit dem Weg (Joh 14,6) ist innerhalb der neutestamentlichen Schriften singulär und nach Diktion und Aussage spezifisch johanneisch. Aber andere Identifizierungen des Weges legen diese eine letzte und unüberbietbare aus. Wir greifen hier vorerst nur noch einmal auf den Hebräerbrief zurück, der die Typen des Exodus und Abrahams bezüglich ihrer Wegvorstellung aufgreift. Der Verfasser expliziert den Wegcharakter des christlichen Glaubens ausdrücklich, wobei ihm daran liegt, zu zeigen, daß jetzt erst von einem aussichtsreichen und zwar sicheren Weg gesprochen werden kann. Uns ist hier seine Endformulierung wichtig, die das Unterscheidende deutlich machen will und gerade hinsichtlich Joh 14,6 aufschlußreich ist.

Vor Jesus Christus, im Alten Bund also, war – so heißt es Hebr 9,8 – „der Weg zum Heiligtum (was hier in der Sprache der Tempelsymbolik den Zugang zu Gott bedeutet, d. h. den Erlösungsweg) noch nicht offenbar geworden", man konnte ihn also weder finden noch gehen, – man mußte noch die Thomasfrage des vierten Evangeliums stellen: „Wie können wir den Weg wissen?" So macht der Hebräerbrief am alttestamentlichen Kultzeremoniell deutlich, daß Israels Weg nur vorläufig und unzulänglich, ja letztlich aussichtslos war, weil er nicht zum endgültigen Ziel zu führen vermochte. Es war also kein Weg. Durch Jesus Christus ist aber nun die Situation von Grund auf verändert. Er hat den Weg eröffnet, indem er ihn gegangen ist. In der symbolisch bzw. typologisch zu verstehenden Sprache des Briefes heißt das so: „Christus aber, der als Hoherpriester der künftigen Güter kam, ist durch das größere und vollkommenere Zelt, (welches) nicht von Händen gemacht, das heißt nicht aus dieser Schöpfung (ist), auch nicht durch Blut von Böcken und Jungstieren, sondern durch sein eigenes Blut ein für allemal in das Heiligtum eingegangen und hat ewige Erlösung gefunden" (Hebr 9,11f.). Jesus ist „als Vorläufer (πρόδρομος) für uns eingegangen" (sc. in „das Innere des Vorhangs") (Hebr 6,20). Er ging also diesen Weg, um ihn zu eröffnen, und seither gibt es den Weg, weil er ihn gegangen ist, so daß er von den Menschen beschritten werden kann. Nun spricht der Glaubende so: „Wir haben Zuversicht für den Weg in das Heiligtum hinein durch das Blut Jesu", denn – und auf diese Formulierung kommt es uns hier an – diesen Weg „hat er uns als einen neuen und lebendigen Weg neu erschlossen (ἐνεκαίνισεν ἡμῖν ὁδὸν πρόσφατον καὶ ζῶσαν) durch den Vorhang, das ist sein Fleisch" (Hebr 10,19f.)[28]. Diese Häufung einer Begrifflichkeit der Neuheit und Endgültigkeit hat im Hebräerbrief großes theologisches Gewicht. Hier kommt für den Weg hinzu, daß er nicht nur neu, sondern zugleich „lebendig" genannt wird. Er ist eröffnet durch den, der der „Anführer (ἀρχηγός) zum Leben" (Apg 3,15), „zum Heil" (Hebr 2,10), ja „der Anführer und Vollender des Glaubens" (Hebr 12,2) ist, und nach Joh 14,6 eben das Leben selbst. Darum ist der Weg des Glaubens ein „lebendiger", d.h. ein zum Leben hinführender, schon am Leben teilhabender, und selbst „lebendiger" Weg. Er ist nicht das ständige Einerlei und die dauernde Wiederholung religiöser Praktiken, wie sie nach dem Hebräerbrief für das Alte charakteristisch sind. Er ist vielmehr selbst ein Leben in der „Zuversicht für den Weg in das Heiligtum hinein" (10,19), der das ἐφάπαξ, das Ein-für-allemal des Opferganges Jesu ist.

Die Diktion des Hebräerbriefes unterscheidet sich von Joh 14,6 dadurch, daß sie nicht Jesus selbst den Weg nennt. Indem der Verfasser aber in seinem sehr anderen, eigenständigen theologischen Denken und Deuten den christlichen Glauben in seinem Vollzug einen Weg nennt, der einerseits dem Aufbruch Abrahams vergleichbar ist, welcher nicht wußte, wohin ihn der Weg führte, jedoch im Glauben aufbrach (s.o.), der aber andererseits „Zuversicht" (παρρησία) ist, weil es der „neue und lebendige Weg" ist, den Christus „neu eröffnete", so ist der Sache nach nichts anderes gesagt. Die biblische Sprache

---

28 Bauer, Weg 1490f., versteht den Genetiv „nämlich seines Fleisches (τοῦτ' ἔστιν τῆς σαρκὸς αὐτοῦ)" als *genetivus epexegeticus*, der zum Terminus „Weg" gehört, „so daß erläutert wird, daß der neue, lebendige Weg eben in Jesu Menschlichkeit besteht."

ist ungemein vielfältig. Die Apostelgeschichte spricht noch einmal anders vom Weg, indem sie diesen Begriff geradezu als Selbstbezeichnung des Christentums wählt, wie später gezeigt werden soll. – Deutlich ist jedenfalls bereits an den genannten Stellen, was aus weiteren Texten und auch aus vielen Zeugnissen, die hier nicht mehr genannt werden können, zu erkennen ist: Im Kontext der christlichen Botschaft erfährt die Bildrede vom Weg des Christen eine eigentümliche christologische und soteriologische Engführung. Nicht der Weg der Tugend ist das Ideal, auch ist nicht die Rede von „Gottes Weg" in vorerst noch unbestimmtem, erst in der konkreten Situation sich abzeichnenden Sinn, sondern es ist sehr prägnant und bestimmt von Christus als dem Weg bzw. vom Christsein als dem Weg, den er erschlossen hat, gesprochen. Und zwar meint diese Bestimmtheit nicht eine allgemeine Führung des Menschen durch Christus (statt durch Gott im Alten Testament). Wenn Christus der Weg ist, so hat dieser Weg bereits seine bestimmte auch inhaltliche Füllung, was den Verlauf, was seine Gestalt und die Art, ihn zu gehen, betrifft. Das Christsein als Weg, welcher Christus selbst bzw. welcher durch ihn gebahnt ist, hat im Neuen Testament seine bestimmten Konturen, bis zu denen unser Gang durch die alten Zeugnisse noch gelangen muß. An dieser Stelle kann man schon so verdeutlichen: Zur Einleitung ihrer Fangfrage nach der Erlaubtheit der Steuer sagen die Pharisäer nach Mk 12,14 par: „Du lehrst der Wahrheit gemäß den Weg Gottes". Das ist das jüdische Verständnis Jesu bis heute, – das christliche ist aber eben Joh 14,6: „Ich bin der Weg."

Zur unmittelbaren Exegese von Joh 14,6 in der Frühzeit des Christentums, aus der man sich ja Aufschluß über die altkirchliche Weg-Theologie erwarten darf, beschränken wir uns auf einige Passagen aus Origenes. Aus seinem großen, aber nur zum geringeren Teil erhaltenen Kommentar zum vierten Evangelium (mit dem wir uns also in der ersten Hälfte des 3. Jahrhunderts befinden) ist auch die Exegese zu Joh 14,6 leider verlorengegangen. Diese Selbstidentifizierung Jesu mit dem Weg, welcher der Weg des Glaubens ist, hat aber einen Geist wie Origenes so stark beschäftigt, daß er wieder und wieder in unterschiedlichsten Zusammenhängen der johanneischen Theologie darauf zurückgriff, wohl weil er sie mit Recht als eine von deren Schlüsselstellen erkannte.

Origenes macht aufmerksam auf die theologische Relevanz dieser „Ich bin"-Aussagen im Johannes-Evangelium, von denen er zeigt, daß sie nicht als exakte Deskriptionen von Jesu Wesen verstanden werden können, sondern umschreibenderweise die verschiedensten Durchblicke auf seine für den Menschen beglückende Heilsbedeutung gewähren: „Wenn wir die Dinge aufzählen an Hand der Namen, mit denen der Sohn Gottes benannt wird, dann erfahren wir, wie vieles Gute Jesus ist, den die verkünden, ‚deren Schritte willkommen' (cf. Is 52,7 = Röm 10,15) sind. Eines dieser Güter ist das Leben – Jesus aber ist ‚das Leben'. Ein anderes Gut ist ‚das Licht der Welt', welches ‚das wahre Licht', ‚das Licht der Menschen' ist – vom Sohne Gottes aber wird gesagt, daß er all dies sei. Dann gibt es ein anderes Gut neben ‚Leben' und ‚Licht': ‚die Wahrheit'. Und als viertes neben diesem den zu ihr führenden ‚Weg'. Der Erlöser aber lehrt uns, daß Er dies alles selber sei: ‚Ich bin der Weg, die Wahrheit und das Leben'"[29]. Es folgen weitere Identifizierungen Jesu, auch aus Paulus, woraufhin Origenes abschließend eine Bemerkung macht, die in einer theologischen Hermeneutik ihren Platz verdiente: „Man darf aus diesen kaum aufzuzählenden Schriftstellen über Jesus entnehmen, welche Fülle von Gütern er ist, und man darf ahnen, was in Jesus gewährt ist, in dem ‚die ganze Fülle der Gottheit leibhaft wohnen zu lassen Gott gefiel' (Kol 1,19; 2,9). Das ist freilich nicht von Buchstaben einzufangen (οὐ ἦν ὑπὸ γραμμάτων κεχωρημένων)"[30].

Besonders wichtig, und zwar als ein Aufgreifen des biblischen Denkens, ist folgende Äußerung des Origenes, mit der er einerseits zeigt, daß man es in diesem biblischen Bild des Weges nicht mit einem Begriff zu tun hat, sondern mit einer Wirklichkeit, auf die man eingehen muß, um sie zu erfahren; andererseits bezeugen seine Worte selbst diese Erfahrung und geben eine bezeichnende Charakteristik des Weges aus dem Munde jemandes, der sich auf diesem Weg weiß. Der Wandel in Weisheit und nach der Wahrheit (d. h. im Glauben) „gewährt uns zu erkennen", sagt also Origenes, „wie Er selbst der Weg ist, auf welchen Weg man nichts mitnehmen muß, weder Gepäck noch Mantel, auf dem man aber auch keinen Stab braucht, um zu gehen, auch keine Schuhe an die Füße binden muß. Denn an Stelle aller Marschausrüstung ist der Weg selbst völlig ausreichend (αὐτάρκης γὰρ ... αὐτὴ ἡ ὁδός), denn bedürfnislos ist jeder, der ihn beschreitet, geschmückt mit der Kleidung, mit der geschmückt sein soll, wer auf den Ruf zum Hochzeitsmahl hin aufbricht, und kein Unglück kann ihn auf diesem Weg treffen"[31].

29 *Origenes*, Jo. I 9 (GCS 10, 14 Z. 13–22; Übers. nach Gögler, Origenes 106).
30 *Origenes*, Jo. I 15 (GCS 10, 15 Z. 17–21; Übers. nach Gögler, Origenes 107).
31 *Origenes*, Jo. I 27 (GCS 10, 34 Z. 6–15; vgl. ebd. 128 Z. 25–30).

In einem ähnlichen Sachzusammenhang, nämlich anläßlich der Problematik von Erkennen und Handeln, rekurriert Origenes an anderer Stelle ebenfalls auf Joh 14,6 und die Kategorie des Weges, den man gehen (nicht analysieren) muß, um ihn zu begreifen und beschreiten zu können. Und diesmal ist von einer notwendigen Anpassung des Gehenden an den Weg die Rede, was im Aufgreifen ähnlicher Bilddetails wie im letzten Passus geschieht: „Stellen wir uns also nach dem Wort des Jeremias auf die Wege und schauen wir und fragen wir nach den ewigen Wegen des Herrn und schauen wir, welches der gute Weg sei (ἡ ὁδὸς ἡ ἀγαθή; nicht ethisch, vielmehr soteriologisch zu verstehen: der Heilsweg), und wandeln wir auf ihm (Jer 6,16). Tun wir wie die Apostel, die ihn betraten und die Patriarchen und Propheten nach den ewigen Wegen des Herrn befragten. Sie befragten deren Schriften, und durch das spätere Verständnis derselben fanden sie den guten Weg, Jesus Christus, der spricht: ,Ich bin der Weg'. Und sie gingen auf ihm. Dieser Weg ist gut, weil er den guten Menschen und den guten und getreuen Knecht zum guten Vater führt. Aber eng ist dieser Weg, und die vielen, die fleischlich Großen (οἱ μεγαλόσαρκοι) fassen es nicht, ihn zu gehen. Auch stark zertreten (τεθλιμμένη) ist er von denen, die es erzwingen, ihn zu gehen. Es heißt ja nicht: er bereitet Mühe (θλίβουσα), sondern: er wird stark zertreten (τεθλιμμένη)[32]. Wer die Sandalen nicht von den Füßen löst und nicht wirklich wahrnimmt, daß der Ort, auf dem er steht oder den er beschreitet, ,heiliges Land ist', der zertritt nämlich den lebendigen Weg (ζῶσαν τὴν ὁδόν), der die Verfaßtheit des darauf Gehenden wohl spürt. Der Weg führt zu dem, der das Leben ist und der sprach: ,Ich bin das Leben.'"[33]

Es gibt also ein gewalttätiges Begehen, eine Vergewaltigung des „lebendigen Weges". Ohne daß wir hier den geistigen Weg des Menschen, von dem Origenes sprechen will, in seiner besonderen Fassung erklären und innerhalb des origenistischen Denksystems interpretieren können, dürfen diese Texte im Anschluß an die biblische Bildrede vom Weg doch genannt werden, um die Mannigfaltigkeit des zugehörigen frühchristlichen Denkens wenigstens anzudeuten. Der Mensch muß nach Origenes seine Schuhe von den Füßen

32 Origenes bezieht sich hier offensichtlich auf Mt 7,14 und leitet aus der Passiv-Form teqlim-mevnh („zusammengedrängt, schmal, bedrängt"), den für seinen Gedanken günstigen Sinn ab, daß bei Mt von einer Vergewaltigung des Weges die Rede sei, so daß man das Verb – dem Bild entsprechend – am besten durch „zertreten" wiedergibt.
33 *Origenes*, Jo. VI 19 (GCS 10, 128 Z. 8–24; Übers. mit etlichen Änderungen nach Gögler, Origenes 184f.).

nehmen, braucht keinen Stock, keine Wegzehrung, keinen Mantel mitzunehmen, wie es wiederholt heißt. Diese Momente stellen als Teile des einen Bildes die Aufforderung dar, den „lebendigen Weg" als solchen zu begehen, der „völlig ausreicht" (s.o.), so daß man den Ballast der eigenen Ausrüstung und des eigenen Vorsorgens nicht mitnimmt und die Schuhe als das Symbol des menschlichen Verhaftetseins an den Boden dieser Welt auszieht, um den lebendigen Weg zu fühlen und ihn nicht zu „zertreten".

Auf Grund seiner exegetischen Methode reiht sich für Origenes in unbefangener Kombination der biblischen Bilder und Symbole eins ans andere. Anläßlich der Fußwaschungsszene entdeckt er einen sinnreichen Zusammenhang zwischen den gereinigten Füßen und dem Weg, den sie betreten sollen. Auch die abgelegten Schuhe kehren wieder. Unter Anspielung auf Jes 52,7 = Röm 10,15 versteht Origenes die Verse Joh 13,6–10 folgendermaßen: „,Anmutig' wurden die Füße der Heilsverkünder, um gewaschen, gereinigt und abgetrocknet von den Händen Christi den heiligen Weg zu betreten und Den beschreiten zu können, der von sich sagt: ,Ich bin der Weg'. Denn nur der, und jeder, dessen Füße von Jesus gewaschen sind, geht diesen lebendigen Weg (τὴν ὁδὸν ταύτην τὴν ζῶσαν), der zum Vater führt. Dieser Weg nimmt keine beschmutzten, noch nicht gereinigten Füße auf. Moses mußte seine Schuhe von den Füßen ziehen, da der Ort, zu dem er gelangt war und auf dem er stand, heilige Erde war. ... Um diesen lebendigen, beseelten Weg (τὴν ζῶσαν καὶ ἔμψυχον ὁδον) zu gehen, genügte es für die Jünger Jesu aber nicht, auf dem Weg keine Schuhe anzuhaben, wie Jesus seinen Aposteln auftrug (Mt 10,10), sondern um diesen Weg zu begehen, mußten sie von Jesus gewaschen werden, der sein Gewand abgelegt hatte. [Und die Symbolik, die Hintergründigkeit der Ereignisse reicht für den alexandrinischen Exegeten noch einmal weiter:] Vielleicht deswegen, um ihre reinen Füße noch reiner zu machen, vielleicht um den Schmutz von den Füßen der Apostel mittels des Linnentuches, mit dem allein Er angetan war, auf seinen eigenen Leib zu nehmen. Denn er trägt unsere Schwächen (Jes 53,4 = Mt 8,17)"[34].

Die soteriologische Auslegung des Weges ist hier im Weiterdenken der biblischen Bildworte und Symbolhandlungen entfaltet. Christus ist der Weg; ihn selbst beschreitet man, heißt es im Anschluß an Joh 14,6. Andererseits ist aber er es, der des Menschen Füße zu diesem Weg reinigt, da der Weg anders gar nicht betreten werden kann. Er nimmt den Schmutz, den der Mensch

---

34 *Origenes*, Jo. XXXII 7 (GCS 10, 437 Z. 5–22; Übers. mit geringen Varianten nach Gögler, Origenes 368).

von seinen eigenen Wegen mitbringt, in sein Leibgewand, „auf seinen eigenen Leib", „denn er trägt unsere Schwächen". In solcher Rede äußert sich die Erfahrung des Glaubens, daß der Weg des Christen ganz das Geschenk, ganz die Ermöglichung Gottes ist, und nicht anders das Gehen selbst, zu dem sich der Mensch bereiten lassen muß. Seine eigene Kraft ist nicht die Wegausrüstung, mit welcher der Weg überdauert werden kann. Und doch ist all das gesagt, um zu ermutigen, daraufhin den Weg zu beschreiten. Hebr 10,20 hatte unabhängig von Joh 14,6 vom Christsein als dem „lebendigen" Weg gesprochen. Origenes spricht – wahrscheinlich doch im Anschluß an den Hebräerbrief – vom „lebendigen Weg", weil er dabei an Joh 14,6 denkt und die „Lebendigkeit" darin erkennt, daß Jesus Christus dieser Weg ist in seinem lebendigen Anspruch (nicht ein Katalog von Geboten, nicht eine statische Vorsehung, nicht ein Erlösungsritual, nicht die Wanderung durch eine mythische Geographie als Überstieg in eine andere Welt). Der Weg des Christen ist „lebendig"; er ist so vielfältig und jeweils neu und bereichernd, wie es die Begegnung mit Christus im Glauben als das Erkennen und Beschreiten des Weges ist.

6. Der Weg Jesu

a. Die vielen Wege und der eine Weg

Die Selbstidentifizierung Jesu: „Ich bin der Weg" aus Joh 14,6, mit der wir uns befaßt haben, ist innerhalb des Neuen Testamentes singulär. Allgemein neutestamentlich ist aber trotzdem die enge Bindung des Weges, als welcher das Christsein bildhaft umschrieben wird, an die Person Jesu Christi; allgemein ist eine Redeweise, die letztlich nur noch von einem aussichtsreichen Weg für den Menschen weiß, weil nur ein Weg zu dem einen ersehnten Ziel, welches wir das Heil nennen, führen kann. Der Hebräerbrief drückt sich, wie wir sahen, in seiner kultischen Typologie so aus, daß er sagt, der Weg ins Heiligtum sei vor Christus eben noch nicht geoffenbart worden, also noch unbekannt und ungangbar gewesen (Hebr 9,8); Jesus Christus aber erschloß den neuen und lebendigen Weg (Hebr 10,20). Seit ihm gibt es den Eingang ins Allerheiligste. „Jesus Christus der Weg" oder „durch Jesus Christus der Weg erschlossen", – das ist die zentrale Heilsaussage des Neuen Testamentes, die innerhalb der verschiedenen biblischen Theologien sehr reich variiert und eben auch in dieses Bild gekleidet wird.

Die Einheit und Einzigkeit des Weges des Christen in ihrer biblisch-theologischen Prägnanz darf indes nicht doktrinär bzw. geradezu uniform mißverstanden werden. Wenn der Glaube der lebendige Weg ist, von dem der Hebräerbrief und die Väter sprechen, so hat er ja ebensoviele Formen als es Menschen gibt, die ihn beschreiten; denn seine Lebendigkeit liegt ja gerade auch darin, daß dieser Weg – wenn man sich so ausdrücken will – das Symbol personaler Begegnung ist mit dem, der selbst der Weg genannt wird. Und obwohl alle den einen selben Weg gehen, ist er ein unübersehbar mannigfaltiger, indem er begangen wird. Dies war der alten Theologie sehr wohl bewußt. Klemens von Alexandria macht eine Bemerkung, die er offenbar nicht allein, aber auch bezüglich der unterschiedlichen Glaubensweisen innerhalb der Kirche für gültig hält: „Da Gott in seiner Güte auf vielerlei Weise Rettung bringt, gibt es viele und verschiedenartige Wege zur Gerechtigkeit, und sie münden in den Hauptweg (κυρία ὁδός) und führen zu dem Haupttor.“[35] Die Vielzahl der Wege ist legitim auf dem Hintergrund der Einheitlichkeit, zu der sie in dem „Hauptweg" aufgehoben sind. Wenn das Christsein ein Weg ist und der Christ im Glauben einen Weg geht, der ein „lebendiger" ist, kein toter, so füllt das Christsein des einzelnen nicht eine Schablone aus, es erschöpft sich nicht in der Wiederholung überkommener Modelle, sondern ist jeweils so neu wie ein Weg, den man zum ersten Male geht und der nur in der zurückgelegten Phase bekannt ist. Da der Glaube als Begegnung mit dem, der der Weg selbst ist, wirklich ein Unterwegssein im Leben des einzelnen ist, so gilt beides: daß alle, die Christen sind, auf demselben überkommenen, bewährten, auch vorgezeichneten und feststehenden Weg gehen; daß dieser Weg als das Leben des einzelnen aber seine singulare, unwiederholbare Konkretion erfährt. – Wir sprechen hier im Anschluß an die biblische und altkirchliche Überlieferung vorwiegend vom Glauben als Weg, insofern er alle, die ihn gehen, verbindet und für alle ein und derselbe ist. Der Sinn der Vielfalt der Wege im Glauben wird wohl auch erst begriffen, wenn man um die einheitliche „Struktur" des christlichen Glaubens weiß. Diese aber läßt sich in einer wesentlichen Perspektive gerade über die frühchristliche Rede vom „Weg" aufspüren.

---

35 *Clemens Alexandrinus*, str. I 38,6 (GCS 15, 25 Z. 19–21; BKV$^{2 \cdot 2}$ 17, 41).

Noch in einer anderen Hinsicht ist von einer Vielzahl an Wegen in der alten Überlieferung die Rede. Der eine Weg ist ja „neu", erst jetzt bekannt geworden; man konnte noch nicht um ihn wissen. Entsprechend wird nun heilsgeschichtlich periodisiert. Paulus sagt in seiner Predigt in Lystra nach Apg 14,16: „Gott ließ in den vergangenen Zeiten alle Völker ihre eigenen Wege wandeln", – ein für die christliche Theologie der nichtchristlichen Religionen wichtiger Satz. Die Wege der Menschen waren danach ausdrückliche Zulassung Gottes. Ja, Gott hat sich ihnen dort, heißt es, „dennoch nicht unbezeugt gelassen dadurch, daß er Wohltaten spendete vom Himmel her, den Regen schenkte und fruchtbare Zeiten und mit Nahrung und Frohsinn euer Herz erfüllte" (Apg 14,17). Freilich ist das so gemeint, daß diese Periode der Zulassung und allgemeinster Gotteserfahrung nun überholt ist. In diesem Sinn legt Irenäus von Lyon das Gleichnis vom großen Gastmahl aus, zu dem die ursprünglich Geladenen nicht erschienen: „Da rief er von allen Wegen, d.h. aus allen Völkern, zum Hochzeitsmahl seines Sohnes zusammen."[36] In dieser Deutung derjenigen, die von den Straßen und Wegen gerufen werden, auf denen sie sich befinden, auf die Heiden trifft Irenäus sehr genau den Sinn des Gleichnisses, wie er sich der modernen Exegese im Vergleich der Fassung bei Lk (14,15–24) mit der des Mt (22,1–14) zeigt. Nach den Sündern und Zöllnern werden auch die Heiden gerufen, will Lukas sagen, indem er zu der ersten Aufforderung des Hausherrn, von den Straßen und Gassen der Stadt die Armen als Gäste zu holen (14,21), den weiteren Befehl hinzufügt, die noch verbleibenden Plätze mit denen zu füllen, die auf den Landstraßen außerhalb der Stadt zu finden sind[37]. Um im Bild des Weges zu bleiben: Jetzt werden alle von ihren verschiedenen Wegen weg auf den einen und selben Weg gerufen.

Innerhalb der biblischen Theologie kommt es außerhalb des 4. Evangeliums nicht zu der Identifizierung des Weges mit Christus. Als Äquivalent dafür begegnet aber ein Theologumenon, welches im Grunde im ganzen Neuen Testament eine zentrale Rolle spielt und wiederum sehr unterschiedlich artikuliert wird, und welches von jetzt an unser näheres Thema sein muß. Wir nennen es mit einem Ausdruck, der selbst zwar in den biblischen Schriften nicht vorkommt, den „Weg Jesu". Der Weg des Christen in seiner Richtung, in seinem „Verlauf", in seinem „Inhalt", hat in einem sehr nahen und dichten Sinn mit dem Weg Jesu zu tun. Dazu vorerst einige Hinweise.

---

36 *Irenaeus*, haer. IV 36,5 (PG 7, 1095 bzw. SC 100, 900; vgl. FC 8/4 308f.).
37 Vgl. SCHMID, Das Evangelium nach Lukas 246; MICHAELIS, ὁδός κτλ. 68f.

b. Geographie als Theologie

Die traditionsgeschichtliche und zumal die redaktionsgeschichtliche Erforschung der Evangelien hat einen Tatbestand sichtbar gemacht, der in unserem Zusammenhang Beachtung verdient. Es ist ganz deutlich, daß in der synoptischen Überlieferung an Jesu Weg ein eminentes Interesse besteht, und zwar aus zwei Gründen, die in der Sache dasselbe berühren: Der Weg Jesu ist charakteristisch und signifikant für Jesu besondere Funktion, die er erfüllt; und man schaut zugleich darum auf diesen Weg, weil – gerade indem er Jesu Weg und Schicksal ist – exemplarischen Charakter hat. Der Weg des Christen hat mit Jesu Weg zu tun. Das Interesse an letzterem äußert sich schon immer so, daß es Jesu Weg auf den Weg des Christen hin transparent macht, was seine deutlichste theologische Ausformulierung bei Paulas gefunden hat. – Es können dazu nur einige Andeutungen gemacht werden, da zu einem vollständigen und exakten Aufweis mühsame synoptische Vergleiche notwendig wären und hier ohnehin am Tatbestand als solchem, weniger an seinen Einzelheiten liegt.

Man weiß inzwischen mit Sicherheit, daß in den Darstellungen der Evangelisten weitgehend theologische Gesichtspunkte leitend gewesen sind. Das trifft nicht nur für Details und am Rande, sondern beispielsweise auch für den jeweiligen biographischen Rahmen des Lebens Jesu selbst zu. So äußert sich etwa im Lukas-Evangelium in der besonderen chronologischen Abfolge der Ereignisse des Lebens Jesus, wie Lukas sie unter Abweichungen von seiner Vorlage, dem Markus-Evangelium, entwirft, nicht die bessere historische Information, sondern die besondere Christologie des dritten Evangelisten[38].

Und wie nun hier die Chronologie, so wird an anderen Stellen die Geographie des Lebens Jesu unter theologischen Gesichtspunkten interpretiert und auch gestaltet, was hier interessiert. Der älteste Evangelist, nämlich Markus, hat den ersten uns bekannten Rahmen des Lebens Jesu entworfen. Was nun darin die geographischen Angaben betrifft, heben sich zwei Epochen voneinander ab: der Anfang in Galiläa, das Ende in Jerusalem. „Eindeutig ist

---

38   Vgl. CONZELMANN, Die Mitte der Zeit 23f.

der Eindruck, daß es sich um einen Zug von der anfänglichen Wirkungsstätte, mit offenbar längerem Verweilen dort, nach der Hauptstadt zum Leiden handelt"[39]. Der Weg Jesu hat dieses „Gefälle", diese Richtung nach Jerusalem und also auf das zu, was diese Stadt für Jesus bedeutet hat. Daß auch der Ortsangabe Galiläa bei Markus eine sehr bestimmte theologische Bedeutung zukommt, kann hier außer acht bleiben[40]. Unabhängig vom historischen Wert des geographischen Aufrisses bei Markus ist dieser Aufriß theologisch orientiert. Das Markus-Evangelium zeigt nämlich, daß ihm ältere Traditionen vorlagen, die ihm durchaus einen anderen Aufriß ermöglicht hätten, etwa den des vierten Evangeliums, wonach Jesus öfter in Jerusalem war, und womit der Mk-Rahmen nun kontrastiert[41]. Für Markus aber kommt alles auf die Konsequenz an, mit der Jesu Weg auf Jerusalem, also auf das Kreuz zuläuft[42]. Darum führte dieser Weg ihn nicht schon früher, sondern nur einmal und endgültig nach Jerusalem. Jerusalem ist das Wohin seines Weges. An zwei Einzelversen sei das in aller Kürze gezeigt:

Die dritte Leidensweissagung ist so eingeleitet: „Sie waren auf dem Wege nach Jerusalem hinauf, und Jesus ging ihnen voran", und dann Jesu Wort: „Siehe, wir ziehen nach Jerusalem hinauf, und der Menschensohn wird ausgeliefert werden" (Mk 10,32f.). Daß diese Ankündigung „auf dem Wege" geschieht, ist mehr als eine Ortsangabe, „mehr als eine topographische Rahmenbemerkung"[43]. Jesus ist schon auf dem Weg nach Jerusalem; sein Weg ist von dorther schon jetzt geprägt. In voller Klarheit über den Ausgang und mit aller Entschlossenheit geht Jesus ihn. Und wenn wir ferner auch darin mehr erblicken wollen als eine Situationsbeschreibung, daß die Jünger und andere Menschen nach dem Text diesen Weg mitgehen, daß aber Jesus vorausgeht, so ist das nicht willkürliche Allegorese, sondern entspricht sicherlich der theologisch geprägten Diktion des Evangelisten. Jesu ganzer Weg „endet" in Jerusalem, und auf dem Weg belehrt er über diesen Weg diejenigen, die mit ihm gehen.

Kurz nach dieser Stelle folgt die Szene von der Heilung des blinden Bartimäus. Nach Jesu Heilungswort heißt es: „Und sogleich konnte er wieder sehen und folgte ihm auf dem Wege (ἠκολούθει αὐτῷἐν τῇ ὁδῷ)" (Mk

---

39 MARXSEN, Der Evangelist Markus 34; vgl. 33–77.
40 Vgl. Ebd. 35ff.
41 Vgl. MARXSEN, Der Evangelist Markus, 34.
42 Vgl. in diesem Zusammenhang auch NEUHÄUSLER, Der heilige Weg, Düsseldorf 1959.
43 MICHAELIS, ὁδός κτλ. 67.

10,52). Auch das dürfte bedeutsamer sein als nur die Auskunft, daß der Geheilte nun mitging. Der Weg, auf dem er folgt, ist ja der Weg Jesu nach Jerusalem, und der synoptische Begriff der Nachfolge, von dem gleich die Rede sein muß, verweist ebenfalls auf eine tiefere Bedeutung des Gehens mit Jesus. – In beiden Stellen ist der Weg als Jesu Weg zwar geographisch-biographische Angabe, als solche aber vornehmlich ein theologischer Begriff. Und zugleich zeigt sich, daß Jesu Weg nicht nur von ihm beschritten wird, weshalb wir im vorliegenden Zusammenhang ja überhaupt von seinem Weg sprechen.

In ganz anderen Kategorien und auf sublime Weise ist im Johannes-Evangelium von Jesu Weg gesprochen. Es handelt sich um das sog. Abstiegs-Aufstiegs-Schema, unter dem der johanneische Christus sein Gekommensein und Hingehen als Herkunft aus der Präexistenz in diese Welt (ins „Fleisch") zu vorübergehender Anwesenheit und als Rückkehr zum „Vater" an den Ort seiner Herkunft beschreibt. Die zugehörige Redeweise ist geläufig, z. B. der präexistente Logos „ist Fleisch geworden" (Joh 1,14); „ich bin vom Himmel herabgekommen" (Joh 6,38); „ich bin das Brot, das vom Himmel herabgekommen ist" (Joh 6,41); und andererseits: „niemand ist in den Himmel hinaufgestiegen als der vom Himmel Herabgestiegene" (Joh 3,13); „wenn ihr aber den Menschensohn dorthin hinaufsteigen seht, wo er vordem war?" (Joh 6,62); „ich bin vom Vater ausgegangen und in die Welt gekommen. Ich verlasse die Welt wieder und gehe zum Vater" (Joh 16,28).

Mit all den früher und jetzt zitierten Texten rührt man an bibeltheologische Zusammenhänge, die hier nicht nach ihrer ganzen Tragweite aufgegriffen und interpretiert werden können. Für die johanneischen Texte müßte speziell nach der Herkunft ihrer Bildersprache gefragt werden (denn um Bildrede handelt es sich auch bei Ab- und Aufstieg des Christus mit Oben und Unten). Es ist aber völlig ausgeschlossen, hier nach der religionsgeschichtlichen Ableitung der Sprache und Ideenwelt zu fragen, die für das vierte Evangelium bekanntlich äußerst kompliziert liegt und auf ihre Lösung noch wartet[44]. Es genügt uns hier die bloße Erinnerung des christologischen Vokabulars, um zu sehen: Auch im Johannes-Evangelium legt Jesus einen Weg zurück, er selbst ist ein Gehender: „Ich gehe zum Vater"(Joh 16,16f.). Freilich ist nun die „Geographie", wenn man noch so sagen darf, eine erheblich andere gegenüber dem Markus-Evangelium. Aber die Aussage ist in ih-

---

44 Vgl. die einschlägigen Einleitungskapitel und Exkurse bei SCHNACKENBURG, Das Johannesevangelium, Freiburg u.a. 1965.

rem christologischen und soteriologischen Sinn die gleiche. Das „Hingehen"
zum Vater (Joh 14,2f; 12.28; 16,7) ist ja im typisch johanneischen ambivalen-
ten Sinn gemeint, daß es zwar die Erhöhung, aber doch im „Hingehen" zum
Kreuz besagt, wie der Begriff des „Erhöhtwerdens" (ὑψωθῆναι) selbst, der
die Erhöhung am Kreuz und die postexistente Verherrlichung zugleich bedeutet (Joh 3,14; 8,28; 12.32.34). Jesu Weg führt zum selben Ziel wie bei Mk,
wobei allerdings auf Grund der theologischen Perspektive des vierten Evangeliums weit unmittelbarer das endgültige Ziel in den Blick gerückt wird, so
daß die Passion als „Station" des Weges bisweilen fast verblaßt.

Von besonderer Wichtigkeit ist uns aber nun die Applizierung des Bildes
vom Weg auch hier auf den Glauben, auf die Erlösten. Jesus geht zum Vater
(s.o.), und dasselbe Ziel gibt er für den Menschen an: „Niemand kommt
zum Vater außer durch mich" (Joh 14,6), da er selbst der Weg ist. Innerhalb
der Bildrede vom guten Hirten heißt dasselbe so: „Und wenn er (der Hirt)
die Seinigen herausgeführt hat, geht er vor ihnen her, und die Schafe folgen
ihm, weil sie seine Stimme kennen. Einem Fremden aber werden sie nicht
folgen, sondern vor ihm fliehen, weil sie die Stimme der Fremden nicht kennen" (Joh 10,4f.). Jesus hier nicht als der Weg, sondern als der wegführende
Hirte. Er geht einen Weg voraus, damit er nachgegangen werde. Dazu bemerkt im 6. Jahrhundert Ammonius von Alexandria: „Es ist Art der Hirten,
hinter den Schafen zu gehen; vor den Schafen aber geht dieser (sc. Jesus) und
zeigt so, daß er alle den Weg zur Wahrheit führt."[45] Er geht voraus, um am
Ziel die ersehnte Bleibe zu errichten: „Im Hause meines Vaters sind viele
Wohnungen. Wenn es nicht so wäre, hätte ich es euch gesagt; denn ich gehe
hin, für euch einen Platz zu bereiten. Und wenn ich hingegangen bin und
einen Platz für euch bereitet habe, werde ich wiederkommen und euch zu
mir nehmen, damit auch ihr seid, wo ich bin" (Joh 14,2f.). Es folgt die Thomasfrage mit der Antwort: „Ich bin der Weg." Der Glaube ist als Weg, als
Heilsweg des Christen beschrieben, welcher von Jesus gebahnt ist; bildhaft
eine Ortsveränderung, ein zurückgelegter Weg. Jesus ist ihn gegangen; er
kommt wieder, um die Glaubenden auf diesem Weg nachzuholen an dasselbe Ziel.

Als Abschluß dazu die Exegese des Origenes zum Vers Joh 8,23, welcher
lautet: „Ihr seid von unten, ich bin von oben, – ihr seid von dieser Welt, ich
bin nicht von dieser Welt." Origenes kommentiert so, daß er zeigt, wie gera-

---

45 *Ammonius Alexandrinus*, Fragment 327 (TU 89, 279); vgl. *Chrysostomus Joannes*, hom. 59 in
   Jo. (PG 59, 324).

de die scharfe Andersartigkeit Jesu Christi die Möglichkeit war, daß er den Gegensatz zwischen dem, was bildhaft „oben" und „unten" genannt wird, überbrückte – als der Weg: „Er ist herabgestiegen in die unteren Regionen der Erde um derentwillen, die in den Tiefen der Erde wohnen. Aber er ist auch hinaufgegangen über alle Himmel und hat den Weg bereitet (ὁδο-ποιῶν) für alle, die seine echten Jünger werden und den Weg zu gehen gewillt sind."[46] Es ist sicherlich schon hier wichtig zu bemerken, daß es hermeneutisch und sachlich verhängnisvoll wäre, in der christlichen Glaubensvorstellung und Theologie aus dem johanneischen Gebrauch des Bildes vom Weg zur Umschreibung der Erlösung eine Geographie zwischen Himmel und Erde mit beschreibbaren Ortsveränderungen darin zu entwerfen. Innerbiblisch ist die Transparenz, der Symbolcharakter des Bildes vom Weg durchaus gewahrt, und nur so behält es seine Aussagefähigkeit.

c. Nachfolge

Der Weg Jesu kommt also in den Evangelien in unterschiedlicher Weise so zur Darstellung, daß er der Weg des Christen ist. So dürfen wir vorerst einmal undifferenziert zusammenfassen, wobei noch offenbleibt und inhaltlich gefüllt werden muß, worin die Identität des Weges besteht. Daß diese Aussage keine illegitime Nivellierung bedeutet und Jesu unvergleichliche Funktion trotz des offensichtlich doch exemplarischen Charakters seines Weges gewahrt bleibt, zeigten die biblischen Texte durch ihren Wortlaut hinreichend deutlich.

Es geht also darum, Jesu Weg nachzugehen. Und der Begriff der Nachfolge, welcher der Kategorie des Weges zugeordnet ist, gehört nun bekanntlich zentral zu Jesu Predigt und zur Evangelienüberlieferung: Der Weg des Christen als Nachfolge Jesu, als Anschluß an seine Person im Glauben, worin sogleich die „Lebendigkeit" des Weges im früher beschriebenen Sinn wieder neu deutlich wird. Dabei müssen wir allerdings absehen vom ursprünglichen Nachfolgebegriff, mit dem Jesus nicht alle, die auf sein Wort hin glaubten, sondern nur bestimmte Menschen bezeichnete, nämlich seine Jünger im

---

46 *Origenes*, Jo. XIX 20 (GCS 10, 322 Z. 9–12; Übers. mit einer Änderung nach Gögler, Origenes 299).

engsten Sinn, die als messianische Mitarbeiter tatsächlich historisch mit ihm gezogen sind[47]. Aber dieser Begriff der Nachfolge und der zugehörige des Jüngers ist schon früh ausgeweitet und zur Umschreibung des Glaubens aller Christen gewählt worden. Das ist z. B. deutlich Mk 8,34 par. der Fall: „Dann rief er das Volk samt seinen Jüngern zu sich und sprach zu ihnen: Wer mir nachfolgen will, der verleugne sich selbst, nehme sein Kreuz auf sich und folge mir nach." Die wahrscheinlich nachträgliche Verknüpfung von Nachfolgen und Kreuztragen beginnt die Identität des Weges Jesu und des Glaubenden zu entfalten, von der wir – gerade in bezug auf das Stichwort „Kreuz" – im Anschluß an Paulus noch sprechen müssen. Jedoch ist hier schon festzuhalten, daß es sich bei diesen Aufforderungen zur Nachfolge bzw. – wie es später vorwiegend heißen wird – zur „Nachahmung" Jesu nicht um aszetische Bewährung handelt, sondern um den existentiellen Erweis des Glaubens, für den als Inbegriff das Kreuz steht. In diesem Zusammenhang ist das Kreuztragen ja bereits nicht mehr im wörtlichen, sondern übertragenen Sinn zu verstehen, und Lk 9,23 ergänzt den Mk-Text – scheinbar nur geringfügig, sachlich aber bedeutsam – und spricht bezeichnenderweise vom „täglich" zu tragenden Kreuz. Mit dem Begriff „Kreuz" ist Jesu Weg wie der Weg des Christen bezeichnet, ohne daß gemeint wäre, der Christ müsse gekreuzigt werden im wörtlichen Sinn, – aber auch ohne daß dies Wort aszetisch aufgelöst werden könnte. Mit der Deutung dieser Verbindung der Nachfolge als dem hinter-Jesus-Hergehen mit dem Kreuztragen kommen wir zur eigentlichen theologischen Aussage über den christlichen Glauben, die mit Hilfe der Weg-Terminologie und den ihr zugeordneten Begriffen gemacht ist.

Was bedeutet das so ausgelegte Nachfolgen auf dem Weg Jesu? Dasselbe ist in Jesu Verkündigung als die Forderung des unverzüglichen Gehorsams gegen Gott und seinen Anspruch, wie er sich im Heilswort Jesu ausspricht, dargestellt. Dieser Gehorsam, den Jesus selbst lebt und dessen Konsequenz er im Kreuz erfährt, äußert sich in der Nachfolge Jesu. Das Kreuz ist nicht der unerwartete Abschluß, der gar nicht zum früheren Verlauf des Lebens Jesu gepaßt hätte, sondern nach dem Ausweis der Evangelien gerade der Exponent dieses Lebens, welches darin charakteristisch zusammengefaßt ist. Nachfolge als Kreuztragen heißt also, Jesu Leben nachzuleben, aber nicht im wörtlichen Sinn nach dessen äußeren Bedingungen (was allenfalls in neutestamentlicher Zeit noch möglich gewesen wäre), sondern seiner strukturalen

---

47 Vgl. dazu und zum Folgenden Schulz, Nachfolge 202–207.

Gestalt und Ausrichtung nach, wenn man so sagen kann. Aber was heißt das wiederum unter dem Stichwort „Kreuz"? Inwiefern können wir vollziehbarerweise den Weg des Christen als „Kreuztragen", also als „Kreuzweg" begreifen? Wir assoziieren bei der Begrifflichkeit Kreuz, Selbstverleugnung, sein-Leben-hingeben, Leiden etc. sogleich einen aszetisch-weltnegativen Akzent der Aussage, der unserem Selbstverständnis im Glauben Schwierigkeiten bereitet und tatsächlich in dieser Form auch auf Jesu Weg nicht zutrifft. Jesus verstand sich mit Sicherheit nicht als den weltverneinenden Aszeten. Das bezeugt etwa das Gleichnis von den eigensinnigen Kindern beim Spiel: „Wem aber soll ich dieses Geschlecht vergleichen? Kindern gleicht es, die auf den Marktplätzen sitzen und den anderen zurufen: Wir haben euch aufgespielt, und ihr habt nicht getanzt; wir haben Klagelieder gesungen, und ihr habt nicht geweint, (d. h.: ob ein Hochzeitsspiel oder ein Begräbnisspiel vorgeschlagen wird, sie tun nicht mit; und Jesus deutet das Bild:) Denn es kam Johannes, aß nicht und trank nicht – da sagen sie: Er hat einen Dämon. Es kam der Menschensohn, aß und trank – da sagen sie: Seht den Fresser und Weinsäufer" (Mt 11,16–19 par.). Von einem weltverneinenden Jesus hätte man auch kein Kana-Wunder erzählen können, in welchem er in geradezu verschwenderischem Ausmaß den Wein zu einer Hochzeit spendet. – Wenn Jesu Weg kurzum durch das Kreuz bezeichnet wird und im Anschluß daran der Weg des Christen ebenfalls, so reicht das in eine andere, tiefere Dimension als etwa weit abgewandtes Vollkommenheitsstreben bzw. auch weltnegative Verfolgungsstimmung.

Freilich, das ist richtig: Die neutestamentlichen und frühchristlichen Zeugnisse bedienen sich der Begrifflichkeit des Kreuzes, der Verfolgung, des äußeren Scheiterns mit besonderer Vorliebe, weil der Weg der frühen, in Anfeindung und Isolation lebenden Kirche bereits in der Ebene der äußeren Gestalt so greifbar dem Weg Jesu ähnlich war. Man erkannte Jesu Passionsgeschichte z. B. im Verlauf der christlichen Martyrien wieder. Die Aufforderung zum lebendigen Glauben wird an eine in Verfolgung stehende Kirche in den Appell gekleidet, in den Fußspuren des leidenden Christus diesem nachzufolgen (1 Petr 2,21). Dies kann nicht an eine beliebige Kirche so formuliert werden. Ohne Zweifel hat die frühchristliche theologische Diktion ihre erhebliche Beeinflussung durch die Umstände, unter denen gesprochen wurde, und insofern kennt die biblische und patristische Exegese ja durchaus auch eine soziologische Perspektive. Aber es bleibt trotz solcher historischer Rücksichten bei dem Begriff „Kreuz" als dem Inbegriff des Weges Jesu und derer, die ihm nachfolgen. Um so dringlicher wird die Interpretation dessen, was mit dem „Kreuz" als der prägenden Konstante des Glaubensweges gemeint ist. – Man hat allen Anlaß, hier sehr sorgfältig und gründlich zu sein, da man es heute erleben kann, daß im Rahmen einer bestimmten optimistischen Prognose über die Zukunft der Welt und die Chancen eines Humanismus, in den das Christentum integriert wird, auf die doch biblische Frage nach dem Sinn des Kreuzes sogleich mit dem Vorwurf einer Ideologie des Scheiterns geantwortet wird, der mit diesem Begriff selbst schon angeblich das Wort geredet wird. – Aber das ist ein eigenes Thema, welches unten an Hand der Formel „mit Christus" entfaltet wird.

Hier sei jetzt noch gezeigt, wie die Begriffe „Nachfolge" und „Jünger" (als der in der Nachfolge Stehende) sich mit anderen Kategorien verbinden können und dann doch dasselbe besagen, als wenn „Nachfolge" durch den Begriff „Kreuztragen" ausgewechselt wird. Hier sind etliche Texte aus dem Johannes-Evangelium lehrreich[48]. Zunächst zum Begriff der Nachfolge, wie er in theologischer Weiterentwicklung bei Joh begegnet; „Nachfolge" wird als Nähe zu Jesus im Dienst umschrieben: „Wenn einer mir dient, der folge mir nach, und wo ich bin, wird auch mein Diener sein" (Joh 12,26). Und von dem „Jünger", der nach der älteren Terminologie eben der Nachfolgende ist, heißt es nun, daß man ihn an der Liebe erkennt: „Ein neues Gebot gebe ich euch (heißt es nach der Fußwaschung), daß ihr einander liebet; wie ich euch geliebt habe, so sollt auch ihr einander lieben. Daran werden alle erkennen, daß ihr meine Jünger seid, wenn ihr Liebe habt untereinander" (Joh 13,34f.). Der Jünger tut wie Jesus, er geht denselben Weg. Das Miteinander mit Jesus auf dem Wege in der Nachfolge steht und fällt mit dem Glauben: „Jesus sprach zu den gläubig gewordenen Juden: Wenn ihr in meinem Worte verbleibt, werdet ihr wahrhaft meine Jünger sein" (Joh 8,31). Glaube und Unglaube lassen sich geradezu beschreiben als Kommen zu ihm bzw. als Weggehen von ihm, als Mit-ihm-gehen bzw. Ihn-Verlassen: „Viele von seinen Jüngern, die es hörten (nämlich die eucharistische Brotrede), sprachen: Hart ist diese Rede, wer kann sie hören? … Von da an zogen sich viele seiner Jünger zurück und gingen nicht mehr mit ihm. Da sprach Jesus zu den Zwölfen: Wollt auch ihr mich verlassen? Es antwortete ihm Simon Petrus: Herr, zu wem sollen wir gehen (πρὸς τίνα ἀπελευσόμεθα)? Du hast Worte ewigen

48 Vgl. Schulz, Nachfolge 204f.

Lebens" (Joh 6,60.66–68). – Wir halten fest: Nachfolge und Jüngerschaft sind mit dem Glauben selbst identisch, und ihr Erkennungszeichen ist die Liebe. – Außerdem bedeutet auch bei Joh die Nachfolge ein Nachfolgen in den Tod hinein und so eine Schicksalsgemeinschaft mit Jesus auf dem Kreuzesweg (Joh 21,19.22); es handelt sich dabei um diejenigen Menschen, die nach Offb 14,4 „dem Lamme folgen, wohin es geht".

„Nachfolge", so zeigt sich, als Gehen auf demselben Weg wie Jesus ist mehr als die Befolgung des Beispiels, das Jesus als der Typ etwa des idealen Gesetzesbeobachters gesetzt hätte; sie kommt auch nicht einer Kopierung des Lebens Jesu gleich. In beiden Fällen wäre der Weg des Christen nicht ein „lebendiger Weg". Nachfolge bedeutet als Umschreibung des Glaubens im Bilde der Weggemeinschaft mit Jesus, daß auf Jesu Wort und Leben hin das Leben unter Gottes Angebot und Anspruch gestellt wird, wie Jesus ihn verkündet und ihm in seinem eigenen Leben Raum gibt. Aber die Realisierung dessen hat in Jesu Leben eben eine Gestalt angenommen, die urbildlich, nicht beliebig ist und für das Leben des Christen als seinen Weg von eminenter Bedeutung bleibt. Klemens von Alexandria formuliert das so: „Man muß auf das Wort des Erlösers hören: ‚Komm, folge mir!' (Mk 10,21). Er selbst wird dann der Weg (vgl. Joh 14,6) für den, der reinen Herzens ist"[49]

Man darf in diesem Zusammenhang nicht vergessen, daß das Neuen Testament Jesu Mittlerfähigkeit gerade in seiner Nähe zu uns, also in seiner Menschlichkeit sah: „Einer ist der Mittler Gottes und der Menschen, der Mensch Christus Jesus" (1 Tim 2,5). Und auf seine Weise der Hebräerbrief: „Wir haben einen Hohenpriester, der … versucht worden ist in jeder Hinsicht auf ganz die gleiche Weise, (doch) ohne Sünde" (Hebr 4,15); „und obwohl er Sohn war, lernte er auf Grund dessen, was er litt, den Gehorsam, und vollendet, wurde er allen, die ihm gehorchen, Urheber ewigen Heiles" (Hebr 5,8f.). Um das genuin christliche Verständnis des Erlösungsweges zu retten, mußte die Kirche in der Frühzeit bezeichnenderweise nicht die Gottheit Jesu Christi, sondern seine wahre Menschheit verteidigen gegenüber der Versuchung, Jesus als göttlichen Erlöser in seiner Unvergleichlichkeit so weit zu entrücken, daß der Mensch nicht mehr mit diesem großen Ernst auf Jesu geschichtlichen Weg verwiesen wird wie es, entsprechend der gesamten biblischen Theologie, in den neutestamentlichen Begriffen vom Weg und der Nachfolge geschieht.

---

49 *Clemens Alexandrinus*, q.d.s. 16,1f. (GCS 17, 169 Z. 33–34; BKV¹ 42, 39).

7. „Weg" als Selbstbezeichnung des Christentums

Die Kategorie des Weges führt in wesentliche Zusammenhänge des biblischen Verständnisses der Glaubensexistenz. Man darf ein wenig schematisch einmal so sagen: Der Christ hat ein „Muster" seines Weges in dem Weg, den Jesus gegangen ist und der Jesus Christus selbst ist. Es gibt eine bestimmte „Verfaßtheit", eine ganz bestimmte „Struktur" christlichen Lebens im Glauben. Wenn man darauf insistiert und die biblische Überlieferung stets daraufhin befragt, so hat das angesichts mancher Frömmigkeitspraxis und angesichts einer oft vagen und diffusen Religiosität innerhalb der Kirche seine sehr konkrete Bedeutung. Der Weg des Glaubens wird in einer strengen Reduktion auf sein Wesentliches doch ein einziger für alle und somit auch ein Kriterium für alle in der Kirche sein. Daß damit keine billige Vereinheitlichung und Uniformierung gemeint ist, wurde schon einmal gesagt. Es geht gerade um den einen lebendigen Weg, den alle in je ihrer Weise gehen, ohne ihn aber zu „zertreten", wie Origenes sagt (s.o.), d. h. ohne ihn sich gefügig zu machen und den eigenen Beliebigkeiten anzupassen. – Derselbe Paulus, der 1 Kor 12–14 einer großen, lebendigen Vielfalt in der Kirche das Wort redet, schreibt im selben 1 Kor auch so: „Ich habe euch den Timotheus geschickt; ... er wird euch meine Wege in Christus ins Gedächtnis bringen (ὅς ὑμᾶς ἀναμνήσει τὰς ὁδούς μου τὰς ἐν Χριστῷ), wie ich allenthalben in jeder Gemeinde lehre" (1 Kor 4,17). An dieser Stelle scheint auf den Plural „Wege" weniger Nachdruck gelegt zu sein als auf die Einheitlichkeit des Weges „allenthalben in jeder Gemeinde". Paulus beharrt bekanntlich sehr nachdrücklich auf einem einzigen Evangelium in seiner konkreten Gestalt (Gal 1,6f.) und damit zusammenhängend auf einer bestimmten Verwirklichung christlichen und kirchlichen Lebens, für welches er Kriterien sehr wohl nennen kann. Er ist mit der Verkündigung und Einschärfung dessen beauftragt, er hat aber auch seine ganz genauen, unaufgebbaren eigenen Vorstellungen. Darum sagt er: „meine Wege in Christus", was bedeutet, daß es die Wege in Christus sind, wie er sie interpretiert und predigt (es geht hier nicht etwa um die Erzählung der persönlichen Lebensgeschichten des Apostels). Im selben Sinn sagt er ja Röm 2,16: „mein Evangelium". – Von den Vorstellungen des Paulus werden wir noch eigens reden.

In dem zitierten Text aus 1 Kor ist der Glaube als der Inhalt apostolischer Predigt kurzum als „die Wege in Christus" umschrieben. Die Eindeutigkeit und Prägnanz des christlichen Wandels – auch „Wandel" (ἀναστροφή, was ja mit „Weg" zu tun hat) wird der Glaube häufig im Neuen Testament genannt, zumal im 1 Petr – wird auch im besonderen Sprachgebrauch der Apostelgeschichte herausgestellt[50]. In einer noch einmal anderen Verwendung der Kategorie des Weges ist diese für Lukas geradezu eine Selbstbezeichnung der Christen. Sie sind, in einer Kurzformel, „die des Weges (οἱ τῆς ὁδοῦ ὄντες)" (Apg 9,2), d. h. die Angehörigen dieses besonderen Weges. Paulus hat „diesen Weg verfolgt" (Apg 22,4), wobei man sich an die Frage des vor Damaskus ihn überwältigenden Christus erinnert: „Warum verfolgst du mich?" (Apg 9,4f.). Wenn Paulus „den Weg" verfolgt, verfolgt er in den christlichen Gemeinden den Christus, womit eine ekklesiologische und zugleich die christologische Bedeutung des „Weges" sich auch in der Sprache des Lukas zeigt. Dabei ist der „Weg" das Christentum selbst. In der Verhandlung vor dem Statthalter Felix rechtfertigt sich der christliche Paulus mit diesen Worten: „Ich bekenne dir, daß ich gemäß jenem Weg, welchen diese (die Juden) eine Sekte (αἵρεσις) nennen, dem väterlichen Gott diene" (Apg 24,14). Hier bekommt das Bild allerdings einen deutlichen Akzent in Richtung der Bedeutung von „Lehre", wie denn die üblichen Bibelübersetzungen hier wie an anderen Stellen (Apg 18,25f.; 19,9.23; 24,22) „ὁδός" mit „Lehre" wiedergeben – zwar sinngemäß, aber doch unzureichend. Es ist deutlich nicht nur die theoretische, doktrinäre Seite des Glaubens angesprochen, sondern dessen Qualität als Richtung und Bewegung, wie sie in der christlichen Gemeinde gelebt werden und auch von außen zu beobachten sind. Daher bleibt man in der Übersetzung am besten beim Terminus „Weg". Denn dieser steht hier „als Abstractum pro Concreto" und ist als „Selbstbezeichnung der Christengemeinde" anzusprechen[51]. Die Juden freilich sagen: nicht ὁδός, sondern aişresi- – nicht „Weg", sondern beliebige Meinung einer Splittergruppe. – Im selben Umkreis steht 2 Petr 2,2 wonach „der Weg" durch Häretiker und Apostaten „gelästert" wird. Diese Vorstellung liegt auch an einer Stelle des bei Eusebius erhaltenen Briefes der gallischen Gemeinden von Vienna und Lugdunum vor, wenn es heißt, daß manche der Christen, die jetzt in der

---

50 Vgl. REPO, Der „Weg" als Selbstbezeichnung des Urchristentums 180ff.
51 Vgl. BAUER, Weg 1492.

Verfolgungssituation dem Glauben untreu werden, „schon immer durch ihren Wandel (ἀναστροφή) den Weg (ὁδός) gelästert haben"[52].

8. Das Verbleiben auf dem Weg

Die Christen sind Angehörige des einen „Weges", eben des „Weges" Christus. Dieses Selbstverständnis der jungen Kirche war ausschlaggebend für ihre Beurteilung aller Nichtchristen, der Juden und Heiden und auch der Häretiker. Sie alle befinden sich auf Abwegen, sofern sie nicht einschwenken auf den einen und einzig sicheren Weg. Die Häresie ist eine „dissolubilis via", ein „auflösbarer, nicht fester Weg".[53] Die Häretiker müssen, sagt ebenfalls Irenäus, „weil sie blind sind für die Wahrheit, einen Weg nach dem anderen betreten und wieder verfehlen; und darum laufen zusammenhanglos und ordnungslos durcheinander die Spuren ihrer Lehre. Der Pfad derer aber, die zur Kirche gehören, geht um die ganze Welt, da er ja von den Aposteln her eine feste Überlieferung hat und uns bei allen einen und denselben Glauben sehen läßt"[54]. – Das sei nur kurz erwähnt, um zu zeigen, wie der „Weg" als Metapher auch polemisch sehr ergiebig wird. Eine ganz ähnliche Sprache spricht schon 2 Petr: „Sie haben den geraden Weg verlassen und sind in die Irre gegangen, sie folgen dem Wege Balaams... Es wäre für sie besser, wenn sie den Weg der Gerechtigkeit nicht erkannt hätten, als daß sie, nachdem sie ihn erkannt haben, wieder sich abkehren von dem heiligen Auftrag, der ihnen gegeben wurde" (2 Petr 2,15.21).

Angesichts der verwirrenden Vielzahl von Wegen, die dem Menschen in Philosophie, Religionen und Häresien angeboten wird und ihn mit guten Gründen resignieren lassen könnte, gibt Klemens von Alexandria folgende, von der kirchlichen Überzeugung getragene Orientierung: „Wenn es nur einen einzigen (richtigen) Weg (ὁδοῦ μιᾶς), nämlich den königlichen (Weg) (βασιλική) gibt, dagegen viele andere Wege, die teils in einen Abgrund, teils in einen reißenden Fluß oder in das gleich am Ufer tiefe Meer führen, so

52 *Eusebius*, h.e. V 1,48 (GCS 9, I, 420 Z. 26; Übers. nach Haeuser, Eusebius von Caesarea 241).
53 Vgl. *Irenaeus*, haer. II 19,8 (PG 7, 776; FC 8/2, 166f.).
54 *Irenaeus*, haer. V 20,1 (PG 7, 1177; FC 8/4, 156f.).

wird doch wohl niemand wegen der Verschiedenheit der Wege ganz aufs Gehen verzichten."[55] Die entschiedene Richtung des Wandels im Glauben, das treue Ausharren auf dem Weg sowie die feste Orientierung an „Inhalt" und Ziel des Weges werden in der nachbiblischen christlichen Literatur an diesem Bild des Weges selbst verdeutlicht. Der Glaube wird der „Weg der Wahrheit" (1 Clem 35,5), der „Weg der Gerechtigkeit" (2 Clem 5,7) genannt; es ist der „wahre Weg", dem gegenüber kein „besserer Weg" gefunden werden kann (Hermas, vis. III 7,1), und nach Klemens von Alexandria immer wieder der „wahrhaft königliche Weg"[56], oder auch – im orthodoxen Verständnis – der „gnostische Weg"[57]. Die Schwierigkeiten und Anforderungen dieses Weges werden ständig erfahren und schlagen sich in den Ermahnungen bzw. Warnungen nieder. Der „Eingang" in „die ewige Ruhe", sagt Klemens von Alexandria im Anschluß an den Hebräerbrief, ist nämlich „mühsam und eng"; „wer aber einmal die frohe Botschaft gehört und ... das Heil gesehen hat, soll in der Stunde, da er es kennengelernt hat, sich nicht nach rückwärts umwenden wie Lots Weib und nicht wieder zu seinem früheren, den Sinnendingen zugewendeten Leben oder gar zu den Häresien zurücklaufen"[58]. – Der Weg verlangt also entschiedene Ausdauer und die entsprechenden Anstrengungen: „Denn es ist billig, daß Anstrengungen nicht nur dem Essen, sondern weit mehr noch auch dem Erwerb der (Heils-)Erkenntnis vorhergehen, wie es bei denen der Fall ist, die sich auf einem engen und schmalen, dem wahrhaften Weg des Herrn zum ewigen und seligen Heil führen lassen"[59]. – Der Mensch muß sich, wie die Kirchenväter häufig gegenüber enthusiastischen Strömungen betonen, nüchtern über seine Situation und über die ihm angemessene Weise, an sein Ziel zu gelangen, klar sein; in allmählicher Entwicklung und auf seine Bewährung hin gelangt er an sein Ziel, nicht in en-thusiastischer Entrückung, nicht unter Abkürzungen und Auslassungen; sondern der ganze Weg will gegangen, jede seiner Stationen durchlaufen sein: „Es ist aber nicht möglich", sagt wiederum Klemens von Alexandria, „daß wir uns gewissermaßen in die Höhe heben und entrücken lassen, – wir müssen vielmehr Schritt

55 *Clemens Alexandrinus*, str. VII 91,5 (GCS 17, 64 Z. 34–65, hier: Z. 2; BKV²·² 20, 95).
56 *Clemens Alexandrinus*, str. IV 5,3 (GCS 15, 148 Z. 3; BKV²·² 19, 14); vgl. *Eusebius*, e.th. 158).
57 *Clemens Alexandrinus*, ecl. 28,2 (GCS 17, 145 Z. 24).
58 *Clemens Alexandrinus*, str. VII 93,4f. (GCS 17, 66 Z. 9–13; BKV²·² 20, 97).
59 *Clemens Alexandrinus*, str. VI 2,3 (GCS 15, 423 Z. 8–11; Übers.: mit Änderungen nach BKV²·² 19, 234).

für Schritt gehen und so zu unserem Ziel kommen, indem wir den schmalen Weg (vgl. Mt 7,13f.), der zu ihm führt, ganz vom Anfang bis zum Ende zurücklegen. Denn das ist damit gemeint, daß man von dem Vater gezogen wird (vgl. Joh 6,44), daß man würdig wird, die Kraft der Gnade von Gott zu erlangen und ungehemmt emporzusteigen."[60]

Gerade die Festigkeit und Verläßlichkeit des Weges, von dem abzuweichen das Unheil für den Menschen bedeutet, wird als Befreiung erfahren. Dieser Weg ist in seiner Ausschließlichkeit nicht Zwang, sondern der Grund aller Zuversicht, weil er in eine Geborgenheit versetzt, die des Menschen Möglichkeit übersteigt. Das findet man in den Excerpta ex Theodoto des Klemens von Alexandria so formuliert: „Ein fremder und neuer Stern ging auf (nämlich der Stern von Mt 2,2.9f.), der die alte Stellung der Gestirne auflöste, in neuem, nicht in kosmischem Licht leuchtend, er, der neue und heilbringende Wege (καινὰς ὁδοὺς καὶ σωτηρίους) weist, wie der Herr selbst der Menschen Wegführer (ὁδηγός) ist, der auf die Erde kam, um die an Christus Glaubenden vom Schicksal weg in seine Vorsehung – von der εἱμαρμένη in seine πρόνοια – zu versetzen."[61]

9. Der Erlösungsweg des Gnostikers

Wir lassen es jetzt genug sein mit den näheren patristischen Ausformulierungen unseres Themas und fragen endgültig nach der Bedeutung der christologischen Prägung der Weg-Terminologie. Was bedeutet es näherhin, daß nach allen Zeugnissen der Weg des Christen nicht nur in einem allgemeinen Sinn der „Weg Gottes" als Befolgung eines göttlichen Gebotes oder dergleichen ist, sondern eben – in der johanneischen Diktion – Christus selbst dieser Weg ist? Wir wollen vorerst vorbereitend als Kontrast auf eine Interpretation der Bedeutsamkeit Jesu für den Menschen hinweisen, die sich in einer sehr typischen Weise vom kirchlichen Verständnis absetzt, und befassen uns in gebotener Kürze mit gnostischer Christologie und Soteriologie, sofern sie in der Kategorie des Weges expliziert wird.

Nun ist nicht jeder Satz aus dem Munde oder der Feder eines Gnostikers seinem Wortlaut nach schon eklatant unkirchlich und häretisch. Und so las-

---

60 *Clemens Alexandrinus,* str. IV 138,4 (GCS 15, 309 Z. 18–22; BKV$^{2\cdot2}$ 19, 94).
61 *Clemens Alexandrinus,* exc. Thdot. 74,2 (GCS 17, 130 Z. 18–22).

sen sich tatsächlich „Weg"-Worte aus gnostischen Zeugnissen aufzählen, die – in einem anderen theologischen Kontext stehend – durchaus unbedenklich wären und die auch so noch, als Zeugnisse eines Rand- und heterodoxen Christentums, sehr instruktive Artikulationen des alten, noch durchaus in der Entfaltung und Klärung begriffenen Christusglaubens enthalten. Wir müssen uns mit gezählten Beispielen begnügen.

So erinnert das koptisch-gnostische „Evangelium der Wahrheit", das vor etwa 20 Jahren in Oberägypten (Nag-Hammadi) gefunden wurde, mit einigen Texten an das Johannes-Evangelium. Das Verhältnis zwischen beiden ist in der Forschung noch ungeklärt. Man liest darin beispielsweise:

„Er (sc. Christus) wurde ein [29]Weg für die, die irregeführt wurden, [30]und eine Erkenntnis für die, die [31]unwissend sind, ein Finden für die, [32]die suchten, und eine Befestigung [33]für die, an denen man schüttelte, [34]eine Reinigung für die, [35]die befleckt waren."[62] Oder: „Er (Christus) wurde zum [18]ruhigen und gemächlichen Führer"[63]; „er erleuchtete [19]sie. Er gab (ihnen) einen Weg. Dieser [20]Weg aber ist die Wahrheit, [21]über die er sie belehrte"[64].

Zum gleichen Papyrus-Fund gehört das koptische „Thomas-Evangelium", eine Logiensammlung. Es bietet im Logion 97 eine Parabel, in der der lange, zu überdauernde Weg eine Rolle spielt:

Jesus sagte:
‚Das Reich des (Vaters) gleicht einer Frau, die einen Krug trägt, der voll Mehl ist.
Während sie (auf einem) weiten Weg ging, brach der Henkel des Kruges.
Das Mehl floß hinter ihr auf den Weg.
Sie merkte (es) nicht, sie hatte kein Unheil wahrgenommen.
Als sie in ihr Haus kam, stellte sie den Krug nieder (und) fand ihn leer.'[65]

Eine Authentizität, also die Herkunft von Jesus selbst, kommt für diese Parabel wegen ihres Stils sowie wegen der Unwahrscheinlichkeit und Künstlichkeit des Bildes schwerlich in Frage[66]. Sein Sinn dürfte der sein, daß der Gno-

---

62 *EvVer* 31,28–35 (NHC I 3; vgl. XII 2) (koptischer Text: Marlinie, Evangelium Veritatis 32; Übers. nach Schenke, Die Herkunft des sogenannten Evangelium veritatis 47).

63 *EvVer* 19,17f.

64 *EvVer* 18,18–21.

65 *EvThom* 97 [NHC II,2,137] (Text und Übers.: Guillaumont, Evangelium nach Thomas 48–51). – Statt „sie hatte kein Unheil wahrgenommen" muß es vielleicht im fast technischen Wortsinn heißen: „sie hatte nicht verstanden zu arbeiten", d.h. „sich abzumühen"; vgl. BAUER, Thomasevangelium 3.

66 Vgl. (auch zum Folgenden) KASSER, L'Évangile selon Thomas 109f.

stiker hier vor Leichtfertigkeit und Oberflächlichkeit gewarnt wird. Der Leichtsinnige geht seinen Weg selbstsicher und unbekümmert; als er aber an das Ende seiner Wanderung gelangt, bemerkt er – zu spät – sein Unglück. Der gute Gnostiker sorgt sich um die Bewahrung seiner Gnosis bis zum Eintritt ins Reich. – Der weite Weg ist hier also das Symbol für die Gefährdung, für die Versuchung, abgestumpft zu werden, es an Aufmerksamkeit für das Heil fehlen zu lassen. Einige weitere Beispiele für die Vorstellung von der Erlösung als einem Weg seien aus den „Oden Salomos" gewählt, den Dokumenten einer christlich-häretischen Gnosis aus dem frühen 2. Jahrhundert. Zuerst ein längeres Stück aus der Ode 39, in der es von den Erlösten heißt:

7 Denn das Zeichen an ihnen ist der Herr,
und das Zeichen ist der Weg derer (d. h. das Mittel, den Weg zu finden, für die),
die hinübergehen (sc. über die „gewaltigen Ströme" V. 1, die von Gott trennen)
im Namen des Herrn.
8 Ziehet also den Namen des Höchsten an
(d. h. deckt euch mit dem schirmenden Namen) und erkennet ihn,
und ihr werdet hinübergehen ohne Gefahr,
da die Ströme euch gehorsam sein werden.
9 Es überbrückte sie der Herr durch sein Wort,
und er ging hin und überschritt sie zu Fuß.
10 Und seine Fußstapfen standen fest auf dem Wasser und wurden nicht zerstört,
sondern sie waren wie Holz, das wirklich eingerammt ist.
11 Und hüben und drüben erheben sich Wogen,
aber die Fußstapfen unseres Herrn Christus stehen fest;
12 Und sie werden nicht verlöscht, auch nicht zerstört.
13 Und es wurde ein Weg angelegt für die, die hinter ihm hinübergehen,
und für die, die übereinstimmen mit dem Gange seines Glaubens
und anbeten seinen Namen.
Hallelujah!"[67]

Wir treffen das Weg-Motiv hier auf dem Hintergrund einer bestimmten gnostischen Mythologie an. Das Einheitliche dieser Mythologien ist durch alle Variationen hindurch, daß es für den Menschen eine Sphäre zu durchschreiten gilt, hinter welcher der Ort seines Heiles liegt. Von sich aus kann er den Weg nicht überstehen, sondern muß scheitern ohne Hilfe von oben. Das begegnet in dieser Ode 39 in der Form, daß reißende Ströme das Diesseits vom Jenseits scheiden, – mit ihnen vernichtet Gott alle, die den Übergang versuchen. Nur eine Möglichkeit gibt es: hinter Christus her und auf

---

67 OdSal 39,7–13; vgl. 39,1–6 (Text mit Übers.: Bauer, Die Oden Salomos 74f.; vgl. NTApo³ II, 620f. mit Noten; jetzt FC 19, 204f.).

dem „Gange seines Glaubens" hinüberzuschreiten. Denn Christus ist vorausgegangen und hat dabei im unsicheren und bewegten Wasser feste, tragfähi-
ge, unverwischbare Spuren hinterlassen. Christus ist hier der „Prodromos
durch die feindlichen Wasser"[68], also der Vorausläufer, der den Weg bahnt,
wo noch kein Weg war, und der der einzige ist, der ihn bahnen kann, so daß
der Weg bleibt und nachgeschritten werden kann[69]. Die mythische Vorstel-
lungswelt ist nun aber in einem gnostischen Psalm nicht zufällig und ist dort
mehr als Einkleidung[70].

Es seien noch weitere verstreute Texte aus den Oden Salomos genannt, die
den Lobpreis über den Weg und seine Kenntnis singen:[71]

7,2 Meine Freude ist der Herr und mein Lauf auf ihn zu.
    Dieser mein Weg ist schön.

7,13 Denn zur Erkenntnis hin hat er (Gott) seinen Weg angelegt,
     hat ihn breit und lang gemacht und ganz zur Vollkommenheit geführt.

11,3a Und es wurde mir seine Beschneidung zur Erlösung;
11,3b und ich eilte dahin auf dem Wege in seinem Frieden, auf dem Wege der Wahrheit.

22,7 Deine Rechte hat zerstört das Gift des das Böse Redenden,
     deine Hand hat den Weg gebrochen für deine Gläubigen.

24,13 Denn der Herr hat seinen Weg kundgetan und seine Güte ausgebreitet.

Innerhalb der Oden Salomos ist aber der eklatant gnostische Entwurf des
Weges des Menschen und Christen deutlich. Im Zusammenhang der Weg-
Terminologie äußert sich das folgendermaßen:

34,1 Es gibt keinen harten Weg da,
     wo ein einfältiges Herz (ist),
     auch keine Plage
     bei aufrichtigen Gedanken.

In dieser Bestreitung der Härte des Weges äußert sich die gnostische Welt-
leugnung, von der her der Weg zu interpretieren ist und die sogleich darauf
so ausgesprochen wird:

68 SCHULZ, Salomo-Oden 1340.
69 Zur Interpretation vgl. NTApo³ II, 619.
70 Es ist unzutreffend, wenn Frankenberg, Das Verständnis der Oden Salomos 101, die Ströme
   als stürmisches Meer auf das Leben allegorisiert. Der Mythos ist hier keine Metapher.
71 Text und Übers. vgl. in den S. 55 Anm. 67 notierten Ausgaben.

[34,4] Urbild dessen, was drunten ist,
ist das, was droben.
[34,5] Denn alles ist droben,
und drunten ist nichts,
sondern es erscheint (nur so) denen, in denen keine Erkenntnis ist.

Hippolyt überliefert eine Selbstaussage der gnostischen Peraten: „Wir allein,
so sagen sie, haben den Zwang des Entstehens erkannt und sind über die
Wege, auf denen der Mensch in die Welt gekommen ist, genau unterrichtet
und können allein den Untergang durchschreiten und hinübergelangen."[72]
Es kann nur am Rande bemerkt werden, daß der Begriff „Weg" hier eminent
esoterisch gestimmt ist. An anderer Stelle referiert Hippolyt: „da der Vater
nämlich zu dem Guten aufstieg, zeigte er denen, die hinaufkommen wollen,
den Weg."[73]

Wir stoßen damit auf das vom Christlichen unterscheidende gnostische
Element: Der „Weg" ist nicht mehr Bild und Symbol, sondern reale Ortsveränderung mythischer Prägung. Der Weg ist Entraffung bzw. Aufstieg in eine
andere, bessere Welt; er ist Aufbruch aus der nichtigen, nicht eigentlich sei-
enden Welt in die obere, allein wirkliche Welt. Die Weg-Terminologie entspricht im gnostischen Denken einer ausgebauten, anschaulichen Topogra-
phie bzw. „Geographie" der Wirklichkeit: Die hiesige Welt ist „ein geschlos-
senes Gehäuse…, in das man ‚von außen' ‚hinein' und aus dem man wieder
nach außen hinausgelangt. ‚Aus der Welt heraus' – eine spezifische Formel
gnostischer Zielsetzung, verknüpft mit dem räumlichen Bilde des ‚Weges'"[74],
was aber eine wirkliche Auswanderung als Heilsweg bedeutet, die auf mannigfache mythische Weise direkt beschreibbar ist mit ihren Schwierigkeiten
und Abenteuern, die da bestanden werden müssen: Durch unglückliche Umstände kam der Gnostiker in die Welt hinein; er muß nun durch sie hindurch, aber so, daß er wieder den Weg hinaus findet. Die Suche nach dem
Ausweg zum Ort des Heils, der eine andere Welt ist über der hiesigen, ist das
Thema der Gnosis: „Wo waren wir? Wohin sind wir geworfen? Wohin eilen
wir?"[75] Der Gnostiker muß seinen Weg geradezu durch eine ganze Architek-

---

72 *Hippolytus*, haer. V 16,1 (GCS 26, III Z. 9ff.; BKV² 40, 119).
73 *Hippolytus*, haer. V 16,23 (GCS 26, 130 Z. 171; BKV² 40, 138); andere Beispiele bei BULT-
MANN, Das Evangelium des Johannes 466 Anm. 4; Belege aus schon früher bekannten gnostischen Quellen (zumal aus den mandäischen) bei KÄSEMANN, Das wandernde Gottesvolk
52–58. 81.
74 JONAS, Gnosis und spätantiker Geist 101.
75 *Clemens Alexandrinus*, exc. Thdot. 78,2 (GCS 17 131,17–19; SC 23,202).

tur übereinandergebauter Sphären, Äonen und Welten finden.[76] Es heißt im Corpus Hermeticum (einer gnostisch orientierten Schriftengruppe aus dem 2. und 3. Jahrhundert): „Du siehst, o Kind, durch wieviele Körper, wieviele Kreise von Dämonen, wieviel Verkettung und Läufe von Gestirnen wir hindurchmüssen, um zu dem einen und einzigen Gotte zu eilen."[77] Es ist unendlich weit dorthin: Feindliche Zwischenmächte verstellen den Weg. Durch die Gnosis aber weiß man um den Weg und kennt man die Schutzparolen bzw. Einlaßformeln, auf die hin man durchgelassen wird.[78]

Als Zeugnis sei der Naassener-Psalm zitiert: Ohne Ausweg irrt die Unselige (die Seele) umher im Labyrinth voller Pein das sie geriet. „Zu entfliehen sucht sie dem bitteren Chaos und weiß nicht, wie sie herauskommen soll"; darauf spricht in der oberen Welt Jesus: „Deswegen sende mich, Vater! Mit den Siegeln in der Hand (d. h. mit den „Sakramenten", welche zur Wanderung befähigen) will ich hinabsteigen die Welten alle durchqueren, die Mysterien alle erschließen, der Götter Gestalten zeigen (d. h. die Wächter, die von der Seele beim Aufstieg passiert wenden müssen) und die Geheimnisse des heiligen Weges, die ich Gnosis nenne, will ich kundtun."[79] Der Erlöser selbst also steigt zu einer weiten Wanderung hinab, woraufhin die Gnostiker, ausgerüstet mit der Gnosis als dem Wissen um den Weg, um Woher und Wohin, den Aufstieg antreten können. „Gnosis" ist insofern γνῶσις ὁδοῦ – die Kenntnis des Weges[80]. Das alles wird zumeist sehr massiv räumlich, durchaus nicht metaphorisch verstanden[81]. Inhaltlich-sachlich ist damit eine radikale Entweltlichung, eine absolute Distanzierung vom hiesigen Leben im Fleisch der Geschichte gemeint. Einen breiten und wichtigen Raum in der gnostischen Literatur nehmen nicht von ungefähr die Schilderungen des Weges der Seele nach dem Tod ein, da nun der Weg als Heils- und als Rückweg eigentlich erst beginnt und eben wirklich als Aufstieg eine Reise an andere Orte darstellt[82]. Erlösung bedeutet für den Gnostiker, daß die Entfernung vom Ort seiner Herkunft wieder rückgängig gemacht wird. Also ist ein Weg vonnöten, über den er in der Gnosis belehrt wird und der in unzähligen my-

---

76 Vgl. JONAS, Gnosis und spätantiker Geist 98f.
77 Corpus Hermeticum IV 8 (Der griechische Text mit franz. Übers. Nock, Hermes Trimegiste. Corpus Hermeticum, Tome I, Paris 21960, 52 Z. 8–11.); vgl. Ebd. IV 11; VI 5.6; XI 21.
78 Beispiele solcher Parolen vgl. *Irenaeus*, haer. I 13,6; 21,5; *Origenes*, Cels. VI 31.
79 *Hippolytus*, haer. V 10,2 (GCS 26, 103 Z. 10–104 Z. 3).
80 Vgl. ANZ, Zur Frage nach dem Ursprung des Gnostizismus (TU 15,4), Leipzig 1897.
81 Vgl. JONAS, Gnosis und spätantiker Geist 123f.
82 Vgl. Ebd. 205 ff.

thischen Projektionen beschrieben wird. Ein wesentlicher Zug des christlich-gnostischen Selbstverständnisses artikuliert sich also so, daß es zum Inhalt der Gnosis gehört, „die verborgenen Geheimnisse (τὰ κεκρυμμένα) des heiligen Weges" (s.o. Naassener-Psalm), nämlich des Weges zur Erlösung, zu kennen. „Weg" ist dabei Ausweg aus der Welt. „Als durchaus räumlich verstandene ist diese ὁδός identisch mit derjenigen, die Jesus seinerseits in umgekehrter Richtung zurücklegen mußte, ... um zu den Menschen zu gelangen: die ἄνοδος der Seele also mit der κάθοδος des Erlösers"[83]. Das ist also die gnostische Korrespondenz zwischen dem Weg Jesu des Erlösers und dem Weg der Erlösten.

Auf Grund der früher genannten biblischen und nazistischen Texte tut sich der tiefe Graben zwischen der kirchlichen Rede vom Weg des Christen und der gnostischen vom Weg des Gnostikers bereits deutlich auf. Vermerken wir, dieses Kapitel abschließend, vorerst lediglich stichwortartig, daß hier von Menschheit und Geschichtlichkeit Jesu nicht die Rede ist, beides fällt aus. Was in der biblischen Überlieferung darüber sich findet, wird in der lebhaften gnostischen Exegese als Chiffre für jenseitige, prä- und postexistente Vorgänge allegorisiert. Jesu Kreuz wird auf ähnlichem Wege eliminiert. Trotz der zum Teil zunächst recht vertraut klingenden gnostischen Weg-Terminologie meldet sich ein schlechthin konträres Konzept der Weltinterpretation und des Erlösungsverständnisses an, als es im Neuen Testament und in der kirchlichen Überlieferung begegnet. So einschneidend der Unterschied im Jesus- und Christusbild hier und dort ist, so verschieden fällt jeweils der Weg des Menschen aus, der – was in der theologischen Entfaltung unser letztes Thema sein wird – auch für das Christentum engstens mit dem Weg des Erlösers zu tun hat.

Der Weg des Gnostikers ist im totalen Sinn eine Auswanderung. Diese Erde ist lediglich der Ausgangspunkt nicht der Ort seines Weges. Sie muß ihm gleichgültig und sogar verhaßt sein, damit er den Weg antreten kann. – Die Gnosis hat dem Menschen die Fragen, die ihm diese Welt aufgibt, nicht eigentlich beantwortet, sondern für unbedeutend erklärt, – für so unbedeutend, wie sie ihn die Welt selbst zu sehen lehrt.

---

83 JONAS, Gnosis und spätantiker Geist 207 Anm. 1.

10. „Mit Christus"

Es geht in dieser letzten Überlegung darum, den theologischen Sinn der frühchristlichen Rede vom Weg des Christen zusammenfassend herauszustellen. Wir wollen abschließend den Ort dieser Bildrede innerhalb der biblischen Theologie zu bestimmen suchen und werden sehen, daß wir uns nicht mit einem Element am Rand, sondern mit der Deutung des menschlichen Lebens im Glauben selbst befaßt haben. Der „Weg" ist in diesem existentiellen Sinn, wie er aus allen zitierten Texten zu erkennen war, ja das Ganze des Lebens. – Zu dieser zusammenfassenden theologischen Interpretation wird es aber notwendig sein, die mit Hilfe der Weg-Terminologie erreichte Aussage zum Teil in andere theologische Kategorien der biblischen Sprache zu transponieren, um den Zusammenhang herzustellen und die Bildrede vom Weg in einem letzten Schritt zu deuten. Denn dieses Bild bezieht seinen präzisen Gehalt ja aus dem Kontext, in dem es verwendet wird. Allerdings ist erinnerlich, daß in der besonderen Ausformulierung der biblischen und altchristlichen Rede vom Weg sich bereits sehr bestimmte Konturen, vor allem nämlich die christologische Komponente, abzeichneten. Wenn wir nun zur weiteren bibeltheologischen Einordnung und Auslegung auf andere Begriffe zurückgreifen, verlassen wir damit zwar die engere und weitere Terminologie vom Weg, an die wir uns bisher hielten, haben aber nicht zufälligerweise die Möglichkeit, uns an einem Vokabular zu orientieren, welches dem Motiv und der Vorstellung vom Weg, gerade insofern er als Weg in der Nachfolge des Weges Jesu umschrieben wird, sehr eng zugeordnet ist. Vorwegnehmend sei schon hier als Hauptstichwort die paulinische Formel „mit Christus" genannt, die nun wirklich für ein zentrales Theologumenon der Paulusbriefe steht und eines der Hauptkennworte des Apostels für die Existenz, für den Weg des Christen in dieser Welt genannt werden muß. „Mit Christus" ist eine Kategorie der Nähe, der Parallelität und Begleitschaft, durch die man sich an die synoptische „Nachfolge" erinnert fühlen kann, aber auch an die Gemeinschaft mit dem Erlöser, in welcher der Gnostiker sich auf dem von Christus eröffneten, gezeigten Weg durch die gefährlichen oberen Welten entraffen läßt.

a. Der Mensch Jesus

Hier zeichnet sich nun der Weg des Menschen im unterscheidend christlichen Verständnis ab, und zwar nicht nur in der Konfrontierung mit der gnostischen Möglichkeit im 1. und 2. Jahrhundert. Allerdings stößt man in theologiegeschichtlichen Beobachtungen immer wieder darauf, daß das gnostische Denken in seinen Grundzügen der Deutung von Mensch und Welt mehr ist als ein frühes historisches Phänomen, sondern es darf als repräsentativ für eine ganze Summe auch späterer und auch innerkirchlicher religiöser Deutungen gelten, von denen das christliche Verständnis sich immer scharf abgrenzen wird, sofern die Kraft aufgebracht wird, es genuin im biblischen Sinn zu erfassen und zu realisieren. Es sind hier nur Andeutungen möglich. Man kann sich etwa so ausdrücken:

Der gnostische Erlöser berührt nicht diese Welt. Wie für den biblischen Jesus das Kreuz als der Tod eines Menschen in der Realität der Passionserzählungen und des Hebräerbriefes signifikant ist, so für den gnostischen Erlöser sein Attribut der Leidensunfähigkeit (ἀπαθής) und die doketistische Auslegung der Kreuzigung. Der Weg, den er ermöglicht, besagt nichts über das hiesige Leben in dieser Welt als daß es irrelevant sei; dieser Weg, an dem der Mensch interessiert sein muß, beginnt schlechthin in einem zumeist geradezu geographisch verstandenen Jenseits zu dieser Welt. Den Kontrast dazu im biblisch-kirchlichen Jesus-, Menschen- und Geschichtsverständnis können wir hier nicht zum eigenen Thema machen, doch ist er für das Folgende ausschlaggebend. Dazu soll er darum kurz in den Worten einer Kirchenväter-Exegese verdeutlicht werden, die sich zur Deutung Jesu als des Erlösers wiederum der Weg-Terminologie bedient, und zwar im Anschluß an einen alttestamentlichen Bibeltext.

Es handelt sich um einige kurze Passagen aus Athanasius, und zwar aus seiner christologischen Interpretation des Verses Spr 8,22 in der LXX-Version: „Der Herr schuf mich als Anfang seiner Wege zu seinen Werken"; und die folgenden Exegesen finden sich bezeichnenderweise im Werk „contra Arianos". Ein erstes Zitat: „Der Herr sagt ...: ‚Der Herr schuf mich als Anfang seiner Wege', gerade wie wenn er sagte: ‚Der Herr bereitete mir einen Leib' (Hebr 10,5) und schuf mich für den Menschen zum Heile der Menschen."[84]. Gerade die Menschheit und Leiblichkeit Jesu Christi ist hier als Weg begriffen in dem Sinn, daß es weiter heißt, er sei „der Anfang vieler Wege", – sein Leben also der Weg, auf den hin das Leben der vielen Menschen zu „vielen Wegen" wird, d. h. „Weg"-Charakter bekommt. Ganz ähnlich folgende Version: „der Logos stieg in unser Fleisch hinab und ward darin geschaffen als Anfang der Wege."[85]. Athanasius interpretiert so *de facto* Joh 14,6: „ich bin der Weg", durch Joh 1,14: „der Logos ist Fleisch geworden". Und er rückt dieses Datum des neuen Weges in die umfassende heilsgeschichtliche Perspektive: „Da der erste Weg durch Adam verlorenging..., so nimmt deshalb das gegen die Menschen liebevolle Wort Gottes ... das geschaffene Fleisch an, damit er ... uns einen ‚neuen und lebendigen Weg' bereite (vgl. Hebr 10,20) ... Daher wird ... nicht ein anderer, sondern der Herr ... als Weg geschaffen, und er sagt mit Recht: ‚Der Herr schuf mich als Anfang seiner Wege für seine Werke', damit der Mensch nicht mehr nach jener ersten (Schöpfung) sein Leben einrichte, sondern, da der Anfang einer neuen Schöpfung gemacht ist, und wir Christus als Anfang ihrer Wege haben, wir von nun an ihm nachfolgen, wenn er spricht: ‚Ich bin der Weg' (Joh 14,6)."[86] Die „Weg"-Funktion Jesu Christi liegt für die christliche Überlieferung gerade in seinem Leben unter und mit den Menschen, ohne jede Einschränkung und Spiritualisierung. Anders ist innerbiblisch das Wort vom Weg nicht zu verstehen. Freilich wurde er auf diese Weise dadurch zum Weg, daß seine Unvergleichlichkeit unangetastet blieb: „Und es folgt daraus deutlich, daß das Wort, da es von allem verschieden ist und vor allem war, zuletzt durch die Menschwerdung ‚als Anfang seiner Wege zu den Werken geschaffen' wird, damit, wie der Apostel sagt (Kol 1,18), der, welcher ist der Anfang, der Erstgeborene von den Toten, unter allen den Vorrang einnehme."[87] – Die Gleichheit und Unvergleichlichkeit Jesu Christi mit den Menschen verursachen miteinander seine Qualität, der Weg der Menschen zu sein. Daß es ein verheißungsvoller, ja der einzige Weg ist, hat seinen Grund darin, daß der Unvergleichliche ihn bereitet hat. Wenn es um die Angemessenheit und Auslegung des Weges geht, steht aber ganz die Tatsache im Vordergrund, daß der, der ihn bereitet hat, den Menschen völlig gleich gewor-

---

84 *Athanasius*, Ar. II 47 (PG 26, 248C; BKV¹ 15, 381f.).

85 *Athanasius*, Ar. II 76 (PG 26, 309 A).

86 *Athanasius*, Ar. II 65 (PG 26, 285 A. B.; BKV¹ 15, 406f.); vgl. auch *Augustinus*, conf. VII 21 (CSEL 33; BKV² 18, 156–157).

87 *Athanasius*, Ar. II 60 (PG 26, 309 A.; BKV¹ 15, 401).

den ist. Das äußert sich bei Irenäus v. Lyon in dieser Form: „Wenn nämlich nicht ein Mensch (sc. Jesus) den Feind des Menschen besiegt hätte, so wäre der Feind nicht gerechterweise besiegt worden. Und andererseits, wenn nicht Gott das Heil geschenkt hätte, so hätten wir es nicht sicher."[88] Ähnlich ist beispielsweise auch für Apollinaris von Laodicea (4. Jh.) Jesus der Weg gerade als Mensch, der selbst den Weg geht, wie er in einer Auslegung von Joh 14,6 dartut[89]; und im Anschluß an Joh 7,39 („der Geist war noch nicht da, weil Jesus noch nicht verherrlicht war") bemerkt er: „Da er die Fleischesgemeinschaft mit uns aufgenommen hatte, wollte er die wirklich verliehene Heiligung des Geistes den Menschen nicht verleihen, bevor das Wort Fleisch geworden war und den ganzen Lebensweg der Menschen durchlaufen hatte (τὴν ἀνθρωπίνην ὁδὸν πᾶσαν τοῦ βίου διαδραμεῖν) und unsere Schande (ἀδοξία) in die göttliche Herrlichkeit (δόξα) überführt hatte"[90]. Jesus ging also den ganzen Lebensweg der Menschen und eröffnete so den Weg zur Herrlichkeit. – Dazu ist auch jene altchristliche Überlieferung zu vergleichen, wonach Jesus „jedes Menschenalter durch die Ähnlichkeit mit ihm geheiligt" hat, indem er jedes Alter selbst durchlebt hat: „Denn alle kam er durch sich selber zu retten, ... Säuglinge, Kinder, Jünglinge, Männer und Greise. Deshalb ging er durch jedes Alter... endlich auch bis zum Tod ging er, damit er sei ‚der Erstgeborene von den Toten', den Vorrang behauptend in allem' (Kol 1,18), der Fürst des Lebens, der Erste von allen und allen vorangehend."[91] Dieser theologische Gedanke ist älter als die genannten Zeugen und wird einer alten Tradition verdankt.[92] Er war so gewichtig, daß man die biblische Chronologie des Lebens Jesu nach ihm einrichtete: Jesus erreichte das Greisenalter, um dem Menschen auf seinem ganzen Weg mit allen Phasen voranzugehen.

Wir werden, wenn wir zur paulinischen Interpretation kommen, sehen, daß man dieses Bereiten, Ermöglichen und Bahnen des Weges durch Jesus Christus nicht so verstehen darf, als würde dem menschlichen Leben ein ihm völlig fremdes Modell von außen übergestülpt und aufgezwungen. Das Leben als der Weg des Christen bleibt dieses menschliche Leben, aber in einer

---

88 *Irenaeus*, haer. III 18,7 (PG 7, 937; jetzt FC 18/3, 232f.).
89 Vgl. *Apollinarius*, Fragment 100 (TU 89, 41).
90 *Apollinarius*, Fragment 37, (TU 89, 16).
91 *Irenaeus*, haer. II 22,4 (PG 7, 784; jetzt FC 8/2, 184–187); vgl. III 18,7; *Justin*, dial. 88,2; *Hippolytus*, haer. X 33,15.
92 vgl. *Irenaeus*, haer. II 22,5 (FC 8/2, 186–189).

ganz neuen Verfaßtheit. Dadurch daß der, welcher selbst der Weg genannt wird, dieses Leben mit seinen Bedingungen gelebt hat – und zwar in jener Bejahung und Konsequenz vor Gott, die ihm den Tod einbrachten –, ist dem menschlichen Leben ein Sinn eingestiftet und offenbart, der gerade in den elementaren „Stationen" des Lebens wie Geburt und Tod, Freude und Leiden, Zuversicht und Hoffnungslosigkeit, Geborgenheit und Angst realisiert wird. Der Weg Jesu Christi verläuft, anders als der des gnostischen Erlösers und anders als der zahlreicher menschlicher Erlösungshoffnungen, mitten in dieser Welt. Um einen Weg zu sehen und gehen zu können, muß der Mensch nicht auf die Versetzung in ein mythisches Jenseits, also auf völlig veränderte Bedingungen warten, – es kommt auch keine (utopische) Zukunft herauf, in der sich die Bedingungen den menschlichen Sehnsüchten anpassen bzw. haben anpassen lassen. Das Evangelium vom Menschgewordenen, Gekreuzigten und Auferstandenen verlangt und ermöglicht es zugleich, in dieser Welt mit ihren Bedingungen, wie sie sind, den Weg zu erkennen, und gestattet nicht, um es noch einmal zu sagen, in der mythischen Geographie eines Jenseits bzw. im Seufzen nach dem Paradies unserer Wünsche ein Alibi für das Jetzt und Hier finden zu wollen. Der einzige und ganze Grund für diese Bindung des Menschen auf sein Leben in dieser Welt ist eben der Weg Jesu selbst, der so sehr unser Weg war, daß viele ihn damals nicht unterschieden und daß es im Hebräerbrief von Jesus – wie von einem von uns – heißen kann: „Er hat in den Tagen seines Fleisches Bitten und Gebete vor dem dargebracht, der ihn vom Tode retten konnte, unter heftigem Schreien und Tränen, und er wurde erhört auf Grund seiner Gottesfurcht" (Hebr 5,7). Der Verfasser will zeigen, wie nahe dieser Erlöser dem Menschen steht. Für die „Struktur" des Lebens im Glauben an diesen Jesus Christus ist es also wichtig zu sehen, daß Jesus den Weg nicht dadurch möglich machte, daß er die Bedingungen änderte, die Fragen erübrigte, das Quälende auflöste, sondern indem er das Leben der Menschen lebte, wie es ist, und „imstande" war, „maßvoll zu fühlen mit den Unwissenden und Irrenden, da er auch selbst mit Schwachheit behaftet ist", wie es wiederum der Hebräerbrief mit aller Deutlichkeit und ohne jede Angst vor christologischer Häresie als Merkmal jedes Hohenpriesters und darum auch Christi formuliert (Hebr 5,2). Von Nachfolge und Nachahmung Jesu Christi, vom Gehen auf einem Weg, den er bereitet hat, zu sprechen, ist also bereits etwas Zweites. An erster Stelle steht, daß er den Weg der Menschen ging, wobei nun „Weg" in diesen Zusammenhängen deutlich nicht eine ethische Kategorie ist, vielmehr das

Leben in „diesem Äon" bezeichnet, wie die Bibel sagt. Nach den Äußerungen des Hebräerbriefes sei aus den zahllosen Formulierungen der Vätertheologie noch eine Wendung aus Irenäus von Lyon genannt, nach welcher es darauf ankommt, „Jesus Christus zu folgen, unserem Herrn, der wegen seiner unendlichen Liebe das, was wir sind, geworden ist, damit er uns vollkommen zu dem mache, was er ist."[93] Der Logos-Hymnus des vierten Evangeliums sagt kurz: „Das Wort ist Fleisch geworden" (Joh 1,14). Daraufhin nun ist „Fleisch" als Inbegriff der Menschlichkeit und Geschichtlichkeit, als Kennwort für „das, was wir sind", als „Ausdruck für das Irdisch-Gebundene (Joh 3,6), Hinfällig-Vergängliche (Joh 6,63), gleichsam das Typische rein menschlicher Seinsweise"[94] ein „Weg" im positiven Sinn der Möglichkeit im Glauben. Indem Jesus das menschliche Leben als Weg gelebt hat, ist es auf spezifische Weise ein Weg für alle geworden. Der Weg muß folglich dort gesucht werden und wird nirgends anders gefunden als dort, wo Jesus ihn ging: in den Bedingungen des Lebens in dieser Welt. Daran gibt es kein Deuten mehr für den, der im Zusammenhang seiner Orientierung und Sinndeutung des menschlichen Daseins den Namen Jesus nennt.

b. „Mitsterben" und „Mitleben"

Man ahnt sogleich, daß dies nun keine äußere, formale Berührung zwischen Jesus und den Glaubenden bleiben kann. Und die biblische Auslegung des Verhältnisses zwischen seinem Leben als dem Heilsereignis für uns und unserem Leben als dem Weg, den es seither gibt, zeigt die entsprechende Füllung solcher Kategorien wie Weg, Nachfolge, Ähnlichkeit. Wenn Christus der Weg der Christen ist, erfährt das menschliche Leben im Glauben eine „Christus-Förmigkeit", wie man sich vielleicht ausdrücken darf. Man kann im Anschluß an die biblische Diktion auch von einer „Schicksalsgemeinschaft" der Christen mit Christus sprechen. Und mit dieser Vorstellung sind wir bei der erwähnten paulinischen Formel „mit Christus". Es heißt bei Paulus zwar nie, daß der Glaubende „mit Christus" ein und denselben Weg gehe, – aber die biblische und altchristliche Wegterminologie und -theologie in ihrer christo-

93 *Irenaeus*, haer. V praef. (PG 7, 1120; das griechische ‚Original' jetzt aus einem Fragment bei RICHARD/HEMMERDINGER, Trois nouveaux Fragments 255).
94 SCHNACKENBURG, Das Johannesevangelium I. 243.

logischen Prägung legen es doch nahe, die paulinische Formel „mit Christus" zu vergleichen, und tatsächlich läßt sich an ihr die Aussage von Joh 14,6 am prägnantesten deuten.

Ein kurzer Überblick über den hauptsächlichen Gebrauch der Formel bei Paulus wird als Vorbereitung angebracht sein, um einen ersten Eindruck zu gewinnen[95]; sie begegnet in den Hauptbriefen in Verbindung mit etlichen Verben: „mit Christus sein (1 Thess 4,17; vgl. 4,14; 2 Kor 13,4; Phil 1,23), leben (1 Thess 5,10), auferwecken (2 Kor 4,14), sterben (Röm 6,8)"; im Kol findet sich „mit Christus lebendig machen (Kol 2,13), sterben (Kol 2,20), verborgen sein (Kol 3,3), offenbar werden (Kol 3,4)". Daneben gibt es eine ganze Reihe von Wörtern mit der Vorsilbe „mit-", die ebenfalls das Verhältnis des Christen zu Christus deuten. Die Hauptbriefe kennen: „mitleiden" (Röm 8,17), „mitbegraben werden in den Tod" (Röm 6,4), „mitgekreuzigt werden" (Gal 2,19; Röm 6,6), „mitverherrlicht werden"(Röm 8,17), „mitleben" (Röm 6,8), „mit-in-die(selbe)-Gestalt-verwandelt werden" (Phil 3,10; vgl. Röm 8,29, Phil 3,21), „Miterbe" (Röm 8,17), „mitverwachsen" (Röm 6,5); in Kol und Eph finden sich: „mitbegraben werden" (Kol 2,12), „mitauferwecken" (Kol 2,12; 3,1; Eph 2,6), „mit-lebendig-machen" (Kol 2,13; Eph 2,5), „miteinsetzen" (Eph 2,6); und endlich sind aus dem 2 Tim die drei Verben „mitsterben, mitleben" (2 Tim 2,11), „mitherrschen" (2 Tim 2,12) zu nennen.

Auf diesen bloßen Befund hin sieht man, wie nahe es liegt, von „Schicksalsgemeinschaft" mit Christus zu sprechen. Mit Christus leben, gekreuzigt werden, sterben, begraben werden, mit ihm verwachsen sein im Tod, mit ihm auferweckt, lebendig gemacht, verherrlicht, in dieselbe Gestalt verwandelt werden, – das ist demnach der Weg des Christen, wobei man wohl bemerken darf, daß es uns in einige Verlegenheit bringt, den Glauben seinem Vollzug nach mit Hilfe der so durchformulierten Wendung „mit Christus" auszulegen, vor allem was das Mitsterben, Mitgekreuzigt- und Mitbegrabenwerden betrifft. Wir müssen uns der Mühe der näheren Auslegung unterziehen, kommen damit aber mitten in die paulinische Theologie hinein und können folglich wieder nur Stückwerk leisten, indem wir dieses Theologumenon des „Mit-Christus" ausschließlich unter der einen Perspektive der konkreten Konsequenz aus dem Weg-Charakter des Christus-Glaubens verstehen. Oder anders: indem wir es hier als nähere Erklärung betrachten zu der Aussage des johanneischen Christus: „Ich bin der Weg" (Joh 14,6). Zu

95 Vgl. zum Folgenden den Exkurs „Mit Christus" bei Kuss, Der Römerbrief 319–381; Hahn, Mitsterben und Mitauferstehen, Gütersloh 1937; Grundmann, σύν – μετά κτλ. 766–795.

diesem besonderen Zweck kommen nicht alle „Mit-Christus"-Aussagen in Betracht. Man hat nämlich verschiedene Gruppen unter ihnen zu unterscheiden. Wir haben es hier nicht zuerst mit jenen Texten zu tun, in denen im Zusammenhang der apokalyptisch ausgemalten Parusie oder des individuellen Todes durch die Formel „Mit-Christus" „das Heilsgut als ein Zusammen-mit-dem-Herrn beschrieben" ist[96]. Es geht hier im Augenblick ja nicht um Eschatologie, sondern um die Deutung der Glaubensexistenz vor dem Eschaton. – Auch eine zweite Gruppe von „Mit-Christus"-Aussagen steht nur in mittelbarem Zusammenhang mit diesem engeren Thema, nämlich jene Texte, in denen der Taufvorgang als das Erleiden des Todes mit Christus beschrieben wird, was in einem so realen Sinn von Paulus gemeint ist, daß der Tod, den der Täufling in der Taufe stirbt, mit dem Tode Jesu „identisch" ist[97]. Endlich aber gibt es jene „Mit-Christus"-Aussagen, die „eine Art Angleichung des Glaubenden und in der Taufe mit Christus Gestorbenen (und Auferstandenen) an das Schicksal Jesu Christi innerhalb des konkreten Lebens des Glaubenden meinen"[98]. Das „Mit-Christus" im Glauben heißt eben Wesentliches über das „Durch-Christus" hinaus. Der Weg des Christen steht zum Weg Jesu nicht nur in der Relation der Wirkung zu ihrer Ursache, sondern zugleich in einer Parallelität. Glaube und Taufe haben auf Grund des Todes und der Auferstehung Jesu Christi nicht nur in einen neuen, geschenkten Zustand versetzt, wobei nun vom Menschen her die entsprechende Ethik, die man wegen bestimmter „Inhalte" eine christusförmige Gesinnung nennen müßte, hinzukäme, vielmehr hat das Leben im Glauben eine spezifische „Christus-Förmigkeit" im Sinne einer inneren Gestalthaftigkeit. So ist es jedenfalls von Paulus verstanden, wenn er sagt: „Mit Christus bin ich gekreuzigt worden. Nicht mehr ich lebe, es lebt aber in mir Christus" (Gal 2,19f.). Das ist die kürzeste Summe aller paulinischen „Mit-Christus"-Aussagen, worin das „Mit" noch überboten wird.

Dabei nehmen die auf die Taufe bezüglichen Aussagen den ersten Rang ein. Nach Röm 6 (und Kol 2) ist in der Taufe eine höchst reale Gleichgestaltung des Täuflings mit Christus und mit dessen Schicksal geschehen: „wir wurden mitbegraben mit ihm durch die Taufe in den Tod" (Röm 6,4a), „wir sind verwachsen mit dem Bild bzw. der Gestalt seines Todes" (Röm 6,5a), „unser alter Mensch wurde mitgekreuzigt" (Röm 6,6a; vgl. Gal 2,19); dem

---

96 Kuss, Der Römerbrief 320–323.
97 Kuss, Der Römerbrief 324; vgl. 323ff.
98 Ebd. 320.

Mitsterben korrespondiert das Mitauferstehen (Röm 6,4b.5b.8b; vgl. Kol 2,12f.; 3,1): „So sollt auch ihr euch als solche betrachten, die tot sind für die Sünde, lebend aber für Gott in Christus Jesus" (Röm 6,11). – Wir lassen uns hier nicht auf die wichtige Frage ein, wie dieses Geschehen der Taufe nach der Vorstellung des Paulus zu denken sei, auch nicht, wie nach seinem Denken das sakramental Geschehene sich des Näheren zum konkreten, praktischen Verhalten des Christen kausativ oder wie immer verhält. Wir ziehen mit Paulus die unmittelbare Konsequenz, daß sich das Mitgestorbensein und Mitauferwecktsein in der Taufe zu einem neuen Leben nun in einem tatsächlichen „Lebendigsein für Gott" bewährt, welches die Konturen von Sterben und Neu-leben an sich trägt (Röm 6,11–13); „oder, um im Bilde zu bleiben, er [der Christ] muß den Tod, den er mit Christus schon erlitten hat, ‚realisieren‘ in einem fortwährenden ‚Töten‘ (z. B. Röm 8,13b; vgl. Kol 3,5; …), das aus dem neuen Lebendigsein folgt"[99]. Das Mitauferstehen bzw. Mitverherrlichtwerden gibt es nicht über Jesu Sterben allein, sondern über Jesu Sterben und das Mitsterben mit ihm: „Wenn wir mitleiden, damit wir auch mitverherrlicht werden" (Röm 8,17). Die Auferstehung als Endverherrlichung ist eine Folge des Mitleidens mit Christus; sie will beim Menschen wie bei Jesus im Durchgang durch den Tod als existentielles – nicht nur sakramentales und auch nicht nur biologisches – Mitsterben mit Christus erlangt werden. Damit ist „die aus dem Taufgeschehen hervorgehende eschatologische ‚Lebensgemeinschaft‘ mit Christus gemeint oder die nachvollziehende Teilnahme der Glaubenden an dem heilschaffenden Wege Jesu Christi von Leiden zur Herrlichkeit, die bis zu einer Gleichgestaltung mit dem Wesen des verherrlichten Jesus Christus führt."[100] Sein Weg wird nachgegangen, er „spiegelt" oder „wiederholt sich" oder „setzt sich fort" im Weg der Glaubenden, deren Weg Paulus ein „Mitsterben" nennt, welches im „Mitsterben" oder „Mitgestorbensein" schon des neuen Lebens und des „Mitauferstehens" sicher sein darf. „Das Fundament ist durch Christus gelegt, er ist den Heilsweg zuerst und grundlegend gegangen, den wir ‚mit‘-gehen – als ‚Miterben‘ bis zur Besitznahme des Erbes, bis zum ‚mitverherrlicht werden‘. In dem Mit-Christus steckt grundsätzlich mehr oder weniger immer auch ein kausales Element, in dem ‚mit ihm‘ ein ‚durch ihn‘, in dem ‚wie er, so auch wir‘ immer auch ein ‚weil er, deshalb auch wir‘."[101]

---

99 Kuss, Der Römerbrief 325.
100 Ebd. 323.
101 Ebd. 321.

Wir vergessen hier nicht das Unvergleichliche des Weges Jesu, aber wir sprechen im Rahmen dieser Überlegungen, in denen wir den Weg des Christen interpretieren wollen, vorwiegend von der Parallelität zwischen seinem und der Glaubenden Weg, auf die es Paulus entscheidend ankommt. „Das Leben des Glaubenden und Getauften wird also dem Leben Jesu Christi angeglichen, das konkrete Existieren des Heilsbedürftigen und Heilsuchenden in diesem Äon dem konkreten Existieren des Heilbringers, der Weg des ‚Heilandes' ist auch der Weg des an ihn Glaubenden zum Heil."[102] In vielen Variationen denkt Paulus diesen Gedanken. In schwieriger Situation schreibt er an die Philipper: „Dahin geht mein Harren und Hoffen, daß ich in keiner Weise zuschanden werde, sondern daß Christus in allem Freimut wie immer, so auch jetzt an meinem Leib verherrlicht werde, sei es durch Leben, sei es durch Sterben. Denn Leben ist für mich Christus und Sterben Gewinn" (Phil 1,20f.). Wie die genannten Texte, so ist auch 2 Kor 13,4 „davon bestimmt, daß zwischen dem Weg des Christus und dem Weg der Gemeinde eine von ihm hergestellte Parallelität besteht."[103]

Mit Akzentverschiebungen setzt sich dieses Theologumenon des „Mit-Christus" in Kol und Eph fort: „... als ihr mit ihm in der Taufe begraben wurdet; in ihm seid ihr mit auferweckt durch den Glauben an die Kraft Gottes, die ihn von den Toten erweckt hat. Und ihr, die ihr durch die Fehltritte und die Unbeschnittenheit eures Fleisches tot wart, euch hat er mit ihm lebendig gemacht, indem er uns alle Fehltritte vergab" (Kol 2,12f.; vgl. 2,20; 3,1). Das „Mit-Christus" ist in der Taufe grundgelegt, es bewährt sich im gegenwärtigen Wandel und vollendet sich (Kol 3,3f.) in der Parusie. Formelhaften Charakter zeigt bereits Eph 2,4–6: „Gott ... hat auch uns, die wir tot waren durch die Übertretungen, mit-lebendig-gemacht mit Christus ... und er hat uns mit-erweckt und mit-eingesetzt in der Himmelswelt in Christus Jesus". Von Taufe und Parusie ist hier nicht mehr die Rede; der Mitvollzug „mit Christus" setzt hier offensichtlich erst mit der Auferweckung ein, nicht schon im Sterben.

Ohne alle in diesem Sinn redenden Paulusstellen aufzählen zu müssen, stehen wir nun ähnlich wie früher schon im Zusammenhang der Evangelien-Überlieferung vor dem Vokabular von Kreuz, Sterben, Tod und Leiden, mit welchem das Christsein als Weg in der Nachfolge des Weges Jesu beschrieben wird. Und wir fragen nun doch, ob es eine Deutung der christlichen Glau-

102 Kuss, Der Römerbrief 326.
103 Grundmann, σύν – μετά κτλ. 784.

bens-Existenz nur dort gibt, wo die Welt und das Leben als nichts anderes erfahren wird denn als Leid, Widerfahrnis, Scheitern und Vergeblichkeit, worin im Glauben das Trotzdem des Lebens und der Auferstehung gewagt wird. Wir werden wohl mit Fug und Recht noch einmal sagen müssen, daß die biblische Sprache hier sehr stark von der Situation des schwierigen Anfangs, der verfolgten Minderheit, der immer wieder scheiternden Missionsarbeit und der durch viele Widerwärtigkeiten erschwerten Verkündigung diktiert ist, und speziell daß hier der Apostel schreibt, der dies alles Tag für Tag auf intensive Weise am eigenen Leib erfährt: „Allezeit tragen wir Jesu Todesleiden an unserem Leibe, damit auch das Leben Jesu an unserem Leibe sichtbar werde. Denn ständig werden wir in unserem Leben dem Tod preisgegeben um Jesu willen, damit auch das Leben Jesu sichtbar werde an unserem sterblichen Fleisch. So ist der Tod an uns tätig, das Leben aber an euch... Wir wissen ja, daß derjenige, der Jesus auferweckt hat, auch uns mit Jesus auferwecken und uns zusammen mit euch zu sich hinführen wird" (2 Kor 4,10–12.14). Und dieses paulinische Wort vom Mitsterben mit Christus, das sich an den Christen vollzieht bzw. von ihnen vollzogen wird, begegnet bezeichnenderweise in späteren Schriften gerade anläßlich der Paränese zum Aushalten unter erschwerten Bedingungen bzw. anläßlich ausdrücklicher Verfolgungs- und Martyriensituation. So 2 Tim 2,11f.: „Zuverlässig ist ja das Wort: Wenn wir nämlich mitgestorben sind, werden wir auch mitleben, wenn wir aushalten, werden wir auch mitherrschen." Oder anders 1 Petr 4,13: „Freut euch, daß ihr dadurch (sc. durch die Verfolgung) an Christi Leiden Anteil habt, um auch bei der Offenbarung seiner Herrlichkeit euch freuen und frohlocken zu können." Das Mitleiden mit Christus und die Ähnlichkeit darin mit ihm nahm und nimmt in diesen Situationen sehr greifbare Formen an. Welchen Wert behält aber die hier gesprochene Sprache, die unter solchen Bedingungen artikulierte Theologie, für das Selbstverständnis des christlichen Glaubens allgemein?

Zweierlei hauptsächlich dürfte dazu zu sagen sein. Zunächst dies: Das christliche Welt- und Selbstverständnis in der Epoche der apostolischen Kirche ist sicherlich nicht einfachhin das unsere. Der Schwerpunkt liegt – außer durch die feindliche Resonanz der Umwelt sicherlich auch veranlaßt durch bestimmte apokalyptische Vorstellungen – tatsächlich in der hier sich andeutenden Richtung. Doch muß hinzugefügt werden, daß auch ein Paulus seinen umfassenden Blick für die Wirklichkeit und sein intensiv, durchaus nicht einseitig gelebtes Leben und dessen Erfahrungen hat. Wir müssen immer wieder in Stichworten sprechen und zitieren für das Gemeinte kurzum einen Passus aus dem Philipperbrief: „Ich weiß mich in die Not, ich weiß mich aber auch in den Überfluß zu schicken, – mit allem und jedem bin ich vertraut, satt sein und hungern, Überfluß haben und Mangel. Ich vermag alles in dem, der mich stärkt" (Phil 4,12f.). Im selben Brief hatte Paulus wiederholt: „Ihn (Christus) will ich erkennen und die Kraft seiner Auferstehung und die Gemeinschaft mit seinem Leiden, seinem Tode gleichgestaltet (συμμορφιζόμενος τῷ θανάτῳ αὐτοῦ), ob ich etwa zur Auferstehung von den Toten gelangen kann" (Phil 3,10f.). Den Glauben als Mitleiden und Mitsterben zu umschreiben, ist nicht identisch mit Resignation und weit entfernt von einer sakramentalen Mystik, auf die man sich beruhigt verläßt: „Nicht als hätte ich es schon erfaßt oder wäre bereits vollendet; ich strebe aber danach, es zu erfassen, weil ich selbst auch von Christus erfaßt bin. Brüder, ich bilde mir noch nicht ein, es ergriffen zu haben, aber eines (und darin nun wieder die Wegsymbolik): Was hinter mir liegt, das vergesse ich; ich strecke mich aus nach dem, was vor mir liegt, ich jage dem Ziele nach, dem Siegespreis der Berufung von oben her, von Gott in Christus Jesus" (Phil 3,12–14). – Den Glauben als Mitleiden und Mitsterben zu umschreiben, ist ebenfalls nicht identisch mit pessimistischer Perspektive, denn diese Deutung ist im paulinischen Sinn begleitet von der Zuversicht und der Freude: „Im übrigen, meine Brüder, freut euch im Herrn. Das euch immer wieder zu schreiben, ist mir nicht zuviel" (Phil 3,1).

Und eine zweite Anmerkung zur paulinischen Terminologie des Mitsterbens etc.: Es bleibt dabei, daß in dieser Sprache die frühen Christengemeinden zu einem Großteil in sehr wörtlichem Sinn ihre eigene Lage und Schwierigkeit wiederfanden und sinngedeutet sahen, was im gleichen Ausmaß für uns kaum mehr zutrifft. Das mag Anlaß sein, diese Begrifflichkeit doch noch einmal auszulegen, um mit ihr den Weg des Christen bleibend und auf eine für unser Denken durchsichtigere Weise zu deuten. Dazu sollen sogleich noch einige Anmerkungen gemacht werden. Vorher ist aber wohl doch sehr zu bedenken, ob die Begrifflichkeit von Kreuz und Leiden, Sterben und Tod tatsächlich an sich schon eine einseitige Perspektive des Verhaltens zur Welt verrät bzw. bedingt. Das frühe Christentum empfand sehr lebhaft, daß Jesu Weg nicht zufällig so verlief, wie es der Fall war. Der Weg, der ein gangbarer und sinnvoller in dieser Welt sein soll, muß wirklich durch diese Welt mit dem, was sie ist, hindurchführen, ohne sie zu umgehen und zu ignorieren. Denn hier muß ja der Mensch gehen und hier seinen Weg finden. Und dankbar erkannte die frühe Kirche, daß ihr in Jesus ein Weg gerade in den unausweichlichen Realitäten dieser Welt, nicht daran vorbei, gezeigt wurde. Unwegsam und ausweglos wird das Leben für den Menschen gerade dort, wo seit Jesus der Weg ist, nämlich in der Frage nach dem Sinn des menschlichen Lebens angesichts des Leidens, des Scheiterns, der Vergänglichkeit, des Todes des einzelnen. Die andere Seite des Lebens, nämlich alles Beglückende, Schöne, Befreiende, Ermutigende und Begeisternde steht ja doch immer in der Einklammerung durch die letzte Frage nicht nur nach dem Woher und Wohin, sondern nach dem Woher und Wohin angesichts einer Welt, die dieses Antlitz trägt, das sie uns täglich von irgendeiner Seite her zukehrt, – im eigenen oder in anderer Menschen Leben und Schicksal. Wenn man dies bedenkt, wird man mit größerer Vorsicht, vor allem aber mit besserem Verstehen der biblischen Theologie des Glaubens als des Mitsterbens mit Christus gegenüberstehen. Diese Aussage heißt ja nicht, der Christ müsse sich Leid, Verfolgung, Widerstände und Tod suchen, um ein Christ sein zu können. Sie bedeutet, daß das menschliche Leben und diese Welt in ihrer Realität, in der sie sich zeigen, für den Glauben einen Sinn erkennen lassen, der ihnen dadurch zukommt, daß Christus Jesus „Knechtsgestalt annahm und Menschen gleich wurde ... wie ein Mensch erfunden ... erniedrigt, gehorsam geworden bis zum Tode" (Phil 2,7f.), wie es in einem der ältesten Christuslieder, die wir kennen, heißt. Leben und Tod sind nicht mehr, was sie waren, weil Jesus gelebt hat und gestorben ist. In der Niedrigkeit erkennt der Glaube an ihn und seinen Weg nicht mehr Vergeblichkeit, sondern „Herrlichkeit", im Tod nicht mehr ein dunkles Rätsel, sondern schon die „Auferstehung". Das ist der Sinn der eigentümlichen biblischen Eschatologie des „Schon" und „Noch nicht" und des paulinischen „ὡς μή – als ob nicht" (1 Kor 7,29–31). Und diese biblische Theologie des Kreuzes als eine Theologie des Weges – hier Jesu, dort der Christen – hat eminente Bedeutung für eine Theologie des Todes, der Hoffnung und des christlichen Lebens „Tag für Tag (καθ' ἡμέραν)", wie Lk 9,23 sagt.

Zur Hoffnung ist der Bezug sehr unmittelbar: „eben deshalb, weil die Leiden der Gegenwart als Nachvollzug der Leiden Jesu Christi verstanden werden, erwächst gerade aus dem Leiden Hoffnung: der Weg Jesu Christi, auf dem der Glaubende und Getaufte als Leidender geht, wird auch mit Christus zu Ende gegangen, und das heißt nichts anderes, als daß die Leiden dieses Äons der unumgängliche Durchgang zu Auferstehung, Leben und

Herrlichkeit sind."[104] Der Glaube, der sich auf Jesu Weg weiß, hat allen Grund, selbst dort Hoffnung zu schöpfen, wo nur Rätselhaftigkeit und Aussichtslosigkeit zu erblicken ist, denn er kennt ja den Verlauf des Weges Jesu. Er erkennt die Gestalt des Lebens in dieser Welt gerade als die Möglichkeit, sie im Glauben die Gestalt des Mitsterbens mit Christus sein zu lassen. Paulus jedenfalls meint es so realistisch. Er erinnert beispielsweise in einem biographischen Rekurs an alles, was ihm widerfuhr an Widerwärtigkeiten (z. B. 2 Kor 11,23–33); er verweist auf die äußere Unscheinbarkeit der korinthischen Kirche in ihrer soziologischen Zusammensetzung (1 Kor 1,26–29) und dgl. mehr, um zu sagen, daß in all dem nicht ein Unglück, sondern die Gestalt des Christusglaubens sich abzeichnet. Je deutlicher die Konturen des Kreuzes, desto näher die Auferstehung – das ist des Paulus und in jeweils verschiedener Ausformulierung auch der übrigen biblischen Schriften Grund zur Hoffnung, weil immer Jesu Weg nicht als die Ausnahme, sondern als der Weg aller gilt. „Entscheidend ist: das σὺν Χριστῷ als Ausdruck der Hoffnung ist in der zwischen dem Christus-Weg und dem Weg des Apostels und der Gemeinde bestehenden Parallelität begründet."[105] Jesu Weg wird im Neuen Testament – um es noch einmal so zusammenzufassen – nicht als isolierte Ursache der Erlösung in dem Sinn verstanden, daß er einen Sühnetod starb, dessen Frucht den Menschen zugewendet würde, ohne daß zwischen der Art dieser Erlösung und dem menschlichen Heil eine andere Entsprechung bestünde außer der von Ursache und Wirkung. Sondern sein Weg ist der Weg aller im doppelten Sinn: Er ist den Weg allein gegangen durch dieses Leben und dessen Tod hindurch; weil er ihn aber gegangen ist, ist er nun der Weg aller als Möglichkeit; er ist als Heilsweg eröffnet, daß ihn alle gehen. In der Sprache des Hebräerbriefes lautet diese Hoffnung so: „Wir haben nun … Zuversicht für den Weg in das Heiligtum hinein durch das Blut Jesu" (Hebr 10,19).

104 Kuss, Der Römerbrief 326.
105 Grundmann, σύν – μετά κτλ. 784.

c. Das Wegziel

Im Zusammenhang mit der Hoffnung steht die Nennung des Wegzieles, welches seinerseits als das Ankommen am Ende des Weges und als Ausgang der Wanderung in verschiedenste Bilder gekleidet wird. Dazu wiederum einige Zeugnisse, welche die Vielfalt der biblischen Redeweise im Zusammenhang der Weg-Terminologie dokumentieren. Und gerade bezüglich der „Zielangabe" muß man sich Bildcharakter und Symbolfunktion der Worte sehr bewußt halten.

Der Weg mündet nach Joh 14 in jenen „Ort" ein, wohin Jesus selbst nach seinem Scheiden gehen wird; wer weiß, wohin Jesus geht, der weiß den Weg (Joh 14,4f.). Dieser „Ort" ist als „das Haus meines Vaters" umschrieben, das am Ende des Weges als Ziel dasteht und viele „Bleiben" bietet, worin alle ihren „Platz" finden, den zu bereiten Jesus vorausgegangen ist (Joh 14,3). Wenn Jesus den Weg dorthin vollendet hat, wird er wiederkommen und auf dem Weg, der er selbst ist (Joh 14,6), die Seinen dorthin holen, wo er ist (Joh 14,3). Das Wegziel ist also als ein „Bleiben", als ein Geborgensein im Haus des Vaters und als Aufenthalt in der Gegenwart Christi dargestellt.

Der Hebräerbrief drückt sich – wiederum unter dem Einfluß seiner alttestamentlichen Typologie – so aus: „Darum hat auch Jesus ... außerhalb des Tores gelitten (wo man die Kadaver der Opfertiere verbrannte: Lev 16,27). Daher wollen wir zu ihm hinausgehen, außerhalb des Lagers, und seine Schmach tragen. Denn wir haben hier keine Stadt, die bleibt, sondern trachten nach der kommenden" (Hebr 13,13f.). Hier interessiert nur diese Übertragung von Christus auf die Christen. Weil Christus „außerhalb des Tores" gelitten hat, gilt für die Christen ein paralleles „Auswandern". Wiederum ist der Glaube als Unterwegssein verstanden. Ein Weg ist zurückzulegen. Der jetzige und der erhoffte künftige Zustand des Menschen werden unter dem Bild (!) der räumlichen Veränderung gesehen, als zwei Regionen, zwischen denen ein Weg liegt, der durchschritten werden muß. Hier ist es der Weg aus einer Stadt ohne Zukunft in die „kommende Stadt", die „bleibt". Das „Außerhalb", in das hinein der Weg mit Jesus führt, meint zunächst die Region der Schande, des Kreuzes, ist aber durch den Zusammenhang bereits zum Inbegriff des „anderen" ausgeweitet, im Sinn des Gegensatzes zum „Hiesigen".[106] Die ganze Vorstellung ist beherrscht von dem Gegensatz „Hier" und „Dort", Gegenwart und Zukunft, Vergänglich-Aussichtsloses und Bleibend-Beglückendes. Aus der einen Region in die andere hinüber führt der „Weg", der als Glaube und als Wandel im Glauben zu gehen ist. Für den Hebräerbrief verläuft er im „Außerhalb", d. h. in der Region der Verfemung, der Ausstoßung, des Skandalon des Kreuzes, in der sich seine Gemeinde offenbar auf aporetische Weise erfährt. Unter dem Bild der „Stadt" und des „himmlischen Jerusalem" sieht auch Hebr 12,22 dasselbe Wegziel des Glaubens. Man trifft auf eine Häufung von Bildern: „Ihr seid hinzugetreten zum Berge Sion und zur Stadt des lebendigen Gottes, dem himmlischen Jerusalem, und Myriaden von Engeln, zur Festschar und Gemeinde der Erstgeborenen, die im Himmel aufgeschrieben sind, und zu dem Richter aller, Gott, und zu den Geistern der vollendeten Gerechten und zu dem Mittler des neuen Bundes, Jesus, und zu dem Blute der Besprengung, das mächtiger redet als Abel" (Hebr 12,22–24). Dieser Text, der in seinen Einzelheiten nicht einfach zu deuten ist, zeigt noch etwas Weiteres. Das Thema des bereits gegenwärtigen (nicht nur zukünftigen) Heils, der präsentischen Eschatologie, welches zum Grundbestand der neutestamentlichen Theologie gehört, findet sich hier auch in der Weg-Terminologie ausgedrückt. Das Ziel des Glaubensweges ist nicht schlechthin zukünftig, nur von ferne in Sicht, sondern zugleich schon erreicht: „Ihr seid hinzugetreten ...", d. h. bereits am Berge angelangt, schon in die Stadt eingezogen, schon in die Festschar der Feiernden aufgenommen. So spricht der Hebräerbrief, der seine Kirche so müde und matt auf dem Wege sieht und noch längst nicht „angekommen" weiß. Das ist die paradoxe Redeweise des Neuen Testamentes über Gegenwart und Zukunft des Heils. Hier ist sie so gewendet, daß im Weg schon das Ziel präsent ist. Wer sich aufmacht, der hat es schon erreicht. Wer sich auf den Weg locken läßt, den läßt Gott schon im Gehen die Freude des Ankommens erfahren. Das ist der Hintergrund dieser Paränese. Die Zusage und Vorwegnahme des Ziels verpflichtet die Wandernden aber gerade zum „Gehen" und zum Einhalten des Weges. Wie die alttestamentlichen Glaubenszeugen sollen sie angesichts der (nun nicht mehr, wie im Alten Testament, nur von ferne sichtbaren, sondern schon gegenwärtigen) Verheißung bekennen, „daß sie Fremdlinge und Zugewanderte sind auf Erden" (vgl. Ps 39,13b). „Denn die solches sagen, tun kund, daß sie ein Vaterland suchen" (Hebr 11,13c–14). Die biblischen Vorbil-

---

106 Vgl. Kuss, Der Brief an die Hebräer 220.

der meinten aber nicht ein irdisches Vaterland, sondern „trachteten nach einem besseren, d. h. nach einem himmlischen. Darum schämt sich Gott ihrer nicht, ihr Gott zu heißen; denn er hat ihnen eine Stadt bereitet" (Hebr 11,16). Wer im Sinne des Glaubens „unterwegs" ist, bezeugt damit, daß er um ein anderes „Vaterland" weiß, sonst würde er nicht in diese Richtung gehen, und daß er bereits in der „Stadt" lebt, auf die er zuwandert. Diese Gewißheit um das Ziel nimmt aber dem Weg nicht seine Gefahr. Das Ziel kann verfehlt werden. Mit der Sorge, Ungewißheit und Unsicherheit des Weges kontrastiert das Bild der „Ruhe", unter dem nun im Anschluß an Ps 95,7–11 das Ziel dargestellt wird. Die bewegte, gefährdete Wanderung mündet ein in die „Ruhe Gottes": „Fürchten wir uns also, daß nicht etwa einer von euch zurückgeblieben erscheine, während die Verheißung, in seine Ruhe einzugehen, (noch) aussteht" (Hebr 4,1). „Ruhe" ist hier der Inbegriff der Vollendung und des Heils[107]. Am Weg und am Versagen Israels ist aber abzulesen, daß diese Ruhe nicht auf Grund der Berufung allein über den Menschen kommt, sondern notwendig den Glauben voraussetzt, denn das Wort der Predigt hilft nur, wenn es „sich durch den Glauben mit den Hörern verbindet"; das neue „Heute" des Heils, das Gott auf alles Zurückbleiben der Menschen hin festgesetzt hatte, ist jetzt Wirklichkeit geworden (Hebr 4,2–10; vgl. 3,11.18). Die von Gott zugesagte „Ruhe" will auf dem Wege des Glaubens erreicht und gefunden werden. Dasselbe sei nun noch einmal in der Diktion des Paulus gezeigt: „Wenn aber Kinder (Gottes), dann auch Erben, Erben Gottes, aber Miterben Christi, wenn wir nämlich mitleiden, damit wir auch mitverherrlicht werden" (Röm 8,17). In diesem Ziel behält Jesus Christus seine Rolle als derjenige, dem der Weg verdankt wird, wenn er genannt wird „der Erstgeborene (πρωτότοκος) unter vielen Brüdern" (Röm 8,29), in dem Sinn nämlich, daß er ist „der Erstgeborene aus den Toten, damit er in allem den Vorrang habe" (Kol 1,18; vgl. Offb 1,5), „der Erstling (ἀπαρχή) der Entschlafenen" (1 Kor 15,20). Darin ist er der Unvergleichliche, aber gerade als einer von den Menschen, die denselben Weg nachgehen.

---

107 Dazu ausführlich Käsemann, Das wandernde Gottesvolk 40–45.

d. Der „ausgezeichnete Weg"

Die christliche Hoffnung und Zielvorstellung, die sich so artikuliert, wie es in den genannten Zeugnissen geschieht, scheint nun bereits völlig jenseitsorientiert zu sein, ihren Blick nicht auf diese Welt, sondern ausdrücklich von ihr weg zu wenden. Daß das frühe (und auch spätere) Christentum in diesem Punkt eine für unser Empfinden einseitige Sprache spricht, sollte nicht geleugnet und muß auch nicht verschwiegen werden. Das Weltverständnis und Weltverhältnis des Christen, wie es in unseren Tagen recht neu reflektiert wird, kam für die Frühzeit unmöglich schon in dieser Weise in den Blick, was ja nicht nur für die Theologie- und Glaubensgeschichte, sondern für die Geistesgeschichte insgesamt zutrifft. Daraus deklassierende oder gar anklagende Urteile abzuleiten, verrät ein bedauerliches Unvermögen in der geschichtlichen Beurteilung früherer Situationen und Epochen. Wir können hier lediglich auf sehr abgekürzte Weise anmerken, daß das Neuen Testament und das frühe Christentum den entscheidenden und alles in Bewegung setzenden Impuls zum christlichen Weltengagement unüberhörbar in dem eminenten Rang gegeben hat, den es der mitmenschlichen Liebe einräumt. Wodurch sollte dieser Appell überboten werden gerade im Hinblick auf die Weltverantwortung? Der Glaube, der den Menschen scheinbar von der Welt desorientiert, verpflichtet in der Liebe, in der er „wirksam wird" (Gal 5,6), auf den Bruder. Und was verpflichtet intensiver auf die Welt als die Verpflichtung auf den Menschen? Es kann sich für die Christen nicht zuerst darum handeln, das Versagen in diesem Punkt an der Geschichte zu verifizieren, sondern dieser Verpflichtung situationsgerecht, also auch jeweils dem Weltverständnis angemessen, zu entsprechen. Wir sprechen hier von der christlichen Liebe – wie von allen angerührten Themen – nur insofern, als sie in den alten Zeugnissen mit der Weg-Terminologie verbunden wird. An entscheidender Stelle des ersten Korintherbriefes begegnet ein Wort, über das hinaus eigentlich nichts gesagt werden muß. Nachdem Paulus von der gro-ßen Fülle charismatischer Begabungen und Aufträge in der Kirche gesprochen hat (1 Kor 12) – durchaus nicht um sie abzuwerten, sondern um ihren geordneten, erbauenden Gebrauch zu veranlassen –, fordert er auf: „Eifert nach den vorzüglicheren Charismen!" (1 Kor 12,31a). Es gibt also eine

Rangfolge. Der Eifer um Fähigkeiten, Begabungen und Funktionen, die der Mensch für sich wünscht, wird geradezu ermutigt, um aber mit einem Schlag relativiert zu werden und seinen angemessenen Ort zugewiesen zu bekommen: „Einen noch ausgezeichneteren Weg will ich euch zeigen (καὶ ἔτι καθ᾽ ὑπερβολὴν ὁδὸν ὑμῖν δείκνυμι)" (1 Kor 12,31b), und es folgt das 13. Kapitel des 1. Korintherbriefes, das sog. „Hohelied der Liebe", die darin „das Größte" genannt wird (1 Kor 13,13). Die Liebe ist der Weg des Christen, ohne den alle anderen Schritte ein nutzloses Aufbrechen und ein zielloses Gehen sind. – Und alle diejenigen, die diesen Weg gehen, sind dadurch untereinander auf besondere Weise verbunden. Was anderweitig durch Begriffe wie Bruder, Gemeinde, Gemeinschaft, Liebe o.a. gesagt ist, lautet in der Weg-Terminologie so, wie man es bei Ignatius von Antiochia, also kurz nach der Wende zum 2. Jahrhundert, findet: „Ihr seid also auch alle Weggenossen (σύνοδοι)" (IgnEph 9,2). Zusammen auf dem Weg zu sein, ist also ein Merkmal und Attribut der Christen, so lange alle zusammen den Weg beherzt gehen.

Dieser Gedanke hat seinen tiefen Grund. Der gemeinsame Weg – wir sagten es schon wiederholt – ist im Christentum mehr als eine einheitliche Ethik, mehr als die Befolgung derselben Gebote und auch mehr als das Bekenntnis zu denselben Glaubensinhalten. Wir fanden früher bereits, daß im Zwei-Wege-Schema einiger altchristlicher Schriften das Liebesgebot an hervorragender Stelle steht. Deutlicher finden wir bei Ignatius von Antiochia den „Weg" des Glaubens als die Liebe gedeutet. Dem eben zitierten Wort von den Christen als den „Weggenossen" geht folgende Wendung unmittelbar voraus: „Euer Glaube ist euer Geleiter nach oben (ἀναγωγεύς), die Liebe ist der Weg (ἡ δὲ ἀγάπη ἡ ὁδός), der zu Gott hinaufführt" (IgnEph 9,1). Nach diesem Wort also wäre die Gemeinschaft der suvnodoi auszulegen. – Und zum Wesen der Liebe und ihres Anspruches muß man sich an Jesu Beispielerzählung vom barmherzigen Samariter erinnern, mit welcher er die Frage: „Wer ist denn mein Nächster?" beantwortet: Auf dem Wege (zwischen Jerusalem und Jericho) muß man damit rechnen, seinen „Nächsten" zu finden, und man muß bereit sein, ihn dort zu erkennen (Lk 10,30–35).

Eine ausdrückliche Zusammenfassung erübrigt sich. Die Zeugnisse – gerade die zuletzt genannten – sprechen hinreichend deutlich und durchsichtig und konzentrieren alles über den Weg des Christen Gesagte auf unübertreffliche Weise in sich. So meint die Rede vom Glauben als einem Weg, und zwar als dem Weg mit Christus im „Mitleiden", „Mitsterben", „Mitauferstehen", im Grunde nichts anderes und nichts Einfacheres als die Annahme des Lebens selbst, worin der Weg Jesu angenommen ist: das Leben anzunehmen von Gott als ein Leben zum Tode, als ein Leben zur Freude und zur Hoffnung in der Liebe, weil Er es gelebt hat und darum der Weg ist. Was das bedeutet, entwirft man sich nicht theoretisch, sondern man erfährt es auf dem Weg, wie ein Paulus, der vor Damaskus auf dem Wege sich überwältigen und ergreifen ließ, um augenblicklich einen neuen Weg zu gehen; wie die Emmausjünger, denen „das Herz brannte", als er „auf dem Wege" mit ihnen redete und ihnen die Schrift aufschloß, und die dann hingingen und anderen davon erzählten, was „auf dem Wege (ἐν τῇ ὁδῷ)" (Lk 24,32.35) ihnen geschehen war.

Der Glaube als Zeugnis

1. Die Geschichte und das Zeugnis vom Heil

Der Glaube im biblischen Begriff des Wortes versteht sich von einem geschichtlichen Voraus und Woher, vom Wort des sich in der Geschichte offenbarenden Gottes her. In der jüngsten und dann entfernteren Vergangenheit wurde Gottes „Hand" spürbar wirksam erfahren. Sie beanspruchte und weckte den Glauben der von der Offenbarung betroffenen Menschen. Nicht als ob der Glaube der Späteren ausschließlich aus dem Rückgriff auf einst Geschehenes und nur Gewesenes lebte und keine Gegenwart des „Heils" in einer auch jetzt erfahrenen Nähe Gottes kennte und ferner von der Zukunft nichts anderes erwartete, als daß in ihr das Geschehene seine Bedeutung behaupte. Jedoch gründet für die biblische Überlieferung das Leben in der Gegenwart als in dem Kairos der Epiphanie Gottes sowie die Hoffnung auf eine Zukunft des Heils zuerst und bleibend im Glauben an die als Heilsgeschichte erfahrene Vergangenheit, die im Bekenntnis gepriesen wird. Gott hat sich in nennbaren Geschehnissen und durch bestimmte Menschen geoffenbart. Epiphanie Gottes wird als Geschichte erfahren.[1] Dabei ist deren „Ablauf" nicht linear noch nivelliert. Es gibt unverwechselbare Epochen, die in ihrem qualitativen Rang und Offenbarungscharakter nicht eingeholt werden, vielmehr Ursprung sind und somit bleibende Basis der Glaubensüberlieferung wurden. Der gegenwärtige Glaube beruft sich auf sie und versteht sich selbst als den Erweis jener Vergangenheit als der erlebten und gelobten „Taten" Gottes. Die Kategorie des Zeugnisses stellt sich also sehr bald und an zentraler Stelle des biblischen Glaubensverständnisses ein. Der jetzige Glaube, konkreter die Glaubensgemeinde selbst ist als Zeichen die lebendige Bezeugung des Geschehenen, das heißt geschehener Offenbarung.

Auf dem Hintergrund dieses biblischen Geschichts- und Zeitverständnisses ist die biblische Sprache vom Zeugnis des Glaubens zu lesen. Der Glaube

---

1 Vgl. dazu Schlette, Epiphanie als Geschichte, München 1966.

selbst ist in seiner Greifbarkeit das sichtbare Zeugnis und erweist Gottes Offenbarung als in der Gegenwart mächtig.

In der elementaren Vorstellung der prophetischen Rede spricht sich das bei Deutero-Jesajas auf eine Weise aus, welche diese Texte geeignet macht, an ihnen das entscheidende Vorverständnis für den biblischen Gedanken vom Glauben als Zeugnis zu gewinnen. Die Texte setzen eine prozeßähnliche Situation zwischen dem Gott Israels einerseits und den Götzen der „Heiden"-Völker andererseits voraus. In diesem Prozeß hat Gott seinen Zeugen: Jes 43,9–12; 44,8:

9 Alle Völker sollen zusammenkommen!
Die Stämme sollen sich sammeln!
Wer unter ihnen kann solches verkünden,
Früher Vorausgesagtes uns hören lassen?
Sie sollen Zeugen stellen, ihr Recht zu erweisen,
Daß man höre und sag': Es ist Wahrheit!
10 Ihr seid meine Zeugen – Spruch des Herrn –
Und mein Knecht, den ich erwählte.
Damit ihr erkennt und mir glaubt.
Und einseht, daß ich es bin ...
12 Ich hab' es verkündet und Rettung gebracht.
Ich hab' von mir hören lassen,
Als noch kein fremder Gott bei euch war.
Ihr seid meine Zeugen – Spruch des Herrn –
Und ich nur bin Gott.

44,8 ... Hab' ich's nicht längst gesagt und verkündet,
Und ihr seid mir Zeugen:
Gibt's einen Gott außer mir? ..."[2]

Israel ist dieser Zeuge, daß Gott die gegebenen Verheißungen wahr machte und Rettung brachte, daß er sich „hören ließ". Er hat sich in der Vergangenheit als überlegen erwiesen, indem er sich seinem Volk in dessen Geschicken machtvoll offenbarte. Der Weg dieses Volkes bis hierher ist der Nachweis der Macht seines Gottes. Das Zeugnis ist überwältigend, denn die Heidenvölker müssen als Gegenzeugen verstummen; ein entsprechendes Zeugnis für ihre ohnmächtigen Götzen kann nicht erstellt werden.

Fragt man, wodurch Israel zu diesem Zeugnis befähigt sei, so ist nur die Antwort möglich: durch die Herkunft aus seiner Geschichte, die zugleich der Inhalt des Zeugnisses ist. An diesem Volk selbst hat Gott sich erwiesen. Israel bezeugt seinen Gott, indem es geschehene Geschichte bezeugt. Das

2 Übersetzung nach HENNE, Paderborn ⁹1952.

Bekenntnis zur Vergangenheit, in der es Gottes Heilstaten, seine eingelösten Verheißungen erfuhr und der es sich selbst verdankt, ist das Zeugnis für seinen Gott. Gottes geschehene und geschehende Selbstbezeugung in seiner heilschaffenden Offenbarung ist der Inhalt des Zeugnisses, zu welchem er sein Volk aufruft. Israel bezeugt, daß Gott sich ihm in der vergangenen Geschichte bezeugt hat.[3] Diese Zeugenschaft nun verwirklicht Israel nicht anders als eben durch sich selbst. Das Volk selbst ist das Zeugnis als Zeichen dessen, was Gott getan hat. Man kann nämlich für den zitierten Text nicht daran denken, daß Israel Boten zu den Völkern aussenden und jenen eine belehrende Mitteilung machen soll. Dieser Gedanke kommt nirgends in den Blick. Es ist aber andererseits ein zentraler Gedanke des Deutero-Jesajas, daß Jahwes Handeln zugunsten Israels auch den Völkern nicht verborgen bleiben kann und daß diese daraufhin zu Israel sprechen werden: „Nur bei dir ist Gott und nirgends sonst, keine Gottheit außerdem" (Jes 45,14f.)[4]. Das ganze Volk als solches stellt dieses Zeugnis durch sein Dasein aus, indem es sich in Treue zu dieser Geschichte bekennt und aus ihr lebt, in welcher Jahwe sich ihm offenbarte. Aus dem Bekenntnis zur vergangenen Geschichte schöpft der alttestamentliche Glaube aber die Zuversicht für die Gegenwart wie für die Zukunft; daß Gott in ihr durchgreifend sein Volk zum Heil führt. Daher ist dieses Volk lebendes Zeugnis nicht nur als greifbare Frucht einer „Vergangenheit Gottes", die es erlebte, sondern zugleich als Beginn und Unterpfand der Zukunft Gottes, die es erwartet.

Nun versteht sich die Kirche des Neuen Testaments nach etlichen Selbstbezeichnungen als jenes Volk Gottes, das im alten Bund nie realisiert und sowohl bei den Propheten wie im nachbiblischen Judentum bereits vom vorfindlichen Faktum zum Inhalt der eschatologischen Verheißung geworden war (z. B. Hebr 8,10). Wenn sie sich die Prädikate des alttestamentlichen Gottesvolkes zulegte (z. B. 1 Petr 2,9f.; Tit 2,14; Gal 6,16; 2 Kor 6,16; Apg 15,14), dann wußte die Kirche sich in Kontinuität und entscheidender Abgrenzung zu jenem „alten" Israel. Es gibt ein neues Volk, weil derselbe Gott auf neue, unvergleichliche Weise und überbietend gehandelt hat. Wie die Kirche aber neues Volk ist, so ist sie auf eben dieselbe Weise neues Zeugnis für das inzwischen Geschehene. Sie verdankt sich selbst der neuen Selbstbezeugung Gottes in Jesus Christus. Gottes Geschichte mit den Menschen ist

---

3   Die griechische Übersetzung des Alten Testaments ergänzt in Jes 43,10 und 12: „(Ihr seid meine Zeugen,) und ich bin Zeuge".
4   Vgl. von Rad, Theologie des Alten Testament II, 262f.

vorangeschritten und in ihr „letztes", eschatologisches Stadium getreten. Die christliche Gemeinde als lebendiges Volk der Glaubenden ist – ganz parallel zu Israel und doch in unvergleichlicher Weise – lebendiges Zeugnis für Gott, denn ihre eigene „Geburt", ihr Schicksal und ihre Hoffnung bezeugen Gottes Offenbarung in Jesus Christus. Gottes neue Nähe und Epiphanie schuf sich ein neues Zeugnis in der endzeitlichen Gemeinde. Diese ist durch sich selbst Zeichen für die endgültige Offenbarung Gottes. In Ihrem Bekenntnis geschieht die Bezeugung des eingetroffenen „Endes", die völlig neue Situation, die Gott in seinem Sohn heraufführte, schlägt sich nieder in der Aussonderung eines neuen Volkes derer, die sich im Glauben diesem Ereignis öffnen. Die neue, letzte Zeit wird in ihrer Gegenwart an der Gemeinde des Evangeliums erkannt. Sie bleibt nicht Lehre oder Programm, sondern erweist sich als wirksam, indem sie sich ein Volk schafft, das in ihr lebt.

Nicht anders als Israel versteht sich das neue Gottesvolk von seiner Herkunft her. Allerdings ist es nun nicht eigentlich die lange Geschichte göttlicher Führung und Offenbarung, sondern letztlich allein das eine Ereignis aus jüngster Vergangenheit, das sich in der Existenz dieses Volkes bezeugt: In der Geschichte Jesu von Nazaret hat Gott sich geoffenbart, und Jesus war der Erstgeborene aus vielen Brüdern, die ihm folgen sollen (Röm 8,29; vgl. Kol 1,15.18; Offb 1,5). Die Gemeinde der Brüder stellt durch sich selbst, durch ihre „Geburt", den Erstgeborenen dar. Kreuz und Auferstehung Jesu Christi sind in ihrer Realität daran ablesbar, daß es diese Gemeinde gibt. Die Kirche weiß sich mit Israel aus derselben „Nacht" hergekommen, in der Gott die Wende brachte. Sie besingt im Gesang des „Exultet" die Osternacht als die eine und selbe Nacht, in welcher die Rettung aus Ägypten wie auch die Auferstehung geschah: „in der du einst unsere Väter, Israels Kinder, aus Ägypten geführt hast", „die das Dunkel der Sünde durch das Leuchten der Feuersäule verscheucht hat", „in der Christus die Bande des Todes zerriß und siegreich vom Grabe erstand", „die heute auf der ganzen Erde alle, die an Christus glauben, ... der Gnade zurückgibt". Jetzt aber ist sie zur Nacht geworden, die jenen „Morgenstern" sehen wird, „der keinen Untergang kennt".

Wie Israel mit seiner Geschichte und durch sich selbst der Zeuge seines Gottes ist, so stellt die Kirche als das Volk der Glaubenden ein lebendiges Zeugnis für den Gott dar, der sie in Jesus Christus zusammenführte. Sie ist der „Ort" der neuen Präsenz Gottes unter den Menschen und als solche das Zeugnis selbst. Der Glaube bezeugt sein Woher: die Auferweckung Jesu von Nazaret aus den Toten, worin Gott den Anfang einer neuen Schöpfung legte.

Wenn das prophetische Wort: „Ihr seid meine Zeugen" in dieser Weise auf die Kirche ausgedehnt werden darf, weil das biblische Bekenntnis zur geschehenen Offenbarung, zum Ereignishaften des Heilshandelns Gottes einheitlich ist, so stellt sich nun das spezifische Verhältnis des christlichen Glaubens zu seinem Ursprung heraus. Da zunächst auch im Neuen Testament von der grundlegenden Vergangenheit, welche hier die Geschichte Jesu ist, nur so gesprochen wird, daß der Glaube daraus zugleich die Hoffnung auf die Zukunft schöpft, so ist der christliche Glaube nicht retrospektive Bezeugung vergangener Fakten als solcher, sondern Zeugenschaft für eine Hoffnung und Zuversicht, die ihre Begründung und Kraft aus der erfahrenen Vergangenheit bezieht. Die Geschichte Jesu wird nun aber als ein Ereignis spezifisch anderer Qualität bekannt als etwa die Herausführung Israels aus Ägypten innerhalb des Alten Testaments. Die Geschichte Jesu als Epiphanie Gottes im endgültigen, endzeitlichen Sinn ist nicht Glied einer Kette von Heilsereignissen; in ihr ist das „Ende" angebrochen. Seit Jesu Kommen, Sterben und Auferstehen ist Gottes eschatologisches Heil bereits Gegenwart. Der Sinn der biblischen Eschatologie[5] mit ihrer Rede von der Gegenwärtigkeit des Heils auf Grund der in Jesu Geschichte geschehenen Offenbarung ist es aber, daß in dieser Gegenwart die Zukunft als Heil und Gericht eröffnet ist. In der Gegenwart ist bereits wirksam, was in seiner Fülle für die Zukunft erwartet wird. Die Kirche als die Gemeinde derer, die im Glauben aus dieser Wirklichkeit leben, ist darum Zeugin vergangener Ereignisse, darin zugleich aber Zeugin der erwarteten Zukunft Gottes. Indem sie endzeitliche Gemeinde ist, bezeugt sie das Ende als schon hereingebrochen und die Zukunft Gottes als schon gegenwärtig. Der „kommende Äon", wie das Neue Testament sich ausdrückt, ist ihr schon jetzt Wirklichkeit und Lebensgesetz, wiewohl der gegenwärtige Äon (noch) besteht. – Auf Grund seiner Herkunft aus geschichtlicher Offenbarung ist der Glaube selbst der Zeuge der in der Geschichte erfahrenen Epiphanie Gottes und bezeugt damit zugleich die Geschichte in einer Dimension, die außerhalb des Glaubens nicht in den Blick kommt. Das in vergangenen Ereignissen geschehene und dem Glauben erschlossene Heil bezeugt sich in der Gegenwart zeichenhaft durch die Gemeinde der Christen, die mit Christus gestorben sind und mit ihm auferweckt werden bzw. durch den Glauben schon auferweckt sind; die Zukunft Gottes als seine Ankunft ist schon Wirklichkeit.

---

5 Vgl. z. B. BORNKAMM, Jesus von Nazaret 82–87; HOFFMANN, Reich Gottes 414–428.

Es muß in den weiteren Kapiteln davon die Rede sein, wie das Zeugnis des Glaubens nach den Aussagen des frühen Christentums vorzustellen sei, das heißt auf welche Weise der Glaube jene Wirklichkeit zeichenhaft sichtbar macht, aus der er lebt; ferner davon, daß freilich in diesem Sinn der Christ nicht einfachhin und unaufhörlich Zeuge ist, sondern daß er seine Zeugenschaft nur so weit bewährt, als er im Glauben steht und dieser in zeichenhafter Weise und überzeugend das „Gesetz" seines Lebens ist.

Zuvor ist aber zu bedenken, wie auf Grund der geschichtlichen Offenbarung der Glaube noch auf eine weitere, bisher nur angedeutete Weise mit der Kategorie des Zeugnisses zu tun bekommt. Es wurde bereits deutlich, daß der biblische Glaube – der neutestamentliche, auf den wir uns von jetzt an beschränken, nicht weniger als der alttestamentliche – stets an vergangene Ereignisse rückgebunden bleibt, daß er geschichtsgebunden ist. Das christliche Credo wird immer das Bekenntnis zu Jesus von Nazaret und seiner Geschichte bleiben. Nun konnten aber nicht alle Menschen die Kundgabe Gottes in der „Fülle der Zeit" unmittelbar erfahren; nur wenige waren Zeitgenossen Jesu, und selbst von ihnen begegneten ihm nur gezählte Menschen. Den anderen und Späteren muß von den Dabeigewesenen „das um Jesus den Nazarener" (Lk 24,19) mitgeteilt werden. Sie sind auf die Zeugen angewiesen. Nicht anders als durch deren vermittelndes Wort ist die Kunde von Jesus weitergegeben worden und auf die späteren Generationen gekommen. Der Glaube ist, bevor er seinerseits Zeugnis ist, zuvor schon Glaube auf Zeugnis hin. Der Glaube der „Augen- und Ohrenzeugen", also der ersten Generation des frühen Christentums, bezeugt zuerst das Geschehene, und die Ereignisse selbst sind nirgends anders aufgehoben als im bezeugenden Bekenntnis der zuerst Glaubenden. Der Glaube der Ersten ist das Zeugnis, auf das hin die Folgenden glauben und ihrerseits zu Zeugen werden, aber nun nicht mehr in demselben spezifischen Sinn.

Dieser zentralen Bedeutung der Ursprungsgeneration, der apostolischen Zeit, der Erstzeugen, für die gesamte Weitergabe der Glaubensbotschaft sowie für die Entfaltung der Kirche von Anfang an trägt die Theologie des Lukas ausdrücklich Rechnung, und die johanneischen Schriften führen auf grundsätzlichere Weise noch tiefer in den Zusammenhang von Glaube und Zeugnis, der hier gemeint ist, ein. Aus dem jetzt angedeuteten Sinn von Zeugnis und aus seinem geschichtlichen Ort erhellt, daß es sich hier primär um das Zeugnis im Wort der Verkündigung handelt; von ihm soll zuerst die Rede sein. Die oben beschriebene Zeugenschaft ist diesem ursprünglichen

Zeugnis in seinem ekklesiologischen und kerygmatischen Rang nachzuordnen, zum Verständnis aber einzuordnen; von ihr wird danach ausführlich gehandelt. Man mag sich umgekehrt den Zusammenhang zwischen beiden unterschiedenen Zeugnissen auch zutreffender so verdeutlichen, daß man in beiden zwei verschiedene Äußerungen der einen Zeugenschaft erblickt: Die Kirche ist von ihren ersten Anfängen an zuerst als ganze und durch sich selbst das Zeichen, weil sie das „Ergebnis" von Gottes Heilstat in Jesus Christus ist, das Volk, welches er sich schuf (vgl. Apg 15,14; 18,10; Röm 9,25f. u.a.). Er hat sie sich bereitet und in ihr ein Zeichen und Zeugnis seiner neuen Epiphanie gesetzt. Sie trägt Zeugnischarakter an sich. Es ist aber nicht ihre Rolle, als abgeschlossenes Volk Gottes inmitten der „Völker" eine abgeschirmte Präsenz zu leben. Vielmehr ist sie zum Zeugnis des Wortes bestimmt, in welchem sie auch aus sich selbst heraus an die Öffentlichkeit der Welt tritt. Indes ist auch das „Zeugnis des Zeichens", wie wir es nennen können, aktiver Art und unter Umständen exponiert wie das Wort. Vor allem aber ist der Auftrag zum Wortzeugnis von der Zeichenhaftigkeit der Gemeinde selbst nicht abzulösen und das Wortzeugnis ohne deren Glaubwürdigkeit nicht überzeugend. Das Zeugnis im Wort ist die Artikulierung des Zeugnisses im Zeichen, es ist dessen proklamierende und werbende Selbstäußerung. Im heilsgeschichtlichen Bekenntnis zu dem, was Gott getan hat, wird Geschichte als Offenbarung und Epiphanie bezeugt, aus der sich die Kirche – sie selbst das Zeugnis! – versteht.

2. Zeugnis im Wort

a. Osterglaube und Osterzeugnis

Ursprung und Mitte der neutestamentlichen Verkündigung ist Jesu Auferstehung. Christliches Zeugnis ist Osterzeugnis. Wenn im Neuen Testament von Zeugnis und Zeugenschaft ausdrücklich die Rede ist, wird so zumeist die Botschaft vom Osterereignis benannt. Wenn die christliche Botschaft ein Zeugnis genannt wird, dann hat das unmittelbar damit zu tun, daß sie in erster Linie Oster-Evangelium ist. In Jesu Auferweckung durch Gott geschah der Anfang der Auferweckung, also der Anbruch des Endes. Von Ostern her wird dann rückschauend Jesu Kommen erst im vollen Licht seiner Heilsbedeutung für den Menschen sichtbar; ohne Ostern suchte man vergeblich einen Sinn darin. Denn wäre Christus nicht auferweckt, dann wären Kerygma und Glaube leer (1 Kor 15,14), dann wäre christliches Zeugnis „Lügenzeugnis" (1 Kor 15,15). Der auferweckt wurde, ist aber der zuvor Gekreuzigte (Apg 3,15), der Auferstandene wird als der Gekreuzigte bezeugt (1 Kor 2,2). Mit dem Ereignis der Auferstehung Jesu steht und fällt also das Evangelium. Sie „vollzog" sich nicht vor den Augen der Welt, sondern mußte verbürgt werden von denen, die sie glaubwürdig bezeugen können. Von daher geschieht christliche Verkündigung nicht zuerst als Tradition von Gehörtem und als Lehre von Übernommenem, sondern im spezifischen Sinn ursprünglich als Zeugnis und Bezeugung des Geschehenen: der Begegnung mit dem Auferstandenen. Das ist also ein Zeugnis, das weder überholt noch wiederholt wird. Es wird nur von relativ wenigen Menschen der ersten Christengeneration erbracht; so stellt das Neue Testament es dar. Christus blieb nicht im Tod, sondern wurde „am dritten Tage" erweckt, wie es geschrieben stand; er hat sich von nennbaren, aufzählbaren Zeugen sehen lassen, einmal von „mehr als fünfhundert Brüdern auf einmal" (1 Kor 15,3–8). So beschreibt Paulus die Situation. Ein umschreibbarer Kreis von Zeugen kann befragt werden; zum Teil leben die Zeugen noch. Er selbst, Paulus, bezieht seine apostolische Autorität aus der Qualität, den Auferstandenen gesehen zu haben, also Zeuge der Auferstehung zu sein (1 Kor 9,1; 15,8.10f.). Aber bereits bei Paulus zeigt sich an, daß die Zeugenschaft im Sinne der Wortverkündigung nicht schon mit einer Augen- und Ohrenzeugenschaft zusammenfällt. Niemals würde Paulus den „mehr als fünfhundert Brüdern" den Rang zuerkennen, den er selbst im Dienst des Evangeliums einnimmt. Es ist nicht zu übersehen, daß die Bezeugung von Kreuz und Auferstehung im Neuen Testament nicht einfach eine Angelegenheit des Dabeigewesenseins ist, daß sie nicht Sache aller, sondern ausdrückliche Beauftragung ist. Dieser Sachverhalt wird von Lukas prägnant gefaßt und durchgeführt[6]. Lukas spricht von Zeugenschaft ausschließlich im Sinne des Osterzeugnisses und hat in diesen Begriff vom Zeugen schon eingeschlossen, daß es sich um einen engen Kreis von Männern mit eigener Beauftragung handelt. Von daher ist es zu verstehen, daß nur die

6 Vgl. zum folgenden ganzen Kapitel ausführlicher die zugrunde liegenden Einzelexegesen und vollständigen Stellenangaben in: BROX, Zeuge und Märtyrer 43–61. In dieser Arbeit ist auch die wichtigere Literatur zu den biblischen Begriffen Zeuge, Zeugnis, Bekenntnis usw. genannt.

zwölf Apostel „Zeugen der Auferstehung" sind (Lk 24,48; Apg 1,8.22; 2,32; 3,15; 5,32; 10,39.41; 13,31) und außer ihnen – auch nach Lukas – noch Paulus (Apg 22,15; 26,16), nirgends werden weitere Zeugen der Auferstehung erwähnt, wie zum Beispiel Paulus von zahlreichen anderen weiß (s. o.), außer an einer einzigen Stelle, welche nur ihre Bedeutungslosigkeit erweist: Bei der Nachwahl des Matthias an die Stelle des Judas (Apg 1,15–26) ist vorausgesetzt, daß es mehrere Menschen gab, die von der Taufe des Johannes bis zur Himmelfahrt Jesu dabei waren. Sie werden nicht Zeugen genannt, vielmehr wird nur einer von ihnen jetzt nachträglich zum „Zeugen der Auferstehung" im spezifischen Sinn (1,22). Ihre Augen- und Ohrenzeugenschaft bleibt für Lukas nur eine der notwendigen Voraussetzungen zur eigentlichen Zeugenschaft, die sie nicht repräsentieren. Zwei weitere Kriterien machen erst den „Zeugen" aus: Er muß durch ausdrückliche Erwählung und Bestimmung durch den Herrn zu diesem Dienst berufen sein (Lk 24,28; Apg 1,8; vgl. 1,24; 10,41; 13,21) und kann ferner seinen Auftrag erst dann ausführen, wenn er den Geist Gottes empfangen hat (Apg 1,8), denn der Geist legt wie sie, das heißt in ihnen, das Zeugnis ab (Apg 5,32).

Nach diesem in aller Kürze skizzierten Sachverhalt ist die Bezeugung der Auferstehung Angelegenheit nur einiger markanter Autoritäten der ersten Generation. Lukas verfolgt mit dieser Darstellung eine bestimmte Absicht. Die für alle Zeit bleibende, unerhörte Bedeutung der Erstzeugen der Auferstehung, durch deren Mund allein dieses Ereignis bekanntgemacht wurde, wird dadurch bewahrt und gesichert, daß ihr Zeugnis auf den begrenzten, von Gott autorisierten Kreis beschränkt bleibt. Nicht von irgendwelchen anonymen Menschen und über unkontrollierbare Überlieferungen, sondern von den anfänglichen, glaubwürdigen, durch Gott legitimierten und von seinem Geist erfüllten Erstzeugen wurde die Botschaft von Jesu Auferstehung empfangen und somit alles über die Zeit, da er „bei uns aus- und einging" (vgl. Lk 1,1–4; Apg 1,21). Es geht Lukas ganz deutlich um die Zuverlässigkeit der Verkündigung. Die Auferstehung ist glaubwürdig verbürgt durch Männer, die zu diesem Zeugnis von Gott eigens befähigt waren. Durch sie weiß man darum, auf ihr Wort hin wird der Glaube angenommen, ihr Zeugnis ist zuverlässig. Die Heilstat Gottes in Jesus Christus ist nun im Wort der Zeugen bleibend gegenwärtig in ihrem Anspruch, denn es handelt sich nicht um Mutmaßung oder Täuschung, sondern um die übereinstimmende Auskunft unmittelbarer Zeugen. Die Kirche besitzt nun dieses Wort und gibt es als Wort jener Zeugen weiter. Dabei ist sie so sehr um die Bewahrung des besonderen, unüberholbaren Charakters des Erstzeugnisses besorgt, daß Lukas es vermeidet, sich oder einen anderen Vermittler des apostolischen Zeugnisses nun ebenfalls in einem auch nur abgeleiteten Sinn Zeugen zu nennen. Kein kirchlicher Verkünder kann sich mit den Erstzeugen in ihrem unverwechselbaren Rang in eine Reihe stellen. Auf sie wird zurückverwiesen und ihr Wort als genuines Zeugnis bewahrt. Die Zwölf und Paulus gehören zur Epoche des Ursprungs selbst. Sie bezeugen die Epiphanie Gottes in seinem Sohn, die Begegnung mit dem Auferstandenen unmittelbar, während alle nach ihnen nur dieses Zeugnis empfangen, annehmen und weitergeben können.

So lebt das Zeugnis über die Zeugen hinaus fort. Es ist zum Besitz der Gemeinde geworden, die es unter Berufung auf den apostolischen Ursprung stets weitergibt. Der Glaube der Hinzukommenden und aller späteren Generationen ist der Glaube auf dieses Zeugnis der von Gott bestellten Erstzeugen hin. Der Zugang zum Evangelium von Jesus Christus, die Kunde vom Osterereignis, ist durch jene Repräsentanten der ersten Generation gesichert und nur über ihr Glaubenszeugnis gegeben. Ihre Autorität in der Erwählung und Geistbegabung sowie ihre Beglaubigung durch Jesus garantieren, daß das Evangelium vom gekreuzigten, aber auferweckten Jesus zuverlässig vom Anfang übernommen und in die Zeit hinein verkündet wird, so daß also die Verkündigung der Auferstehung nun, auch nach dem Aussterben der Zeugen im spezifischen Wortsinn, bleibend gegenwärtig ist in ihrem Wort. Sie ist nur dem Ursprung nach, nicht mehr ihrem Vollzug und ihrer Dauer nach, an die Zwölf gebunden, denn sie wird kontinuierlich weitergegeben von jener Gemeinde herab, zu der die Erstzeugen zählten. Ihr Zeugnis ist bleibend nahe und macht den Abstand von den Ereignissen des Lebens Jesu belanglos. Es gibt keine Benachteiligung durch unterschiedliche Nähe zum Ursprung. Das Ereignis der Offenbarung Gottes in Jesus Christus ist im Wort seiner Zeugen als Anspruch gegenwärtig wie für die erste Generation der Kirche.

Da es sich bei der Verkündigung der Apostel nach Ostern und Pfingsten um die geisterfüllte Wiedergabe dessen handelte, was ihnen widerfahren war, was ihnen begegnet war, was sie gesehen und gehört hatten, war ihr Wort in erster Linie Bezeugung des Geschehenen, war Botschaft als Zeugnis. Sie teilten mit, was nur sie glaubhaft bezeugen konnten. Ihre Funktion bleibt unersetzbar, sie stehen an der Schwelle zwischen der Zeit Jesu und der Zeit der Kirche, indem sie nach dem enttäuschenden, unvermuteten „Ende" Jesu bezeugten, daß sein Tod nicht das Ende war, sondern er sich ihnen zeigte und in seinem Geist gegenwärtig bleiben wird. Die Berichte von den Begegnungen der Zwölf mit dem Auferstandenen zeigen deutlich, daß sie als Bevollmächtigung zu einer Sendung verstanden sein wollen und Öffentlichkeitscharakter beanspruchen. Man hat in den „Zeugen der Auferstehung" Männer, die zuverlässig bezeugen, was sie mit ihren Augen gesehen haben, daß nämlich die Menschen das Werk Jesu nicht vereiteln konnten, vielmehr Gott es zur Vollendung brachte, indem er ihn auferweckte und erhöhte. Nur bei ihnen ist verläßliche Auskunft zu bekommen „über alles, was Jesus von Anfang an tat und lehrte bis zu dem Tag, da er aufgenommen wurde" (Apg 1,1f.). Darum also sind sie Zeugen und ihre Botschaft ein Zeugnis. Darum auch ist niemand außer ihnen im gleichen Sinn Zeuge. Der Glaube aller aber ist Glaube auf das Zeugnis ihrer Botschaft hin. Durch ihr Glaubenszeugnis sich überzeugen zu lassen, ist der Weg zum Glauben an das Evangelium vom Auferstandenen.

In dieser Darstellung und Redeweise zeigt Lukas die Tendenz einer Sicherung der Osterbotschaft. Zeugen der Auferstehung sind die Zwölf und Paulus eben in erster Linie als Augenzeugen. Das ist aber, wie im ganzen Neuen Testament so auch bei Lukas, nicht so vorgestellt, als seien sie Dabeistehende bei einem „Vorgang der Auferstehung" gewesen. Auf unverhoffte Weise, an unterschiedlichen Orten und in jeweils anderer Gestalt begegnete ihnen der Auferstandene nach dem „dritten Tag". Nach Apg 22 und 26 bezieht Lukas (nicht nur Paulus) ja bezeichnenderweise auch das „späte",„entfernte" und „andersartige" Damaskuserlebnis des Paulus mit seiner Lichterscheinung und dem Hören einer Stimme in die Zahl der eigentlichen Ostervisionen, wie sie in Galiläa oder Jerusalem den Uraposteln zuteil wurden, ein. Mit dem Verweis auf eine Augenzeugenschaft der Auferstehung ist nun die christliche Botschaft nicht einfach auf die Ebene des historischen Faktenbeweises gestellt. Würde man bei der Rede von Augen- und Ohrenzeugen daran denken, daß die Erfahrung der Auferstehung den Zeugen auf die gleiche Weise Gegenstand ihres empirischen Wissens wäre wie beliebige andere Fakten ihrer erlebten Vergangenheit auch (selbst auch wie das „Aus- und Eingehen" Jesu), dann wäre wohl kaum schon die eigentliche Qualität der Ostervisionen erfaßt. Immerhin ist es ja bedenkenswert, daß der Auferstandene sich nur vor solchen Menschen manifestierte, die schon die Seinen waren, die schon im vorösterlichen Glauben in seiner Jüngerschaft standen[7]. Er ist „nicht allem Volke erschienen, sondern den von Gott im voraus erwählten Zeugen, uns" (Apg 10,41). Die Bezeugung der Auferstehung muß auch in der Phase des Erstzeugnisses ein Glaubenszeugnis genannt werden. Es ist schwer denkbar, daß für die Erstzeugen lediglich ein empirisches Datum von visionellem und akustischem Charakter gewesen ist, was für alle anderen der Inhalt und Urgrund des Glaubens ist. Die Begegnungen mit dem Auferstandenen wurden ihnen zuteil, weil sie in einem vorösterlichen Sinn schon Glaubende waren. Und auf diese Begegnung hin begannen sie auf neue, eben erst nach Ostern mögliche Weise zu glauben. Ihr Osterglaube, der freilich besonderer Art, weil besonderen Ursprungs, ist, ist dann das Zeugnis, auf das hin auch andere glauben. Ihr Wort ist die Botschaft von Jesus Christus als Zeugnis von seiner Auferstehung.

Über das hier berührte Verhältnis des christlichen Glaubens zur Botschaft als Zeugnis, das bei Lukas nicht eigentlich reflektiert wird, ist weiterer Aufschluß aus dem Johannesevangelium und dem ersten Johannesbrief zu gewinnen. Die johanneische Theologie, der wir uns darum sogleich zuwenden, trägt deutlich dem Umstand Rechnung, daß das Zeugnis von Jesus und seiner Auferstehung nicht als bloße Benachrichtigung auf der Ebene des Empirischen, Informativen oder Intellektuellen verstehbar ist. Der Glaube bezeugt sich selbst im Wort und weckt neuen Glauben, der nun seinerseits Glaube auf das Zeugnis hin ist, nicht etwa die nur völlig plausible, vernünftige Annahme eines schlechtweg nicht zu leugnenden Sachverhaltes. Dies wird an der eigentümlichen Redeweise der johanneischen Schriften deutlich. Im Wort wird der Glaube zum Zeugnis.

b. Das Zeugnis im Wort des Glaubens

Wenn auch das Johannesevangelium von der Zeugnisablegung im Wort der Verkündigung spricht, dann geschieht das in einem von Lukas recht verschiedenen theologischen Zusammenhang[8]. Die Qualifizierung der Zeugen

---

7 Paulus bildet hier die bezeichnende Ausnahme, ohne daß dadurch die eben gemachte Feststellung wertlos würde. An ihm ist nicht das Typische, sondern das Außerordentliche abzulesen.
8 Vgl. Brox, Zeuge und Märtyrer 70–92; Blank, Krisis 183–230.

hat enger, deutlicher mit dem Glauben im spezifischen Sinn zu tun. Innerhalb der johanneischen Sprache bekommen auch die Begriffe der Zeugen und des Zeugnisses ihre eigentümliche Färbung. Als ein bezeichnender Hinweis kann zunächst dienen, daß für Johannes nicht die Augen- und Ohrenzeugenschaft für bestimmte Ereignisse im Sinne des ausgewiesenen Wissens darum bedeutsam wird, wie es bei Lukas ganz eindeutig der Fall ist, und daß es von daher auch nicht eine im voraus festliegende Zahl von Zeugen gibt. Charakter und Befähigung des johanneischen Zeugen sind nur als Element innerhalb der theologischen bzw. christologischen Konzeption des vierten Evangelisten zu begreifen und darum nicht leicht auf engem Raum und zudem in durchsichtiger Weise zu entfalten. An einer einzigen Stelle – dort aber mit aller wünschenswerten Klarheit – ist im Johannesevangelium von der Zeugnisabgabe der Glaubenden in einem allgemeinen Sinn die Rede: „Wenn der Paraklet kommt, den ich euch vom Vater senden werde, der Geist der Wahrheit, der vom Vater ausgeht, er wird Zeugnis ablegen über mich; und auch ihr legt Zeugnis ab, weil ihr von Anfang an mit mir seid" (Joh 15,26.27). – Diesen Vers gilt es unter der notwendigen Heranziehung erklärender anderer Texte zu interpretieren.

Zuerst sei vorweggenommen, daß das genannte Doppelzeugnis des Geistes einerseits, der Christen andererseits, das hier begegnet, nur denkbar ist als ein Ineinander, daß es also in der Äußerung identisch ist, wie es bereits für Apg 5,32 ebenso galt. Das Zeugnis des Geistes kommt in demjenigen der Jünger zur Sprache. Wo soll es sonst anzutreffen und zu identifizieren sein? Die Verkündigung in der Gemeinde ergeht in der Kraft des Geistes, denn natürlich ist hier von dem Geist die Rede, mit dem sich die junge Kirche zu ihrem Bestand vom Vater beschenkt wußte[9]. Daß das Jüngerzeugnis der durchdringenden Belebung durch das bezeugende Wort des Geistes bedürftig ist, wird sich aus seiner Eigenart zeigen.

Zwar bekommt man beim ersten Hinsehen den Eindruck, daß in dem hier in Frage stehenden Wort die Zeugenschaft als Dabeigewesensein im selbstverständlichen Sinn erklärt wird: „auch ihr legt Zeugnis ab, weil ihr von Anfang an mit mir seid" (Joh 15,27). Jedoch ist mit dieser Formulierung hier eine sehr andere Aussage verbunden, als wenn sie bei Lukas (Apg 1,21f.) ähnlich dasteht. Sie macht die Frage nach dem Gegenstand und Inhalt des Zeugnisses bei Johannes unaufschiebbar, die an die Mitte der johanneischen

---

9 Vgl. BULTMANN, Das Evangelium des Johannes 426.

Zeugnissprache heranführt; erst danach kann das Dabeigewesensein im Sinn dieses Evangeliums gedeutet werden.

Joh 15,26 nennt den Zeugnisinhalt. Es ist nicht, wie bei Lukas, vom Zeugnis der Auferstehung, sondern vom Zeugnis „über mich (Jesus)" die Rede, wie man auch Joh 15,27 zu ergänzen hat. Das Zeugnis hat bei Johannes nicht Begebenheiten, auch nicht das eine Ereignis der Auferweckung Jesu zum Inhalt, sondern zielt auf Jesus. Es ist nicht der Beleg für Tatsachen, vielmehr das Zeugnis für eine Person. Immer steht also das Zeugnis für Jesus in Frage, das heißt die Bezeugung dessen, was Jesus für sich beansprucht, nämlich daß er die Wahrheit spreche, das Leben, das Licht und der Weg sei, daß er vom Vater gesandt sei und zum Vater zurückkehren werde. Es muß nun bedacht werden, daß das vierte Evangelium an etlichen, prägnanten Stellen vom Zeugnis spricht, welches Jesus selbst über sich ablegt. Man kann sich den Umweg über diese Texte, die nicht eigentlich vom Zeugnis der Glaubenden reden, nicht ersparen, wiewohl er hier nicht ausführlich gegangen werden kann.

Die Texte zeigen, daß der Begriff des Zeugnisses im Sinne der Bestätigung oder des Beweises hier eine eigentümliche Verwendung erfährt, welche die des alltäglichen, juridischen Wortsinnes weit hinter sich läßt. Der Gebrauch des Begriffes ist zwar offensichtlich durch eine prozeßähnlich vorgestellte Situation veranlaßt, als die das gespannte Verhältnis zwischen Jesus und den „Juden" durchgängig erscheint. Jesu Anspruch wird bestritten, und zwar unter ausdrücklichem Hinweis auf die mangelnde Legitimierung. Nach der Selbstaussage Jesu: „Ich bin das Licht der Welt" (Joh 8,12) wird ihm die vermeintliche Schwäche seiner Rede vorgerechnet: „Du legst über dich selbst Zeugnis ab; dein Zeugnis ist nicht wahr" (Joh 8,13). Kann ein Selbstzeugnis ohnehin schon nicht leicht auf Anerkennung rechnen, so ist es hier aussichtslos, da es nicht von aufweisbaren Fakten überzeugen, sondern einen Anspruch von unerhörter Gewichtigkeit als wahr und berechtigt erweisen will. Der hier solches von sich sagt, bringt keinen „Beweis" für die Echtheit seines Zeugnisses über sich selbst. Aus der doppelten Entgegnung Jesu auf diesen Einwand (Joh 8,12–19; 5,31–47) ist entscheidender Aufschluß zu gewinnen. Sie zeigt, daß es sich hier um ein Zeugnis handelt, welches seinen Wahrheitserweis auf einem anderen Weg zeigt, weil aus einem anderen Zusammenhang bezieht, als er menschlichem Beweisdenken zugänglich ist.

In beiden verschiedenen Antworten, wonach nämlich Jesu Zeugnis als Selbstzeugnis „nicht wahr" wäre (Joh 5,31), sodann aber auch als Selbstzeugnis „wahr" ist (Joh 8,14), ist das gleiche gesagt. Die Legitimation zu seinem Wort und Anspruch kommt Jesus aus seiner Herkunft, kraft seines Woher und Wohin (Joh 8,14; vgl 3,11.32), man kann übersetzen: aus seiner Verbindung mit dem Vater, der dann auch hier (Joh 8,18) als Zeuge genannt wird. Also ist sein Selbstzeugnis wahr. Eine andere Argumentation bevorzugt die Version von 5,31f., um dasselbe zu sagen: Es handelt sich bei Jesu Wort nicht um ein Selbstzeugnis (welches eben nicht wahr wäre), sondern der Vater als zweiter, anderer neben Jesus, also als wahrer, weil „unbefangener" Zeuge bezeugt ihn. Ob also die Souveränität Jesu auf seine Herkunft hin oder ob seine Angewiesenheit auf die Bestätigung durch den Vater herausgestellt wird, in beiden Fällen ist die Einheit Jesu mit dem Vater der Boden seiner Beglaubigung, des „Zeugnisses für ihn".

Das ist auch daran abzulesen, daß beide Antworten den, der da den Nachweis verlangt, in dieselbe Situation führen. Das Zweitzeugnis des Vaters, auf welches er Joh 5,32 verwiesen wird, läßt sich ja nirgends finden als nur wiederum in Jesu Worten, der es für sich beansprucht; es ist von seinen Worten nicht verschieden und als Instanz nicht außerhalb seiner Rede vorhanden[10]. Der Erweis der Legitimation und Autorität ist also im Wort des zu legitimierenden, zu bezeugenden Anspruches mitzuhören. Jesus spricht nicht „allein", in seinem Wort lebt der, der ihn gesandt hat, es ist getragen von dem Bogen seines Woher und Wohin. Das heißt aber nichts anderes, als daß Jesu Wort erst dann und dort als Zeugnis erkannt und angenommen werden kann, wenn und wo es in dieser zwiefachen Dimension erkannt und angenommen wird, und das wiederum heißt: nur und erst im Glauben an Jesus als den vom Vater Gesandten und zu ihm Zurückkehrenden. Als Ursache der Ablehnung seiner Worte wird ja bezeichnenderweise nicht ein mangelndes Wissen (etwa über den zweiten Zeugen), sondern das falsche Sehen, das „Urteilen nach dem Fleisch, dem Schein" (Joh 8,15; 7,24) genannt. Für dieses Urteil wird nur sichtbar: Das Zeugnis ist mit der Behauptung identisch, der Bezeugende ist kein anderer als der in Frage Stehende, das Zweitzeugnis hebt sich vom ersten nicht ab. Wo aber Jesus als der Gesandte des Vaters, in seinem Auftrag gekommen und mit ihm eins, erkannt wird, leuchtet sein Wort als Zeugnis Jesu und als Zeugnis des Vaters für ihn auf. Und das heißt wie-

---

10 So auch BLANK, Krisis, 222: „Gewiß ist das Zeugnis des Vaters außerhalb und isoliert vom Zeugnis des Sohnes nicht aufweisbar".

derum, daß der Glaube der einzige Zugang ist und dieser Glaube nicht umgangen wird, indem Jesus ein Zeugnis „nach dem Fleisch" geboten hätte[11]. Denn ein solches liegt auch in den übrigen „Zweitzeugen" nicht vor, die Jesus anführt. Außer dem Vater (Joh 5,32.37; 8,18) verweist er auf den Täufer (Joh 5,33–35), auf seine „Werke" (Joh 5,36; 10,25; vgl 10,37f.; 14,11) und auf die Schrift des Alten Testaments (Joh 5,39) sowie auf die „Lehre" (Joh 7,17), die durch seinen Mund laut wird. Die Schriftauslegung wird aber von den zuständigen Autoritäten nicht geteilt. Die „Werke" Jesu, das heißt sein Offenbarungswirken insgesamt, überwältigen nicht auf zwingende Weise, sondern führen in die Krisis und lassen der Freiheit Raum. Das Zeugnis des Täufers wie das der Jünger (Joh 15,27) und des Evangelisten (Joh 19,35; 21,24) stehen auf einer Basis, die jedenfalls – angesichts des Inhalts dieses johanneischen Zeugnisses – nicht die des Augen- und Ohrenzeugnisses sein kann und die hier gerade aufgesucht werden soll. Sie war bereits als die eine Voraussetzung zu erkennen: als der Glaube. Das johanneische Zeugnis will im Glauben angenommen und aus dem Glauben heraus weitergegeben werden. Das Wissen des Zeugen, das ihn zum Zeugnis befähigt, ist das qualifizierte Wissen des Glaubens, nicht einfach das Ergebnis einer Beobachtung von Vorgängen. Das Zeugnis rechnet auf Glauben (vgl. Joh 10,25), man kann sich ihm entziehen; es überführt auf andere Weise als der Faktenbeweis. Die Ablehnung des Zeugnisses ist der Unglaube selbst (vgl. Joh 3,11.32). Der Evangelist, der seine Evangelien-Schrift als sein Zeugnis versteht, nennt Voraussetzung und Ziel des Zeugnisses mit hinreichender Deutlichkeit. Zeugen sind nicht alle, die dabei waren, vielmehr alle, die „seine Herrlichkeit"[12] gesehen" haben (Joh 1,14). Und das Zeugnis wird abgelegt, nicht damit es etwas zur Kenntnis bringt und als bewiesen hinstellt, sondern „damit ihr glaubt, daß Jesus ist der Christus, der Sohn Gottes, und damit ihr glaubend Leben habt in seinem Namen" (Joh 20,31). An dieser Sprache ist das Verständnis des Zeugnisses bei Johannes zu orientieren. Es ist bereits entscheidend dadurch qualifiziert, daß Jesu Wort selbst schon dieses Zeugnis ist. Er ist der „Wissende" (Joh 5,32; 8,14) im besonderen Sinn, wie es nur auf ihn zutreffen

---

11 BLANK, Krisis, 213: „Jesu Zeugnis ist aber so, daß sein spezifischer Inhalt nicht innerweltlich aufweisbar und nachprüfbar ist … Der Freiheitsraum der Glaubensentscheidung muß gewahrt bleiben". – Zur Frage einer Glaubensbegründung durch Zeugnisse vgl. SCHNACKENBURG, Die Johannesbriefe 267–271: Exkurs 11: Das Gotteszeugnis und der Glaube (im Anschluß an 1 Joh 5,5–12); besonders RAHNER, Zur Theologie des Todes 95. 102. 103.

12 Dieser biblische Begriff bezeichnet den überwältigenden „Lichtglanz" Gottes und seiner Epiphanie.

kann. Wenn auch durch den Mund seiner Jünger dasselbe Zeugnis laut werden kann, so dadurch, daß ihnen dasselbe „Wissen" im Glauben zugänglich ist. Die Zuverlässigkeit des Zeugnisses ist auf das Vertrauen zu Jesus und auf die Autorität seiner Person gegründet; sie hat nirgends sonst ihre Sicherheit. Das Zeugnis wird jedoch nicht im bloßen Anhören seiner Worte und Anschauen seiner Werke erkannt; man muß „richtig" sehen und „richtig" hören.

Damit kommen wir zurück zum Dabeigewesensein als der Voraussetzung zum Zeugnis: „auch ihr legt Zeugnis ab, weil ihr von Anfang an mit mir seid" (Joh 15,27). Dieses Moment des Zusammenseins mit Jesus von Anfang an hat als Qualifizierung des Zeugen einen veränderten Sinn gegenüber der Redeweise des Lukas. Als Bedingung ist es ungleich hintergründiger verstanden. Das „Mit-mir-Sein" ist nicht ständiges, nahes Dabeisein, sondern Gemeinschaft mit Jesus, aus der heraus erkannt wird, wer er ist. So gut wie die Jünger sahen und hörten die anderen Menschen die „Worte und Werke" Jesu. Für sie blieb es bedeutungsloses Anhören und Ansehen, da sie ungläubig blieben. Die Jünger aber sahen in den Geschehnissen „seine Herrlichkeit" (Joh 1,14), die sie nun bezeugen.

Und das heißt nichts anderes, als daß Jesu Geschichte mit den Augen des Glaubens gesehen und in der Sprache des Glaubens verkündet werden muß, wenn ihr eigentliches Geschehen nicht verfehlt werden soll. In den Ereignissen muß „seine Herrlichkeit" bezeugt werden, die er darin offenbart und die den Glauben weckt (vgl. Joh 2,11), andererseits aber erst im Glauben zu „sehen" ist: „Habe ich dir nicht gesagt, du würdest, wenn du glaubst, die Herrlichkeit Gottes sehen?" (Joh 11,40). Das vierte Evangelium ist selbst das beredte Beispiel für diese vom Osterglauben durchleuchtete Sicht und Darstellung der Ereignisse. Es zeigt bekanntlich gegenüber den drei anderen Evangelien eine erheblich größere Freiheit in der durch Glaube und Verkündigung geprägten Indienstnahme der Überlieferung für seine theologisch die, kerygmatische Aussage. Wie dem Evangelisten Johannes nicht primär an einer exakten Wiedergabe historisch zuverlässiger Überlieferungen über Jesus, dafür aber alles an der Bezeugung und Sichtbarmachung „seiner Herrlichkeit" liegt, so spielt bei ihm auch das Augen- und Ohrenzeugnis nicht mehr die Rolle, die es bei Lukas zu erfüllen hatte. Dort mußte es die Fakten als geschichtliche Heilstaten Gottes aus der Vergangenheit in die Gegenwart hinein bekanntmachen und autoritativ als wahr verbürgen, damit sie auf die historisch zuverlässige Bezeugung hin als Heilswirken Gottes erkannt würden.

Diese Art von Zuverlässigkeit bekommt bei Johannes aber keinerlei Akzent, was jedoch durchaus nicht den Verzicht auf die Geschichtlichkeit des Geschehens bedeutet (vgl. Joh 1,14a), Hier wird die Begründung des Glaubens auf eine Ebene geführt, von der aus die historische Rücksicherung erst in ihren Möglichkeiten und Grenzen sachgemäß eingeordnet werden kann. Daß es Menschen gibt, die „von Anfang an mit ihm sind" (Joh 15,27b), die „gesehen und gehört haben" (s.u.), heißt nach johanneischer Denkweise, daß sie im Glauben „mit ihm" sind, sein Zeugnis angenommen haben und weitergeben können. Johannes nennt zwar auch einzelne Fakten, die zu bezeugen sind (Joh 19,35). Seinem Zeugnis ist aber nicht an der Faktizität des Ablaufs und des Sachverhalts, sondern an der Verkündigung „seiner Herrlichkeit" gelegen, welcher alles weitere untergeordnet wird. Der Glaubende sieht die Ereignisse um Jesus transparent, in ihrer „Hintergründigkeit", und das heißt: anders als „nach dem Fleisch" oder dem „Augenschein". Seine Darstellung unterscheidet sich darum erheblich von der eines Chronisten, denn er hat weit mehr zu sagen als dieser. Das Zeugnis über Jesus im johanneischen Sinn ist erst dem Menschen möglich, der glaubt.[13]

Es wird deutlich, wie der Zeugnisgedanke des letzten Evangeliums aus dessen gesamtem Denken erklärt werden muß. Dieser Zusammenhang zwischen dem Evangelium in seiner besonderen Eigenart und dem Begriff des Zeugnisses, wie er hier ausgebildet ist, findet sich in einer neueren Charakterisierung des Johannes-Evangeliums mit ganz ähnlichen Worten sehr zutreffend ausgedrückt. Nachdem die „völlig einzigartige Beziehung zwischen Erzählung und Bedeutung, zwischen Geschichte und Theologie" bei Johannes herausgestellt wurde, liest man: „Diese gegenseitige Durchdringung von Erzählung und Sinngebung ist genau das, was Johannes mit den Begriffen ‚Zeugen' und ‚Zeugnis' meint, die in seinem Evangelium so häufig vorkommen. Dieses ‚Zeugnis' ist das Ergebnis des Sehens und Glaubens in einem. Der Evangelist zeugt von dem, was seine Augen gesehen, was seine Ohren vernommen hatten und was er mit seinen Händen berühren durfte (Joh 1,14; 1 Joh 1,1ff.), also von den sinnlich wahrnehmbaren und nachprüfbaren Tatsachen, jedoch so, wie sein Glaube sie sieht. Wenn der Augenzeuge sie glaubt, legt er vor dem Forum der Welt Zeugnis ab von der ‚Wahrheit', wobei er beabsichtigt, die Menschen für den Glauben an Jesus zu gewinnen.

13 Vgl. BLANK, Krisis 201: „Ein solches Zeugnis schließt daher den Glauben ein; es resultiert aus einem gläubig-erkennenden Gesehenhaben ... Dazu aber muß das Zeugnis zuerst angenommen sein, d.h. es muß geglaubt werden".

Auch die ‚Juden' sahen und hörten Jesus, sie nahmen jedoch die ‚Herrlichkeit' Gottes nicht wahr, die in Jesus Fleisch geworden war. Geschichtsschreibung umfaßt immer Auslegung ... Die Juden, die nicht an ihn glaubten, nahmen die Tatsachen wahr und interpretierten sie auf ihre Weise, so wie es ihnen sinnvoll erschien: Jesus war ein Gotteslästerer, der das Gesetz übertrat (Joh 5,16.18; 8,48ff.; 10,33; 19,7) ... Es ist nicht ohne tiefe Bedeutung, daß der Evangelist das Schauen der Herrlichkeit, die Grundlage seines Zeugnisses, im gleichen Vers verkündet, in dem er das Geheimnis der Fleischwerdung in unnachahmlicher Weise ausgedrückt hat (Joh 1,14). Dieses auf dem Sehen und Glauben beruhende Zeugnis war eine unmittelbare Folge der Menschwerdung, durch die sich Gott in der Geschichte geoffenbart hat. Weil Offenbarung in unserer sichtbaren Welt, konnten sie die Jünger sehen und hören. Weil aber immer Offenbarung Gottes, deshalb konnte nur das gläubige Sehen von dem Zeugnis ablegen, was die Sinne wahrgenommen hatten. Durch eine solche Einsicht geführt, hat der Evangelist seinen Stoff, die Worte und Taten des Herrn, mit überlegener Freiheit behandelt."[14]

Dieses Zitat beruft sich unter anderem auf einen Text des ersten Johannesbriefes, dessen Deutung in unserer Erklärung noch aussteht. Es geht um das rechte Verständnis des „Sehens, Hörens, Betastens" in den johanneischen Schriften. Der Anfang des Briefes lautet: „Was von Anfang an war, was wir gehört, was wir mit unseren Augen gesehen haben, was wir geschaut und unsere Hände berührt haben, über den Logos des Lebens, – und das Leben ist erschienen, und wir haben gesehen und bezeugen und verkündigen euch das Ewige Leben, das beim Vater war und uns erschienen ist, – was wir (also) gesehen und gehört haben, das verkündigen wir auch euch, damit auch ihr Gemeinschaft habet mit uns" (1 Joh 1,1–3a; vgl. 4,14)[15]. Diese Redeweise ruft Joh 15,27b in Erinnerung, wonach diejenigen das Zeugnis ablegen, die „mit ihm" sind; auch nach 1Joh haben sie also mit ihren Sinnen die Ereignisse wahrgenommen. Widerspricht nun dieser detaillierte Text nicht der oben gegebenen Deutung, wonach der Gegenstand des Zeugnisses, nämlich die Herrlichkeit des Sohnes, gerade nicht das Sinnenfällige, sondern das erst im Glauben sich Zeigende ist? Aber im Johannesevangelium begegnet ja bereits dieselbe Terminologie: Einerseits heißt es von Jesus, daß er bezeugte, was er „gesehen und gehört" hat (Joh 3,11.32), und andererseits legt der Täufer sein Zeugnis ab, nachdem er „gesehen" hat (Joh 1,34); auch der Evangelist be-

---

14 GROSSOUW, Die Schriften des Johannes 273f.
15 Übersetzung nach SCHNACKENBURG, Die Johannesbriefe 49.

zeugt auf „Sehen" hin (Joh 19,35). Diese Termini des Augen- und Ohrenzeugen sind indessen längst neu verstanden gegenüber einer Vorstellung, wie sie Lk 1,2 und Apg 1,21f. begegnet. Beachtet man jeweils das Objekt des Augen- und Ohrenzeugnisses bzw. des „Greifens" der Hände, so ist zu ersehen, wie diese Vorstellungen – und zwar gegenüber dem Evangelium im Brief fortschreitend – ihren ursprünglichen, unmittelbaren Sinn verloren haben bzw. über ihn hinaus ausgeweitet sind. Bei Jesus ist das „Gesehene" und „Gehörte", was er kraft seiner Herkunft „weiß" (Joh 3,11.32). „Ewiges Leben" wird bezeugt sowie die Aussendung des Sohnes als Heiland der Welt (1 Joh 1,2; 4,14). „Sehen" heißt hier auf der Seite der Menschen schon nichts anderes als glauben. „Gesehen" wird im Menschen Jesus der „Sohn" und in ihm der „Vater" (vgl. Joh 14,9). Das Bezeugen ist bereits völlig identisch mit dem (bekennenden) Verkündigen überhaupt: „wir bezeugen und verkündigen euch" (1 Joh 1,2). Und wenn es weiter heißt: „was wir gesehen und gehört haben, das verkündigen wir auch euch" (1 Joh 1,3), ohne daß (trotz des „Sehens" und „Hörens") noch vom Zeugnis die Rede ist, so zeigt sich klar, daß hier nicht an die Bezeugung historischer Daten gedacht werden kann, sondern einfachhin das Sprechen aus dem Glauben gemeint ist, welches seinerseits wiederum auf Glauben rechnet. Das Subjekt „wir (haben gesehen etc.)" muß durchaus nicht mehr unbedingt auf unmittelbare Zeugen im historischen Sinn eingegrenzt werden. In diesem Sinn „gesehen" und „gehört" hat jeder, der glaubt, und er erweist es, indem er „bezeugt"[16]. Es gibt ja ein „Sehen" auf Glauben hin (Joh 11,40: „wenn du glaubst, wirst du sehen") sowie andererseits ein (bloßes) Sehen, das sich – etwa als Stütze – für den Glauben erübrigt (Joh 20,29: „weil du mich gesehen hast, hast du geglaubt; selig, die nicht sehen und glauben"). Es ist offensichtlich, daß es zweierlei Sehen gibt, und man kann nicht übersehen, wie in der johanneischen Theologie die Gewichte verteilt sind.

16 Ob man aus dem „Wir" den „Anspruch unmittelbarer, geschichtlicher Begegnung mit Jesus Christus" heraushört oder eine Aussage der Glaubenserfahrung darin erblickt, ist letztlich belanglos. Denn daß in jedem Fall mit dem „Sehen, Hören, Betasten" unmißverständlich auf die geschichtliche und „fleischliche" Greifbarkeit der Manifestation Gottes hingewiesen ist, leidet für die johanneische Theologie keinen Zweifel. Vgl. zum Problem den ausgezeichneten Exkurs von SCHNACKENBURG, Die Johannesbriefe 52–58: Sinn und Tragweite der „Zeugen"-Aussagen von 1 Joh 1,1ff, der auf Grund der Briefabsicht allerdings hinter dem „Wir" die Prätention eines Kreises „berufener und qualifizierter Glaubenszeugen" sieht, „der die unmittelbare geschichtliche Nähe des inkarnierten Gottessohnes erfuhr". Vgl. aber die aufschlußreiche Erweiterung, SCHNACKENBURG, Die Johannesbriefe, 56f., gegenüber der 1. Auflage 1953, 49.

Die Zeugnis-Terminologie wird allmählich in einem gewissen Umfang abgegriffen (vgl. auch 3Joh 12 mit Joh 19,35; 21,24) und läßt gerade darin sichtbar werden, in welchem gefüllten, übertragenen Sinn sie gebraucht wird, wenn mit ihr die Eigenart der christlichen Verkündigung umschrieben ist. Und doch erfüllt sie natürlich auch noch (oder: gerade erst) als diese theologisch gefüllte Terminologie, als welche wir sie zu charakterisieren suchten, den Dienst einer Verbürgung der Sicherheit und Zuverlässigkeit der Glaubenserfahrung, aus der heraus die Christen kommen. In diesen Begriffen ist auf die „Greifbarkeit' des an sich den Menschen Unerreichbaren"[17] hingewiesen, und zwar in dem Sinn, daß die Epiphanie, das Erscheinen der Herrlichkeit Gottes, die für den Menschen „Leben" bedeutet, in der Geschichtlichkeit dieser Welt erblickt und im „Fleisch" eines Menschen erfahren wurde. Nachdem diese Erfahrung im Glauben gemacht wurde, kann dann sogar von einem „Mit-Händen-Greifen" gesprochen werden (vgl. 1Joh 1,1). Das Offenbarwerden des „Lebens" wurde „gesehen", „gehört", „ertastet" in der Gestalt Jesu, und darum ist die Kunde davon ein Zeugnis.

Der Zusammenhang von Glaube und Zeugnis im Wort der Verkündigung stellt sich nun deutlich dar. Das Zeugnis Jesu setzt sich fort im Zeugnis seiner Jünger, in welchen die Kraft des bezeugenden Geistes wirksam ist. Die Jünger sind diejenigen, die „das Zeugnis haben". Dieser Ausdruck aus der Johannes-Apokalypse (Offb 6,9; 12,17; 19,10) darf hier – trotz seiner eigentümlichen Färbung dort – als allgemeine Umschreibung des Glaubens stehen. Der Glaube, der das Zeugnis annahm und „hat", ist die Befähigung, es nunmehr als sein Zeugnis weiterzugeben. Er „weiß", hat „gesehen", „gehört" und „betastet", was er bezeugt. Denn er ist „mit ihm (Jesus)" und hat „seine Herrlichkeit" gesehen (Joh 1,14; 11,40). Wo also das Wort der Verkündigung laut wird, bezeugt sich der Glaube selbst; ohne ihn könnte ja dieses Zeugnis nicht abgelegt werden, nur der Glaube weiß um das, was hier bezeugt wird. Losgelöst vom Glauben kann es dieses Zeugnis nicht geben, denn solange es lebendiges Zeugnis ist (nicht bloß abgestorbene Wiederholung von „Inhalten"), spricht sich in ihm lebendiger Glaube aus. Auf den Glauben ist es angewiesen, ohne ihn kann es weder empfangen noch weitergegeben werden. Nur diejenigen sind Zeugen, die „mit ihm sind"[18], die also Gemeinschaft mit

---

17 SCHNACKENBURG, Die Johannesbriefe 59.
18 Das Präsens „ihr bezeugt – ihr seid" in Joh 15,27 zeigt deutlich, daß das Bezeugen, weil das Sein mit ihm „von Anfang an", nicht aufhört (nicht eine historisch unwiederholbare Situation einer bestimmten Generation nur meint), sondern bleibende Wirklichkeit im Glauben

ihm haben und die der Erfahrung seiner Herrlichkeit teilhaftig wurden, indem sie seine Epiphanie im Glauben erkannten. Der Glaube als das Sehen seiner Herrlichkeit, als das Leben auf seine Epiphanie hin und so als „das Leben" bleibt nicht bei sich, er wird zum Zeugnis im Wort.

Dadurch tritt der Glaube in die Öffentlichkeit der Welt. Das Wort von der Zeugenschaft der Glaubenden (Joh 15,27) setzt im Zusammenhang voraus, daß dieses Zeugnis vor dem Forum einer feindseligen Welt abzulegen ist, daß es exponiert ist[19]. Zeugnis ist forensisches Wort; es ergeht an eine Öffentlichkeit, die zur Stellungnahme aufgefordert wird. Und derjenige, der zur Zeugenaussage befähigt ist, ist auch dazu verpflichtet und fühlt sich gedrängt, sie dort zu leisten, wo das, was er bezeugen kann, in Zweifel steht, nicht anerkannt wird, unbekannt ist oder auch verfälscht wird. Diese Momente des profanen Zeugenbegriffs dürfen auf den Begriff des Glaubenszeugen ausgedehnt werden. Der Glaube drängt zum öffentlichen Zeugnis, er qualifiziert zum Zeugen.

Obwohl also im Neuen Testament das Zeugnis des Glaubens im Sinne der Wortverkündigung ein eigener Dienst in der Gemeinde ist und das Zeugnis als Aufforderung zum Glauben im Sinne der kirchlichen Mission nicht anders, kann trotzdem auch dann, wenn von der Zeugenfunktion aller Christen die Rede ist, nicht jede Art von Wortzeugnis ausgeschlossen werden. Das Gespräch, auch das öffentliche (gesprochene oder geschriebene) Wort sind Formen dieses Zeugnisses. Der erste Petrusbrief bringt das bereits in den Blick: „Den Herrn Christus aber heiligt in euren Herzen, stets bereit zur Verantwortung einem jeden gegenüber, der von euch Rechenschaft fordert über die Hoffnung in euch" (1 Petr 3,15). Alle Formen sind eingebettet in die zugrunde liegende Zeugenschaft der Kirche und ihrer Glieder als des Volkes, das Gott sich schuf und als den Zeugen seiner Parusie in der Welt benennt. Wenn diese im ersten Kapitel dargelegte Schau den Zeichen- und Zeugnischarakter der Kirche als ihre zentrale Funktion erweist, dann ist Zeugnisabgabe und Mission als Dienst am Wort des Zeugnisses nicht beliebig, sondern wesensmäßiger Lebensvollzug der Kirche.

Aber schon innerhalb der christlichen Gemeinde hat das Zeugnis als Bekundung des Glaubens seinen Platz, nämlich als Anzeige der Annahme des Wortes und der Entscheidung zum Glauben, die der einzelne vor der Gemeinde macht (vgl. 1 Kor 12,3; Phil 2,11). In diesem Sinn ist das Zeugnis nicht

---

ist (vgl. auch BULTMANN, Das Evangelium des Johannes 427).
19 Dazu STRATHMANN, Das Evangelium nach Johannes 222.

vom Bekenntnis zu unterscheiden, wie die grundsätzliche Erörterung Röm 10,9f. zeigt: Das Bekenntnis als Kundgabe des Glaubens ist von diesem selbst nicht mehr streng abzuheben. Wer glaubt, tut dies im Wort des Bekenntnisses der Gemeinde kund, wie es sich im Glaubensbekenntnis der Liturgie erhalten hat. Er bezeugt den Glaubensbrüdern damit seinen eigenen Glauben, und das gemeinsame Fundament aller, dessen man sich bezeugend gegenseitig versichert, trägt zur Auferbauung der Kirche entscheidend bei.

Es ist aufschlußreich, daß nach dem Neuen Testament die christliche Botschaft nicht nur verkündet, ausgerufen, gelehrt und überliefert, sondern auch bezeugt wird. Die Verkündigung kann, wo sie lebendiges Wort ist, nie unbeteiligt geschehen. In ihr legt der Verkünder Zeugnis für Jesus Christus und ein Selbstzeugnis seines Glaubens ab. Er könnte nicht so sprechen, wenn nicht sein Glaube aus ihm sprechen und sich in seinen Worten bezeugen würde. „Da wir aber denselben Geist des Glaubens haben, von dem geschrieben steht: ‚Ich habe geglaubt, darum habe ich geredet' (Ps 115,1), so glauben auch wir und reden deshalb auch" (2 Kor 4,13). Die Botschaft ist im Vollzug immer zwar das eine Evangelium, aber jeweils als Zeugnis dieses Menschen, der glaubt und dessen Glaube das Zeugnis auf seine Lippen legt. Die Überzeugungskraft und Glaubwürdigkeit hat also unmittelbar mit der Wahrhaftigkeit des Glaubens zu tun, wenn nicht ein Lügenzeugnis abgelegt wird. Freilich geht in das Zeugnis des redlichen, verantworteten Glaubens auch sein „Unglaube" (Mk 9,24), sein Versagen und Suchen mit ein. Dadurch wird jedoch das Zeugnis nicht kompromittiert, vielmehr als Zeugnis gerade dieses Menschen glaubwürdig. „Wir haben diesen Schatz in irdenen Gefäßen, damit die überschwengliche Kraft von Gott ist und nicht von uns" (2 Kor 4,7).

3. Wandel als Zeugnis

Im bekennenden, preisenden, verkündenden Wort tritt der christliche Glaube – sich selbst darin bezeugend – aus sich heraus an die Öffentlichkeit der Gemeinde bzw. der Welt. Der zweite Ort seines Greifbarwerdens, der dem Wort bereits vorausliegt, ist der Vollzug des Glaubens im Wandel des Christen. Ohne diesen „Vollzug" gibt es den Glauben nicht, weil der Glaube sich nie darin erschöpft, die Bejahung von „Wahrheiten" zu sein. Der Glaube ist die Umkehr des ganzen Menschen in allem, was ihn betrifft und was er unternimmt. Von der Zeichenhaftigkeit des Wandels aus dem Glauben spricht das Neue Testament mannigfach. Allerdings benennt es diesen Sachverhalt nur ganz vereinzelt mit dem Wort „Zeugnis". Man muß also über das Vorkommen dieser Terminologie hinaussehen und entdeckt dann die deutliche Überzeugung der alten Kirche, daß der gelebte Glaube durch sich selbst ein Zeichen und Zeugnis für das Geheimnis des Evangeliums darstellt, weil er, wo immer er gelebt wird, auffällig genug sich abhebt.

a. Die Kirche

Die Kirche des Neuen Testaments weiß sich als das „Ergebnis", als die Frucht des Heilshandelns Gottes, und sie bezeugt darum durch sich selbst das Geschehene. Das Woher des Glaubens, der Inhalt des Zeugnisses wird bereits Zeugnis genannt: Zeugnis Gottes, Zeugnis Jesu Christi und Zeugnis seines Geistes. Der Gott, der sich schon früher den Menschen „nicht unbezeugt gelassen hat", indem er „Gutes wirkte" in den Geschenken von Regen, Fruchtbarkeit, Speise und Frohsinn (Apg 14,17), hat sich jetzt neu und endgültig bezeugt in Jesus Christus. Vielleicht in diesem Sinn nennt Paulus den Inhalt seines Evangeliums „das Zeugnis Gottes" (1 Kor 2,1)[20]. Im vierten Evangelium ist Jesu Gekommensein, Wirken und Reden sein Zeugnis und das Zeugnis des Vaters für ihn (s.o.). Jesus Christus ist der frühen Kirche der „getreue und wahrhaftige Zeuge" schlechthin (Offb 1,5; 3,14), denn von ihm stammt alle zuverlässige Kunde über Sinn und Zukunft der Geschichte (Offb 1,1f.; 22,16). Die eschatologisch-apokalyptische Rede ist „Zeugnis Jesu" (Offb 1,9) genannt, nämlich Zeugnis, das von Jesus abgelegt wurde. Gott bezeugt sich seiner Gemeinde und durch diese der Welt. Gottes Selbstzeugnis in seinen „Taten" als seine Offenbarung in der Geschichte geschieht seit der Erhöhung des Sohnes durch die Seinen, in denen der Geist Zeugnis gibt (Apg 5,32; Joh 15,26f.)[21]. So ist die Predigt vom Erlösungstod des Mittlers Je-

---

20 Wenn nicht mit wichtigen Handschriften „Geheimnis" zu lesen ist statt „Zeugnis".

21 Hier wie an anderen Stellen halten wir es für legitim, entsprechende Aussagen der Schrift aus ihrer historisch sehr genau bestimmten Bedeutung auf einen umfassenderen, grundsätzlicheren Sinn christlichen Selbstverständnisses zu deuten (vgl. auch unten zu Apg 10,41).

sus Christus „das Zeugnis zur rechten Zeit" (1 Tim 2,6), das Evangelium ist „das Zeugnis von unserem Herrn" (2 Tim 1,8).

Von daher ist nun die Christengemeinde entsprechend umschrieben als Gemeinde derer, bei denen das Zeugnis Glauben gefunden hat (2 Thess 1,10), in denen das Zeugnis von Christus „befestigt" wurde (1 Kor 1,6); sie sind die „Brüder", die das Zeugnis „haben" (Offb 6,9; 12,17; 19,10). Wiewohl das Zeugnis die Bezeugung von Vergangenem zuerst ist, bedeutet es nicht ein bloßes erinnerndes Zurückschauen, sondern primär ein Ausschauen nach vorn: Die im Zeugnis Befestigten „erwarten die Offenbarung unseres Herrn Jesus Christus" (1 Kor 1,7). Das vergangene Geschehen wird ja, wie gesagt, so bezeugt, daß es auf die Zukunft verweist und die Zukunft als eschatologisches Heil schon in dieser Gegenwart als wirksam erweist. Der Glaube bezeugt die schon angebrochene Präsenz – in der Gemeinschaft des Gedächtnismahles des Herrn, und zugleich die Zukünftigkeit der eschatologischen Fülle – im Ruf des „Komm, Herr Jesus" (1 Kor 16,22; Offb 22,17,20; vgl. dazu Röm 8,18 u.a.). Der Glaube legt dieses Zeugnis –neben dem Wort – durch den Vollzug ab. Die Glaubenden würden so nicht leben, wenn sie dieses Heil nicht erfahren hätten, wenn es das, woraufhin sie glauben, „nicht gäbe". In ihrer Glaubensgemeinschaft bezeugt sich die Wirklichkeit, die sie bekennen, „Wenn Christus nicht auferweckt ist, ist leer euer Glaube, seid ihr noch in euren Sünden" (1 Kor 15,17), So aber wissen sie sich als „Heilige", die „im Geist (Christi) wandeln", weil sie „im Geist leben" (vgl. Gal 5,25). Ihre Gemeinschaft, in der die vielen „ein Leib" sind, ist „die Gemeinschaft des Leibes und Blutes Christi", welche sie im Segenskelch und im Brotbrechen erfahren (1 Kor 10,16f.). An dem, was sie als Gemeinde der Glaubenden sind, läßt sich ablesen, was durch Gott an ihnen geschah. Dieser Gedanke wird von Paulus noch präzisiert[22]. Die Gemeinden sind durch sich selbst und als solche ein Zeugnis. Die Thessalonicher, die „das Wort aufnahmen", sind dadurch eine Verkündigung an ihre Umgebung geworden (1 Thess 1,6f.). Die Gemeinden Mazedoniens erweisen durch ihre vielfältige Bewährung im Glauben die „Gnade Gottes, die ihnen gegeben ist" (2 Kor 8,1–6), und umgekehrt hat der Eifer der Korinther die Mazedonier angestachelt (2 Kor 9,2). Die Gemeinden legen durch ihren lebendigen Glauben voreinander ein gegenseitig förderndes Zeugnis ab und werden damit zum Zeichen für die in

---

22 In ganz anderem Zusammenhang zwar, aber unter einem ähnlichen Gesichtspunkt sind bei MARXSEN, Exegese und Verkündigung 17, die im folgenden genannten Texte zusammengestellt.

ihnen wirksame Kraft, so daß daraufhin andere zum Glauben kommen. Sie sind lebendiges Wort der Verkündigung im Zeichen. Sie sind „Wort", ja sogar „geschriebener Text". Sie reden durch ihr Dasein. Paulus kann sagen: „Unser Brief seid ihr, der in unser Herz eingegraben ist und von allen Menschen verstanden und gelesen werden kann, die ihr vor aller Augen dasteht als ein von uns besorgter Brief Christi, der geschrieben ist nicht mit Tinte, sondern mit dem Geiste des lebendigen Gottes, nicht auf steinerne Tafeln, sondern auf Tafeln, die menschliche Herzen sind" (2 Kor 3,2f.). Daß Paulus hier so spricht zu dem Zweck, um aus dem Vorhandensein der Gemeinden sein Apostolat zu legitimieren (sie sind der ‚Empfehlungsbrief'; vgl. 1 Kor 9,1), soll nicht darüber hinwegsehen lassen, daß hier dieselbe Vorstellung vorliegt. In dem mehrschichtig durchgeführten Bild vom Brief ist wiederum enthalten, daß die Gemeinde durch ihr Dasein „spricht", „mitteilt", denn sie ist ja „Brief Christi" und zeigt als solcher in seinen Zeilen den „Geist des lebendigen Gottes", der sich in ihr bezeugt. Der Glaube der Römer ist eine Kunde unter den Christen „auf der ganzen Welt" geworden (Röm 1,8; 16,19). – Ebenso gehört das Wort des Paulus hierher: „Durch Gottes Gnade aber bin ich, was ich bin" (1 Kor 15,10). In seiner Umkehr von der Verfolgung zum Dienst Christi ist die Gnade Gottes zu erkennen, die mit ihm war und sich in seinem Apostelwirken als wirksam und erfolgreich bezeugt hat. Etwas ganz Ähnliches ist es, wenn nach Röm 6 das Wesen der Taufe an den Getauften ablesbar ist und von Paulus an ihnen explizit wird statt in einer Tauflehre.

Voraussetzung und Befähigung, daß die Kirche Zeugnis und der Christ Zeuge sei, ist der Glaube selbst. Dieses Zeugnis kann nicht von allen beliebigen Menschen geleistet werden, sondern nur von denen, die aus der Glaubenserfahrung kommen, daß Christus sich ihnen nach der Auferstehung „gezeigt" hat. Was die Apostelgeschichte (10,41) über das Zeugnis der zwölf Apostel als der ganz besonderen Zeugen von unwiederholbarem Rang aussagt (s.o.), darf in einer Übertragung auf alle christliche Zeugenschaft ausgedehnt werden, Zeugen können nur die sein, die dem Auferstandenen begegnet sind, und diese Begegnung vollzieht sich im Glauben innerhalb der Glaubensgemeinde. Er ist ja „nicht allem Volk erschienen, sondern den von Gott im voraus erwählten Zeugen, uns" (Apg 10,41). Die Gläubigen sind ihm im Wort der Verkündigung, im Zeugnis seiner Zeugen begegnet und erfahren seine Gegenwart in der Gemeinde. Diese Begegnung, die zum Zeugnis befähigt, kann nicht auf die einstigen Erscheinungen des Auferstandenen (unbeschadet ihrer Besonderheit) eingeschränkt werden. In ähnlicher Übertragung wie der eben vollzogenen sind ja alle Gläubigen diejenigen, „die nach seiner Auferstehung, von den Toten mit ihm gegessen und getrunken haben" (Apg 10,41), da sie in der eucharistischen Mahlgemeinschaft wieder und wieder seine Epiphanie und Gegenwart feiern. Aus dieser „Begegnung" lebt das Zeugnis. Nur die können Zeugen des auferstandenen Christus sein, denen er sich gezeigt hat und die in der Gemeinschaft mit ihm leben, die er selbst gestiftet hat. „Ihr gebt Zeugnis, weil ihr von Anfang mit mir seid" (Joh 15,27). Die Kirche hat die Funktion, Zeugnis vom Wort Gottes in Jesus Christus zu geben und der Ort zu sein, wo die Antwort des Menschen im Glauben gegeben wird und wo in der Gemeinde der sich dem Wort öffnenden Menschen zeichenhaft und verborgen, sichtbar aber dem, der zur Umkehr bereit ist, Gottes Heil im mitmenschlichen Zusammensein der Glaubenden aufleuchtet. Dieses Zeugnis, das in der gläubigen, getreuen Selbstdarstellung der christlichen Gemeinde liegt, sei im folgenden des näheren und einzelnen erläutert, wie es im Neuen Testament entfaltet wird. Die verschiedenen „Themen", unter denen das Zeugnis zur Sprache kommt, dürfen nicht als separate Einzelformen dieser Zeugenschaft genommen werden. Sie sind die Entfaltung der einen einheitlichen Verwirklichung des Glaubens, der in der Verwirklichung selbst das sichtbare Zeugnis ist.

b. Die Liebe

Das für das Neue Testament erstrangige Gebot der Liebe, in der „der Glaube wirksam wird" (Gal 5,6), also greifbar ist, steht in einem vorzüglichen Sinn unter dieser Perspektive der bezeugenden Zeichenhaftigkeit. Auf unüberbietbare Weise zeigen das im Johannesevangelium Jesu Deutungsworte zur Fußwaschung: „Wenn ich, der Herr und Lehrer, euch die Füße gewaschen habe, dann müßt auch ihr einander die Füße waschen. Denn ich habe euch ein Beispiel gegeben, damit auch ihr tut, was ich euch getan habe" (Joh 13,14f.). Das Handeln Jesu ist in diesem Sinn ein Anfang. Sein Liebesdienst sucht die Fortsetzung unter den Seinen. Sein Beispiel gibt den Anstoß. Er, der nicht gekommen ist, „um bedient zu werden, sondern um zu dienen und sein Leben hinzugeben als Lösegeld für viele" (Mk 10,45), ist selbst das Lebensgesetz seiner Kirche. Kehrt man dieses um und stellt es so in den vorliegenden Zusammenhang, so spricht man damit aus, was die biblischen Texte bereits mitbesagen: Wo unter den Christen die Liebe gelebt wird, ist darin Gottes in Jesus Christus geoffenbarte Liebe lebendig bezeugt. Die Liebe Gottes, die „ausgegossen ist in unseren Herzen" (Röm 5,5) als das eschatologische Geschenk des Heils, zeigt sich je neu in der wirksamen Liebe der Glaubenden. Wenn Menschen „einander die Füße waschen", zeigen sie damit immer zugleich an, daß ihnen „der Herr und Lehrer die Füße gewaschen" hat, das heißt, daß sie Gottes Liebe an sich selbst erfahren haben und ihr in ihrem Herzen Raum geben. Das Liebesgebot meint nicht diese und jene Geste, Hilfestellung oder Verrichtung, es setzt grundsätzlicher an. In umfassenderer Weise meint es die Besonderheit des Lebens in dieser Welt und mit den Menschen, wie es der Glaubende in Korrespondenz zu seinem Glauben lebt. Der Glaube manifestiert sich in seiner mitmenschlichen Liebe. Haß ist mit Unglauben identisch (vgl. 1 Joh 2,11; 4,20). In der Welt glauben, heißt den Bruder lieben. „Dieses Gebot haben wir von ihm, daß der, der Gott liebt, auch seinen Bruder liebt" (1 Joh 4,21). Diese Liebe ist der „Vollzug" des eschatologischen Glaubens selbst, in ihr inkarniert sich das Geschehen, aus welchem der Glaube lebt: „Darin besteht die Liebe, nicht daß wir Gott geliebt haben, sondern daß er uns geliebt hat" (1 Joh 4,10). Die Liebe, ohne die es den eschatologischen Glauben nicht gibt, ist also nicht allgemeine Humanität und Menschenfreundlichkeit. Sie ist unverwechselbar, denn sie kann sich nicht mehr aus den Maßstäben dieser Welt motivieren. Sie ist spezifisch „Neues": „Ein neues Gebot gebe ich euch, daß ihr einander liebt, wie ich euch geliebt habe, damit auch ihr einander liebt" (Joh 13,34). Die Liebe Gottes, die sich in Jesus geoffenbart hat, ist das „Motiv" für die Liebe der Glaubenden, welches einzigartig ist und das es vordem nicht gab. Denn Gott hat seine Liebe auf diese Weise erst in Jesus Christus die Menschen erfahren lassen. So daß also die zwischenmenschliche Liebe nicht die sittliche Folgerung aus einer Haltung oder die praktische Konsequenz aus einer Lehre ist, vielmehr ist in ihr Gottes Liebe selbst anwesend. Die Liebe besteht darin, daß „er uns zuerst geliebt hat". Es ist seine Liebe, die sich unter den Glaubenden fortsetzt und in ihrer Gemeinschaft – sofern sie tatsächlich gelebt wird – greifbar die Verhältnisse umgestaltet. Die Offenbarung der Liebe Gottes als das eschatologische Heil erfährt ihre Antwort in der zwischenmenschlichen Liebe, in der Gottes Liebe präsent bleibt und bleibend erfahrbar ist. Denn wenn die Liebe „in ihnen" ist, so bezeugen sie dadurch, daß ihnen Gottes Name kundgemacht wurde und es die gleiche Liebe ist, mit welcher der Vater den Sohn geliebt hat (Joh 17,26).

Die Liebe kann, sofern sie wirklich gelebt wird, nicht unsichtbar bleiben. An ihr ist Jesu Gemeinde auch für die Ungläubigen erkennbar, sie läßt ihre Herkunft entdecken: „Daran werden alle erkennen, daß ihr meine Jünger seid, wenn ihr Liebe habt untereinander" (Joh 13,35). So weist das Zusammenleben und Tun der Christen, weil und soweit es aus der Liebe kommt, über sich hinaus auf die Liebe Gottes, die darin Gestalt in dieser Welt gewinnt. Die Liebe als der Vollzug des Glaubens ist durch ihre Andersartigkeit, durch ihre „Nonkonformität", durch ihre Auffälligkeit inmitten des völlig anders orientierten menschlichen Treibens die Selbstbezeugung des Glaubens. Die alte Kirche machte die Erfahrung, daß das Verhalten der Christen zum unübersehbaren Zeichen unter den Nichtchristen wurde. Die gelebte Liebe wird zum beredten Zeugnis.

So schreibt beispielsweise Ignatius von Antiochia († um 110 n. Chr.) an die Kirche zu Tralles: „Habe ich doch das Abbild eurer Liebe empfangen und habe es bei mir in der Person eures Bischofs, dessen Haltung als solche eine große Predigt, dessen Sanftmut eine Macht ist; ihn achten vermutlich auch die Gottlosen" (IgnTrall 3,2)[23]. Tertullian († nach 220 n. Chr.) bemerkt nach einer Beschreibung des einander dienenden Zusammenlebens der Christen: „Doch eben solcher Liebe Werk drückt uns in den Augen vieler ein Mal auf. ‚Seht', sagen sie, ‚wie sie sich gegenseitig lieben' – sie selbst nämlich hassen sich gegenseitig – ‚und wie sie füreinander zu sterben bereit sind' – sie selbst nämlich wären eher einander umzubringen bereit."[24] – Die Christen empfanden ihr aus dem Glauben und in der Liebe gelebtes Leben als so auffällige Unterbrechung des sonstigen menschlichen Verhaltens, daß sie sich über das Erstaunen der Heiden nicht wundern. Die Distanz zwischen beiden Weisen zu leben ist ihnen nur zu gut bekannt, da sie sie ja selbst in ihrer Hinwendung zum Glauben durchschritten haben. Allerdings spricht aus vielen alten Texten das dankbare Staunen der Christen selbst, mit welchem sie von der unter ihnen gelebten Liebe sprechen: Sie erkennen darin nicht ihr eigenes Werk, vielmehr Gottes Liebe, der sein Erbarmen in seinem Sohn offenbarte. Die Liebenden sind „so gesinnt wie Christus Jesus" (Phil 2,5; vgl. Röm 15,2f.). Das Heraustreten aus sich und die Hinwendung zu den Menschen, die Gott in Jesus zeigte, findet ihre sichtbare, greifbare und darum unüber-

---

23 Übersetzung von FISCHER, Die Apostolischen Väter 175; jetzt SUC I, 175.
24 *Tertullian*, apol. 39,7 (Übers. von Becker, Tertullian 185).

sehbare bezeugende Verleiblichung in der zwischenmenschlichen Liebe. Der Glaube, der „wirksam ist in der Liebe" (Gal 5,6), ist das Zeugnis. Die Liebe ist die Selbstbezeugung des Glaubens vor sich und vor der Gemeinde und das Zeichen vor der Welt zugleich. Beides ist bei Paulus ins Konkrete des Gemeindelebens gewendet. Dort ist der „Ort", wo der Glaube sich darstellt. Des Paulus Aussagen bieten wertvolle Aufschlüsse für die bleibende Situation der Kirche, die dieses Zeugnis zu bewähren hat.

c. Der Gottesdienst

Im ersten Korintherbrief greift Paulus ordnend in die mannigfachen Mißstände ein, die sich im korinthischen Gottesdienst, in den Gemeindeversammlungen dort eingebürgert haben (1 Kor 11–14). Die unterschiedlichen Verirrungen bekommen sämtlich eine einheitliche Antwort von Paulus: Die Liebe, ohne die es den Glauben doch nicht gibt, fehlt in der Gemeinde; darum kann sie nicht so zusammenkommen, daß das noch das Herrenmahl-essen genannt werden könnte (1 Kor 11,20); darum „erbaut" nicht einer den anderen in seinem Glauben, wie es sein sollte (vgl. 1 Thess 5,11), sondern steht ihm als Fremder, als „Barbar", gegenüber (1 Kor 14,11.17) und gelangt nicht zur Gemeinschaft mit ihm. Die Zusammenkünfte zum Gottesdienst führen so nicht zum Besseren, sondern zum Schlimmeren (1 Kor 11,17), weil die Liebe nicht dabei ist. Von der Forderung der Liebe, der gegenseitigen Rücksichtnahme und Brüderlichkeit her ordnet Paulus die Zustände und findet er die Antworten (1 Kor 12,31–13,13; 14,1).

Für den Zusammenhang der hier angestellten Überlegungen ist es nun wichtig, daß Paulus die Frage des kirchlichen Gottesdienstes und seiner Glaubwürdigkeit nicht nur als „interne" Angelegenheit behandelt. Sie ist zwar zuerst das, und das Zusammenkommen kann als Gedächtnisfeier der Gemeinde offensichtlich mißlingen. Paulus rechnet aber damit, daß Nichtchristen, Außenstehende oder auch Unverständige hinzukommen. Was sie dann an Erscheinungsformen der Gottesdienstpraxis, in denen sich die Gemeinde darstellt und ihr Glaube als Leben Gestalt gewinnen will, zu sehen bekommen, bleibt nicht ohne Eindruck auf sie und bildet ihr Urteil über die Christen. Wenn sie erleben müssen, daß dort in liebloser Weise jeder den anderen ignoriert und allein für sich etwas praktiziert, was zwar in sich einen

Wert hat (1 Kor 14,2.5), wovon aber der andere nicht erbaut wird, weil jede Gemeinschaft und Kommunikation im Glauben dabei ausgeschlossen ist[25], „werden sie dann nicht sagen, daß ihr verrückt seid?" (1 Kor 14,23). Wenn sie dagegen erfahren, wie alle in Gemeinsamkeit des Glaubens aufeinander zusprechen, sich gegenseitig durch Belehrung und verständliche Mitteilung im Glauben erbauen und fördern und dadurch ihre gegenseitige Liebe kundtun[26], „dann wird er (der Ungläubige, der hinzukommt) von allen überführt, von allen beurteilt. Das Verborgene seines Herzens wird offenbar, und so fällt er auf sein Angesicht und verneigt sich vor Gott und kündet: Wahrhaftig, Gott ist unter euch!" (1 Kor 14,24f.).

Diese Vorhaltungen des Paulus sind deutlich genug. Im Gottesdienst zeigt die christliche Gemeinde ihr wahres Gesicht; er wird zum Kriterium, zum Zeugnis der Präsenz Gottes und seines Geistes oder aber zum Zeugnis, welches die Gemeinde vor den Augen von Nichtchristen gegen sich selbst ablegt. In der Feier des Herrenmahles und in der Art der Wortverkündigung müssen lebendiger Glaube und wirkliche Liebe unter Beweis gestellt werden und so das gefeierte Heil bezeugen. Die Versöhnung mit Gott in Jesus Christus schlägt sich, wo der Glaube wirksam ist, im Geist der Brüderlichkeit nieder, der seine Macht über die Feiernden gewinnt. – Dazu kann nun die Wirkung auf den anwesenden Ungläubigen den Maßstab abgeben: Die zusammengekommene Gemeinde vermag ihn zu überzeugen, sofern sie „der Liebe nachjagt" (1 Kor 14,1). Die christliche Gemeinde ist in dem Augenblick, da sie „nach Ordnung" (1 Kor 14,40) im Sinn der Liebe zusammenkommt, als solche und durch sich selbst das Zeugnis für „Laien und Ungläubige" (1 Kor 14,23), weil sie darstellt, was sie bezeugt: die Gegenwart des Herrn. Ihr Tun und Sprechen im Raum der Gemeinde ist bereits eine Proklamation nach außen, und dies um so mehr, je öffentlicher und je leichter zugänglich für gerade Vorbeigehende ihre Versammlungen zum Gottesdienst sind. Aber nicht die liturgischen Praktiken als solche und nicht isoliert betrachtete Riten werden von Paulus verurteilt. Das Zeugnis ist elementar in Frage gestellt durch den mangelnden Glauben und die fehlende Liebe, mit

---

25 Der Text (1 Kor 14,23) sagt: „wenn alle in Zungen reden"; nach der Charakterisierung dieses Phänomens und nach der Kritik an seiner Praktizierung in Korinth, wie Paulus sie 1 Kor 14,2–22.26–40 (freilich polemisch) gibt, kann dasselbe auf diese allgemeine Weise so umschrieben werden.

26 So ist im Unterschied zum „Zungenreden" hier das „Prophezeien" nach dem Kontext zu verstehen. Vgl. Eph 5,19: „redet zueinander in Psalmen, Hymnen und geisterfüllten Liedern".

der die einzelnen zusammenkommen[27]. Die Unfähigkeit zur gottesdienstlichen Versammlung ist im unzulänglichen Christsein begründet, welches dann sogar jede menschliche „Richtigkeit" verstellt: Jeder nimmt beim gemeinsamen Essen seinen Teil habsüchtig, rücksichtslos vorweg, keiner wartet auf den anderen, so daß einige hungern müssen (1 Kor 11,21.33) – grundlegende Spielregeln menschlichen Zusammenseins werden dann bei der Gemeindefeier mißachtet. In der mangelnden Gemeinschaftsfähigkeit zeigt sich das Fehlen der Liebe, während gegenseitige Liebe die Gegenwart des Herrn bezeugen sollte. In der liturgischen Feier spiegelt sich die Gemeinde. Wenn die Christen einzeln versagen und hinter dem Glauben zurückbleiben, so bleibt die Verwirklichung des Glaubens in offenkundiger und zerstörerischer Weise auch dann aus, wenn alle zusammenkommen; sie kann nicht ersetzt werden: „Dann ist das nicht mehr das Herrenmahl essen" (1 Kor 11,20). – Aus der Zeichnung des Versagens und der Kritik daran ergibt sich umgekehrt, was sein könnte, wenn alle einzelnen die Liebe hätten: eine Gemeinde als lebendiges Zeugnis der Gegenwart ihres erhöhten Herrn, der in den Wirkungen seines Geistes – wenn sie nur in der Ordnung der Liebe besessen und ausgeübt würden – selbst den Ungläubigen zum Bekenntnis bewegt.

d. Die „Schwachheit"

Zeugnischarakter und Zeichenhaftigkeit der christlichen Glaubensgemeinde liegen nach Paulus weiterhin in einem Element ihrer Gestalt, dessen theologische Deutung, wie der Apostel sie durchführt, in dieser Weise wenig geläufig geworden ist. Es handelt sich hier um die Fortsetzung jenes Zeichens, das Gott gerade in der Niedrigkeitsgestalt „seines Knechtes Jesus" gesetzt hat. Für die paulinische Theologie liegt darin ein wichtiger Schlüssel zum rechten Glaubensverständnis; so daß, wo Niedrigkeit und Knechtgestalt sich vorfinden, das Kreuz selbst sichtbar wird.

Paulus ist hier von seiner Erkenntnis her zu verstehen: „Die Kraft (Gottes) kommt in Schwachheit zur Vollendung" (2 Kor 12,9), Gott hat sich als Ort und als Weise seiner Epiphanie in dieser Welt das in den Augen der Welt Schwache auserwählt. Paulus demonstriert das konsequent am Erscheinungs-

---

27 Dazu etliche treffende Bemerkungen bei BARTH, Der Zeugendienst der Gemeinde 14f.

bild der Kirche. An ihrer unansehnlichen, in den Augen der Welt „schwachen" Gestalt ist Gottes Offenbarung auf ihrem „anstößigen" und „törichten" Weg (vgl. 1 Kor 1,23) zu erkennen.

Durch seine Situation ist es bedingt, daß Paulus vor allem darauf verweist, wie er selbst in seinem Apostel-Schicksal dies unter Beweis stellt. Die „Schwachheit", das heißt Unansehnlichkeit und Glanzlosigkeit seines Auftretens wie seiner Verkündigung wurden ihm offenbar von Gegnern als Fehlen der Kraft Gottes und als Zeugnis gegen seinen Anspruch, Apostel zu sein, ausgelegt. Gegen diese Mißdeutung der „Schwachheit" legt Paulus dar, wie die Kirche und ihre Apostel aussehen, welche tatsächlich Kirche und Apostel des gekreuzigten Herrn sind. Ihr Auftreten ist ein unüberhörbares „Echo" auf das Schicksal ihres Herrn, ihre Gestalt ein unübersehbares Spiegelbild des Gekreuzigten. Die Niedrigkeitsgestalt der Kraft Gottes setzt sich in der Kirche fort. Auf den Apostel in seiner Schwachheit läßt sich die Kraft Christi nieder (2 Kor 12,9f.). Darin bezeugt sich die Umkehrung der Maßstäbe, die Gott vorgenommen hat. Die Weisheit hat er zur Torheit gemacht, das Törichte zur Weisheit (1 Kor 1,18–25). Gottes Handeln geht unerwartete, dem Denken des Menschen nicht konforme Wege. Und seine Offenbarung hat bleibend diese Gestalt. Die Erscheinung der Kraft Gottes ist das Kreuz; die Gestalt der Schwachheit, eines in den Augen der Welt törichten Verhaltens. Paulus illustriert das zu Beginn des ersten Korintherbriefes nicht am Kreuz Christi, sondern an der Kirche und ihrem Apostel.

Die „Torheit der Predigt" vom Kreuz (1 Kor 1,21) hat Paulus nicht nur in Wort und Rede „gelehrt", er hat sie durch sein Auftreten erwiesen und ist entschlossen, sie gegen alle Mißdeutungen in seinem Apostelwirken durchzuhalten. Er kam in aller Unansehnlichkeit und ohne alle augenfälligen Vorzüge der Redekunst und Weisheit zu den Korinthern. Nach dem Augenschein war er mit seiner Person offenbar sogar eine Belastung für das Evangelium infolge seiner nachteiligen äußeren Erscheinung (Gal 4,13f.). Er hat aber nicht auf Überredungskünste gesetzt, sondern auf die Unzulänglichkeit seiner Erscheinung „in Schwachheit und Furcht, in Zittern und Zagen" (1 Kor 2,1.3f.). Denn gerade so erweist sich der Geist und die Kraft, so daß der durch solche Predigt erweckte Glaube nicht auf Menschenweisheit ruht, sondern auf Gottes Kraft (1 Kor 2,4f.). Das in den Augen der Welt Imponierende hätte Gottes Kraft nicht bezeugt, sondern verstellt, Gott zeigt sich auf andere Weise, nämlich in dem unzulänglichen Wort seiner Zeugen, in dem, was die Welt für schwach hält. Das Wort des Zeugnisses und die Erscheinung der Zeugen teilen nach Paulus die Gestalt der Offenbarung Gottes in seinem gekreuzigten Sohn. Die Gestalt der Predigt wie des Verkünders bezeugen in ihrer „Schwachheit" die Erniedrigung des Kreuzes und darin die Kraft Christi. Das Evangelium wird nur so unverfälscht und glaubwürdig bezeugt. Das Zeugnis partizipiert am Kreuz und erbringt so den Erweis von Geist und Kraft, indem es auf „überragende Kunst" verzichtet (1 Kor 2,1). – Paulus macht an etlichen Stellen seiner Briefe sich selbst zum Gegenstand der Verkündigung, weil an der Gestalt seines Lebens Entscheidendes erkannt werden kann. Diese Selbstverkündigung offenbart den Zeugnischarakter der Glaubens-Existenz aufs deutlichste, denn sie kann nur so verstanden werden: „Nicht uns verkündigen wir, sondern Christus Jesus als den Herrn, uns aber als eure Sklaven um Jesu willen" (2 Kor 4,5). Wenn Paulus von sich selbst redet, so verweist er damit auf das lebendige Wort seines Lebens, das in Verlauf und Gestalt den Gekreuzigten als den Herrn verkündet.

Nicht nur der einzelne, der Apostel, sondern die Gemeinde als ganze stellt dasselbe Zeugnis aus. Um ihnen das Evangelium vom Kreuz, das heißt von der Offenbarung der Kraft Gottes in Schwachheit, zu erklären, kann Paulus den Korinthern bündig sagen: „Seht doch eure Berufung an, Brüder! Da sind nicht viele Weise nach menschlichen Begriffen (unter euch), nicht viele Mächtige, nicht viele Hochgeborene. Nein, das Törichte in der Welt hat Gott auserwählt, um die Weisen zu beschämen, und das Schwache in der Welt hat Gott auserwählt, um das Starke zu beschämen, und das Niedriggeborene in der Welt und was nichts gilt, hat Gott auserwählt, was gar nichts ist, um das, was gilt, zunichte zu machen, damit sich niemand vor Gott rühme" (1 Kor 1,26–29). Die Kirche ist das sichtbare Zeichen für die Gegenwart der Kraft Gottes in „Schwachheit". Das Törichte, Schwache, Niedriggeborene, Verachtete der Welt bildet die Heilsgemeinde Gottes. Was hier an der soziologischen Struktur einer urchristlichen Gemeinde illustriert wird, ist ein auch unter veränderten Verhältnissen nicht hinfällig werdendes Wesenselement der Gemeinde. Wie der biblische Begriff des „Armen" mehr besagt als soziale Armut und eine Haltung vor Gott umschreibt, so charakterisiert die „Schwachheit" der christlichen Gemeinde ihre Glaubensgemeinschaft mit dem Gekreuzigten, die sich greifbar in ihrer Selbstdarstellung vor der Welt niederschlägt. Wie die soziologische Schichtung an sich noch nichts über den tatsächlichen Glauben und sein lebendiges Zeugnis besagt, so kann umgekehrt das Zeugnis der Schwachheit auch von einer Kirche abgelegt werden, in der es viele Reiche und Mächtige und Hochgeborene gibt. Auch deren Glaube muß die Schwachheit des Kreuzes bezeugen. Der Glaube ist als Zeugnis dem Bezeugten gleichförmig, sonst würde dieses nicht sichtbar. Der Glaube an das Kreuz ist – wie das Kreuz selbst – nicht dem Denken dieser Welt konform, und also wird er auch als Zeugnis immer den Fremdheits- und Torheitscharakter teilen. Diese Gestalt der Kirche, wie Paulus sie vor Augen hat, stellt – gerade im Sinn des Apostels – durchaus keine innerweltliche Propaganda dar. Und doch charakterisiert er sie nicht als vorläufig, peinlich und der Überwindung bedürftig, sondern gerade als den Erweis von Gottes Kraft. So ist sie das Zeichen des im gekreuzigten Jesus erschienenen Gottes. Es ergibt sich unmittelbar, daß die Kirche das Zeichen seiner Präsenz nur so lange ist, als sie die Kirche in „Schwachheit" ist. Daß Gottes Macht und Herrlichkeit in diesem Äon durch eine Macht- und Herrlichkeitsgestalt der Kirche bezeugt würde, findet sich bei Paulus und im übrigen Neuen Testament nirgends angedeutet. Die Epiphanie der Kraft Gottes ist bis zur Parusie immer die „Schwachheit".

Denn als solche hat sie sich von Anfang an offenbart. Die „Schwachheit" der Glaubens-Existenz ist die „Schwachheit" Jesu: „Wohl wurde er in Schwachheit gekreuzigt, aber er lebt nun durch Gottes Macht. So sind auch wir in ihm schwach, aber wir leben mit ihm aus Gottes Kraft für euch" (2 Kor 13,4; vgl Hebr 5,2). Paulus scheut sich ja nicht, die Wege Gottes in seiner Offenbarung „Gottes Torheit" und „Gottes Schwachheit" zu nennen (1 Kor 1,25). Die „Schwachheit" der Glaubenden ist das Eingehen auf die in solcher Gestalt ergangene Offenbarung und ist Teilhabe am Kreuz. So wird sie geradezu zu einem Ehrenmerkmal der Kirche und des Christen: „Ich habe Gefallen an (meinen) Schwachheiten… um Christi willen. Denn wenn ich schwach bin, dann bin ich stark" (2 Kor 12,10). In der Schwachheit ist Gottes Kraft „da", so daß sie zur Ursache des Rühmens wird: „Wenn gerühmt sein muß, so will ich mich meiner Schwachheiten rühmen" (2 Kor 11,30). Sie ist die Ursache der Freude (2 Kor 12,10; 13,9), weil in ihr Gottes Kraft erfahren und als wirksam bezeugt wird.

Die „Schwachheit", die in diesem Sinn ein positiver Begriff ist (nicht die sündhafte Schwäche), eben das „in den Augen der Welt Schwache", stellt nicht aus sich dieses Zeugnis dar, etwa als Tugend der Selbstbescheidung, sondern allein als Ausdruck für das Raumgeben gegenüber dem sich offenbarenden Gott – als Gefäß für den Erweis seiner Kraft in der Ähnlichkeit mit dem Gekreuzigten. Die Gestalt der Epiphanie Gottes in der Welt ist am

Kreuz erkennbar, die „Torheit" des Kreuzes aber in der Gestalt des Glaubens-
zeugnisses nachgebildet.

e. Die Einheit

Mit dem sichtbaren Zeichen- und Zeugnischarakter der christlichen Liebe,
von der oben die Rede war, hängt es eng zusammen, wenn nach dem Johannesevangelium die Einheit der Kirche das Heilsgeschehen für die Welt bezeugt: „damit sie alle eins seien, wie du, Vater, in mir und ich in dir, damit
auch sie in uns (eins) sind, damit die Welt glaube, daß du mich gesandt hast.
Ich habe die Herrlichkeit, die du mir gegeben hast, ihnen gegeben, damit sie
eins sind wie wir eins (sind); ich in ihnen und du in mir, damit sie vollendet
seien zur Einheit, auf daß die Welt erkennt, daß du mich gesandt hast und
sie geliebt hast, wie du mich geliebt hast" (Joh 17,21–23). Die Einheit der
Kirche ist danach Zeugnis für die Sendung Jesu durch den Vater, das heißt
für Gottes Offenbarung in seinem Sohn, für seine Fleischwerdung in der Geschichte. Denn in der Liebe der Christen zeigt sich, daß Gott sich in seinem
Sohn in Liebe den Menschen zugewendet hat. Die Einheit unter den Glaubenden bezeugt diese Liebe Gottes, die unter ihnen wirksam ist. Wo die Einheit fehlt, muß das Zeugnis schwere Einbuße erleiden. – Über die inhaltlich
und sprachlich verschieden gesetzten Akzente hinweg erkennt man, wie nahe
dies dem Anliegen des Paulus im ersten Korintherbrief (1 Kor 14,23f.)
kommt.

Es wird in diesem Text deutlich, wie die Einheit, um welche die Kirche
von ihren Anfängen an und durch die Jahrhunderte unter schwersten Nöten
und großen Enttäuschungen ringen mußte, sich nicht vordergründig in einer Lehreinheit erschöpft. Hinter der einheitlichen Lehre kann sich
schlimmste Uneinheit verbergen und so trotzdem das hier gemeinte Zeugnis
vor der Welt ausbleiben. Zeugniskraft hat jene Einheit, die die johanneischen Schriften als die Konsequenz des Glaubens darstellen: die Einheit in
der Liebe, mit der er uns geliebt hat (Joh 13,34; 15,12). Sie hat ihren Grund in
der Einheit des Vaters mit dem Sohn (Joh 17,21.22), in ihrer Liebe zueinander. Die Gemeinde ist dadurch eins, daß sie „in uns (eins) ist" (Joh 17,21).
Ausschlaggebend für die Einheit in der Liebe ist also die im Glauben erfahrene Einheit des Sohnes mit dem Vater und die Liebe, mit der er uns geliebt

hat. Diese Liebeseinheit scheitert nicht an menschlichen Schwierigkeiten und an der Hürde gegenseitiger Abneigung, weil sie in der allen geschenkten Liebe Gottes gründet. Aber gerade die Dringlichkeit dieses Gebetes Jesu zeigt, in welcher Gefährdung durch die menschlichen Neigungen der Glaube als Einheit in der Liebe gelebt werden muß. Die Einheit und damit das Zeugnis können verlorengehen.

Wenn es aber die Gemeinde, in der in Jesus geschenkten Liebe Gottes geeint, gibt, so ist sie ein Zeichen (Joh 13,35): „damit die Welt glaubt... damit die Welt erkennt, daß du mich gesandt hast" (Joh 17,21.23). Sie bezeugt die Stunde des Heils, da sich Gott auf letztgültige Weise in seinem Sohn geoffenbart, ihn gesandt hat, denn sie würde und könnte diese Liebe untereinander nicht leben, wäre sie nicht geliebt worden. Diese Wirklichkeit der geschenkten göttlichen Liebe ist nicht einfach sichtbar und aufweisbar, ihr Niederschlag unter den Glaubenden ist aber Zeichen, das für andere zur Möglichkeit des Glaubens werden kann. Die Reaktion der Welt auf die Existenz der Gemeinde kann der Haß (Joh 17,14), aber auch der Glaube und die Erkenntnis sein (Joh 17,21.23). Die Unterscheidung und Abgrenzung der Gemeinde von „der Welt", die in dieser Einheit zum Ausdruck kommt, ist Zeichen der eschatologischen Gemeinde, deren Wandel in der Welt nicht mehr nach dem Muster dieser Welt verläuft und darum als Anstoß empfunden oder als Zeugnis vernommen wird.

f. Der Wandel im Glauben

Aus ihrer Überzeugung, daß sie sich in ihrem Glauben als lebendiges Zeugnis erweist, sobald dieser Glaube in der Gemeinde als die gegenseitige Liebe, als Einheit und als Ähnlichkeit mit dem Gekreuzigten Gestalt gewinnt, schöpfte die alte Kirche die kräftige Zuversicht, daß der gesamte Wandel der Christen im Glauben als, dieses Zeichen von der Welt bemerkt werde. Die Vielfalt des Zeugnisses spaltet nicht dessen Kraft, sondern erweist den Glauben als durchgängig wirksam. So vielfältig das Leben des Menschen ist, so vielfältig erweist sich der Glaube des Christen, weil er das ganze Leben trägt. In spezifischer Weise wird er in der Gemeinde augenfällig wirksam. Darüber hinaus jedoch wird er zum Zeichen, wo immer man Christen antrifft. Die frühe Kirche konnte sehr sicher von ihrer greifbaren Zeugenschaft sprechen und auf deren Konkretionen zeigen. Wenn sie noch so betroffen war über Abfall und Unglauben, sie wußte trotzdem ihr Zeugnis gewahrt. Der Glaube blieb auffällig, weil er sich abhob. Er war nicht eingeebnet in die Gesetzlichkeiten der Welt und ließ die Ungläubigen aufmerken, indem er an der Erfahrung der Endzeit, die mit Jesus hereingebrochen ist, deutlich orientiert war. Das durchgängige, allgegenwärtige Zeugnis des Christen, das er nicht erst in der versammelten und zusammen lebenden Gemeinde, sondern überall auch als einzelner ablegt, ist im Gleichniswort von der weithin sichtbaren Stadt und vom Licht in seiner Anwendung durch Matthäus (Mt 5,15f.) verlangt: „Ihr seid das Licht der Welt. Eine Stadt, die auf einem Berge liegt, kann nicht verborgen bleiben. Man zündet auch nicht ein Licht an und stellt es unter den Scheffel, sondern auf den Leuchter, und dann leuchtet es allen, die im Hause sind. So soll euer Licht vor den Menschen leuchten, damit sie eure guten Werke sehen und euren Vater im Himmel preisen". Dieses Wort erinnert an die zu Anfang gezogene Parallele zur Zeugenfunktion Israels, denn auch von Israel heißt es – wiederum bei Deutero-Jesajas: „Ich machte dich … zum Lichte der Heiden" (Jes 42,6). Der gute Wandel ist als Konsequenz des Glaubens der Abglanz des erfahrenen Heils. Die Christen sind „leuchtende Sterne in der Welt" (Phil 2,15), und ihr „Licht" ist der Widerschein des „Lichtes" Jesus (Joh 8,12). Ihr Tun und Handeln hat vor der Öffentlichkeit der Welt diesen Charakter: das Zeugnis zu bewähren oder zu verleugnen; es „kann nicht verborgen bleiben" und wird stets – nach der einen oder der anderen Seite – auffallen. Nach Mt 5,15 soll die Zeichenhaftigkeit ihres Lebens nicht dem Zufall überlassen bleiben; der Ort der Christen ist nicht das Versteck, sondern eine exponierte Stellung, in der sie nicht zu übersehen sind[28]. Und der Erfolg wird sein, daß die Menschen „euren Vater im Himmel preisen", eben weil sie dessen Liebe und Vollkommenheit im christlichen Wandel erkennen (vgl. Mt 5,48; Lk 6,36).

Wenn weitere biblische und altkirchliche Texte von diesem Zeugnis im Wandel des Christen als einem offensichtlichen Zeichen des Glaubens sprechen, was ist es letztlich, was sich darin bezeugt? Ist es die Vorbildlichkeit eines mustergültigen sittlichen Lebens, ist es einfach das, was als Leistung auf den „Heiden" Eindruck macht? Oder ist es eine aus der Gottesliebe moti-

---

28 Schmid, Das Evangelium nach Matthäus 85, weist zum rechten Verständnis dieses Auffallen-wollens auf Mt 6,1–18 hin, um den Unterschied zu zeigen „zwischen dem offenen, furchtlosen Bekenntnis des Glaubens im ganzen Lebenswandel und dem Zur-Schau-Stellen der frommen Werke, um von den Menschen beachtet und gelobt zu werden".

vierte edle Humanität? Die betreffenden Aussagen, die dann im weiteren zu nennen sind, bestätigen, was nicht anders erwartet werden kann: Das Spezifische und Eigentliche des christlichen Glaubens, des Evangeliums selbst ist Inhalt dieses Zeugnisses. Im Leben der Christen wird zeichenhaft sichtbar, daß der christliche Glaube nicht eine weitere Lehre und „Weltanschauung" neben den schon vorhandenen ist, sondern daß er eschatologischer Glaube ist.

Die eschatologische Erfahrung des Urchristentums erweist sich als das einheitliche Bekenntnis durch die Verschiedenheit aller neutestamentlichen Sprachen hindurch. Es wäre notwendig, an dieser Stelle bibeltheologisch ausführlich zu interpretieren, wie die eschatologische Erfahrung das bleibend Spezifische des Christentums ist, die Mitte des Glaubens, der von da aus eine ganz unverwechselbare, eigentümliche Existenz des Menschen, der glaubt, begründet. Diese Interpretation kann hier nur andeutungsweise unternommen und auf kürzestem Wege in der Konsequenz dieser Glaubenserfahrung aufgezeigt werden[29]. Seine Konsequenz hat der Glaube aber gerade für das Bestehen der welthaften Existenz des Mensehen, so daß er in seiner Eigentümlichkeit an dem tatsächlich im Glauben gelebten Leben des Menschen erkennbar sein wird. Für die hier notwendige Andeutung mag am günstigsten ein Text aus den Paulus-Briefen dienen, der unmittelbar den „neuen", eigentümlich dialektischen Standort des Glaubens in der Welt anzeigt: „Das jedoch sage ich, Brüder: Die Zeit ist begrenzt: daß also auch die, die Frauen haben, so seien, als hätten sie keine, und die, die weinen, als weinten sie nicht, und die sich freuen, als freuten sie sich nicht, und die kaufen, als behielten sie es nicht, und die mit der Welt verkehren, als hätten sie nichts davon. Denn die Gestalt dieser Welt vergeht" (1 Kor 7,29–31). Die Einklammerung dieses charakteristischen „als-ob-nicht" durch die zwei Sätzchen „die Zeit ist (eng) begrenzt" und „die Gestalt dieser Welt vergeht" zeigt die eschatologische Motivierung. Sie kann nicht als einst akut gewesene, jetzt überholte Naherwartung der Parusie, damit also als zeitbedingte Vorstellung der christlichen Frühzeit beiseitegelassen werden. Sie ist der Erfahrungshorizont und Zusammenhalt des ganzen Neuen Testaments: Seit Jesus Christus ist Endzeit, wie lange immer sie dauert, und der Glaube realisiert diese neue Situation. Der Glaubende lebt „anders", weil er sich als in der Endzeit lebend begreift. Er zieht sich keineswegs aus der Welt zurück; er lebt den Glauben

---

29 Eine übersichtliche Darstellung findet man bei HOFFMANN, Reich Gottes 414–428.

in der Welt, jedoch in der eigentümlichen Distanz des „als-ob-nicht". Mitten darin und doch in jener Distanz, in der letztlich allein das Leben verantwortet gelebt werden kann und der „Verkehr mit der Welt" heilvoll möglich ist[30]. Die Welt ist der Weg des Menschen, und sie ist doch „nicht alles". „Heil" wird ihm in dieser Welt (nicht an ihr vorbei) durch den Gott, der sich in Jesus von Nazaret, also in der Welt und ihrer Geschichte, erbarmend offenbart hat. Heil gibt es in der Welt, wo der Mensch aus dieser Epiphanie Gottes und auf sie hin lebt. Das bedeutet ein gelöstes, unbefangenes Verhältnis zur Welt („als ob nicht"), die aber nicht verlassen wird. Was der Glaubende tut, steht in dieser eschatologischen Erfahrung, daß schon „neue Schöpfung" ist (2 Kor 5,17), daß „die Gestalt dieser Welt vergeht" (1 Kor 7,31). Die Welt hat „Vorzeichen" bekommen, die ihren Wert erkennen lassen. Verheiratetsein, Weinen und Freude, Handel und Wandel in der Welt machen das Leben der Christen wie aller Menschen aus, aber der Glaubende lebt das gleiche Leben „anders"; er geht nicht darin auf, sucht nicht „sein Heil" darin. Er erwartet vielmehr sein Heil von Gott, der es dem im Glauben geöffneten Leben, dem in der eschatologischen Hoffnung wachen Lebenswandel zugesagt hat und „zeigt". In den „irdenen Gefäßen" dieses selben und „alten" Lebens wird bereits der „Schatz" besessen, aber so, daß „die überschwengliche Kraft von Gott ist und nicht von uns" (2 Kor 4,7). Die Welt und das Leben darin stehen in der „Einklammerung" durch die eschatologische Botschaft. Sie versetzt den Glauben in die Unbefangenheit und Überlegenheit, die sich so ausspricht: „Ich habe gelernt, worin ich bin, genügsam zu sein. Ich weiß mich in die Not, ich weiß mich auch in den Überfluß zu finden; in alles und jedes bin ich eingeweiht, satt zu sein und Hunger zu leiden, Überfluß zu haben und Mangel. Alles vermag ich in dem, der mich stärkt" (Phil 4,11–13). Oder: „Alles ist euer …, Welt oder Leben oder Tod oder Gegenwärtiges oder Zukünftiges, alles ist euer, ihr aber seid Christi, Christus aber ist Gottes" (1 Kor 3,21–23).

Die hier begegnende Beschreibung der Glaubens-Existenz wird nun in etlichen neutestamentlichen Texten wiederum zum Gedanken des Zeugnisses gewendet. Wie der Glaube das In-der-Welt-leben des Christen spezifisch prägt, so ist er an dem besonderen Wandel der Christen umgekehrt abzulesen. In besonders deutlicher Sprache geschieht das im ersten Petrusbrief[31].

---

30 Das wurde im Anschluß an Jesu eschatologische Verkündigung herausgestellt von SCHÜR-MANN, Eschatologie und Liebesdienst 203–232 (bes. 221f. mit Anm.58).
31 Der Brief wurde unter diesem Aspekt von BRANDT, Wandel als Zeugnis 10–25, untersucht.

Am Anfang des Briefes wird schon, nicht von ungefähr, auf den neuen Wandel hingewiesen, zu dem der Glaube verpflichtet: „Als Kinder des Gehorsams seid nicht gestaltet nach den einstigen Begierden in eurer Unwissenheit, sondern gemäß dem Heiligen, der euch berufen hat, sollet auch ihr heilig werden in eurem ganzen Wandel" (1 Petr 1,14f.); „Ihr wißt ja, daß ihr... losgekauft wurdet aus eurem nichtigen, von den Vätern überlieferten Wandel" (1 Petr 1,18). Die Begründung zu dieser Ermahnung ist deutlich: „als Kinder des Gehorsams", das heißt als Menschen, die dem Wort der Glaubenspredigt gehorsam geworden sind, legen sie einen neuen Wandel an den Tag; vom „nichtigen", bisherigen Wandel sind sie befreit zur „Heiligkeit" des Wandels „am Ende der Zeiten" (vgl. 1 Petr 1,20). Die Heiligkeit „im ganzen Wandel" wird im Brief nun nicht nur als die Bewährung des einzelnen für sich, sondern wiederholte Male in ihrer Öffentlichkeitsbedeutung gesehen.

Hier wird wieder mit einer Auffälligkeit gerechnet, die den Unglauben zur Stellungnahme herausfordert. Es wird eine durchaus geteilte Reaktion erwartet, worin sich gewiß die Erfahrung schon der frühen Kirche niederschlägt. Gerade in seiner Eindeutigkeit wird das Zeichen des Glaubens als Anstoß empfunden und mißdeutet: „Denn es ist genug, daß ihr in der vergangenen Zeit den Willen der Heiden vollbracht habt ...; das befremdet sie, daß ihr nicht mitlauft in denselben Strom der Liederlichkeit hinein, und sie lästern" (1 Petr 4,3f.). Der Tonfall dieses Textes ist für die Zeugnisvorstellung des ganzen Briefes aufschlußreich. Der christliche Wandel wird als das Fremde, Befremdliche herausgestellt. Er ist also nicht gefällig, sympathisierend und auf diese Weise erfolgversprechend, sondern er überführt. Die Heiden haben keine Erklärung für diesen Wandel der Christen, müssen also nach dem Grund solchen Verhaltens fragen. Sie sind befremdet, beunruhigt, jedenfalls nicht mehr neutral. Ihre Reaktion ist an dieser Stelle die Schmähung. Die Christen exponieren sich und distanzieren sich, wenn sie nicht „mitlaufen", sich nicht am allgemeinen Treiben beteiligen, nicht im „überlieferten" Wandel leben. Sie selbst wollen allerdings damit nicht eine Scheidung im feindseligen Sinn, sondern die werbende, bezeugende Zeichenhaftigkeit der in ihnen wirksamen Kraft und ihrer Hoffnung errichten. Daß es trotzdem zu einer trennenden Grenze kommt, um die der erste Petrusbrief mit seiner Terminologie von der Fremdheit der Christen in der Welt lebhaft weiß (zum Beispiel 1 Petr 1,1; 2,11), liegt in der gleichgültigen oder aggressiven Verweigerung des Glaubens. Was die Christen durch ihre Lebensweise, durch ihr Verhältnis zu den täglichen Geschäften, speziell aber zu den Praktiken eines Unglaubens der Indifferenz oder auch Sittenlosigkeit bezeugen, ist für den Außenstehenden unübersehbar und unerklärlich zugleich. Es ist nicht das, was allgemein gutgeheißen wird; es ist nicht das, was „eigentlich alle" wollen. Wo der Christ unter seinem Glauben mehr versteht und lebt als die Wohlanständigkeit, die von jedem zu erwarten wäre, bezeugt er in seinem Lebenswandel ein unvertauschbares Verhältnis zur Welt, jenes „als-ob-nicht", von dem die Rede war und das es nur als Konsequenz des eschatologischen Glaubens in dieser Weise gibt. Denn es ist mehr und spezifisch anderes als menschliche Selbstbescheidung, als souveräne Abgeklärtheit menschlicher Geisteshaltung, es kommt vielmehr aus der Hoffnung auf Gottes Zukunft.

Unter dem Aspekt des werbenden Zeugnisses kann daher der Appell zur Verwirklichung des Glaubens stehen: „Den Herrn Christus aber heiligt in euren Herzen, stets bereit zur Verantwortung jedem gegenüber, der von euch Rechenschaft fordert über die Hoffnung in euch, aber mit Milde und Furcht, mit einem guten Gewissen, damit die, die euren guten Wandel in Christus schmähen, gerade in dem beschämt werden, worin ihr verleumdet werdet" (1 Petr 3,15f.). – Dieser Text ist für den Zeugnisgedanken besonders ergiebig. Der oben vorweggenommene Vers 1 Petr 4,4 zunächst wird hier dahin präzisiert, daß der christliche Wandel freilich nicht nur zur Schmähung führt. Alle hier zu nennenden Stellen haben ja einen Sinn nur unter der Voraussetzung, daß der Wandel nicht nur abstoßen, sondern auch überzeugen kann. Davon ist hier die Rede. Die eigentümliche, ausgesonderte Lebensweise hat der frühen Kirche mannigfache verleumderische Anklagen und Schmähungen eingetragen[32]. Der Verfasser fordert auf, dieses Leben, das der Anstoß zu Feindschaft und zu Mißverständnis wurde, so zu leben, daß es die Schmähenden trotzdem überführt. Das integre Zeugnis eines Wandels im Glauben läßt sich auf die Dauer nicht mißdeuten.

Auch hier spricht sich wieder das Bewußtsein des öffentlichen Charakters des Christseins aus: Der Christ muß allezeit mit einer Rechenschaftsforderung von seiten des Nichtchristen rechnen, ob offiziell, ob privat, ob „neugierig, feindselig oder auch bekehrungswillig"[33], und zur Verantwortung seiner Hoffnung bereit sein. Es ist sicher auch an das Zeugnis im Wort des Bekenntnisses gedacht (s.o.), die Aussage läuft als Ermunterung an alle

---

32 Einige Beispiele hat SCHELKLE, Die Petrusbriefe 8f. 71, gesammelt. Der wohl vollständigste Katalog findet sich bei *Minucius Felix*, Octavius 8,3–12,6 (Kytzler, Minucius 66–82).
33 SCHELKLE, Die Petrusbriefe 100f.

Christen allerdings eindeutig auf das Zeugnis im Wandel als den Schwerpunkt hinaus. Das Zeugnis insgesamt wird sodann in der ihm gemäßen Weise charakterisiert: Die Selbstverantwortung des christlichen Glaubens gegenüber dem Nichtglaubenden sieht nicht in Stolz, Arroganz und Selbstsicherheit ihren gemäßen Ausdruck, sondern in „Milde und Furcht". Das Zeugnis wird in Milde, nicht in Streitsucht abgelegt (vgl. 2 Tim 2,25). Furcht würde als Menschenfurcht schlecht zu diesem Appell passen und wird im selben Brief wiederholt verworfen (1 Petr 1,17; 2,17; 3,14). Es ist Gottesfurcht als die verantwortete, nicht leichtgemachte Rechenschaftsablage über die Umkehr zum Glauben und über diesen Wandel in der Welt, der als Voraussetzung für eine bezeugende Wirksamkeit im „guten Gewissen" gelebt sein will, also „vollkommen" sein muß.

Ein entscheidendes Element in diesem Zusammenhang, das die Aussicht auf Erfolg solcher Zeugenschaft im Wandel betrifft, ist aus 1 Petr 2,12 zu gewinnen: „Führet euren Wandel gut unter den Heiden, damit sie, während sie euch als Übeltäter verleumden, aus euren guten Werken ersehen (und überzeugt werden) und Gott preisen ‚am Tage der Heimsuchung' (Jes 10,3)". – Außer dem schon bekannten Gedanken, daß wie das Wort, so auch der Wandel als Zeugnis abgelehnt und mißdeutet werden kann, geht es um die Eigenart des Zeugendienstes der Christen. Obwohl „Gäste und Fremdlinge" (Jes 2,11), haben sie diesen Auftrag. Damit ihr Zeugnis wirksam wird, genügt es nun, wie dieser Text zeigt und andere schon andeuteten, nicht einfach, daß sie es in einem tadellosen, vollkommenen Wandel ablegen. Wenn die Heiden den Wandel „betrachten", so kann es sich daraus ergeben, daß sie Gott „am Tage der Heimsuchung" preisen. Offenbar ist dieser „Tag" eine Vorbedingung für die Bekehrung derer, die das Zeugnis sahen. Es ist nicht einfach, die Wendung „Tag der Heimsuchung" an dieser Stelle eindeutig zu bestimmen. Im biblischen Begriff heißt sie sowohl Tag des Gerichts (Jes 10,3; Jer 11,23) wie Gnadentag und Tag des Heils (Gen 50,24f.; Ijob 10,12; Weish 3,7; Lk 1,68; 19,44). Den besten Sinn in 1 Petr 2,12 ergibt es, wenn man sie als Heimsuchung der Gnade versteht, als Heimsuchung zur Erleuchtung.

Wenn Gott die Heiden durch seine Gnade sehen macht, dann bekommen für sie die Werke der Christen, die sie bislang mißachtet, übersehen, mißdeutet haben, ihre Eindeutigkeit als Zeugnis der Heilswirklichkeit, aus der heraus sie geboren sind. Nun fällt ihr Urteil anders aus. Es bedurfte der Gnadenstunde, die Gott ihnen gewährt im jeweiligen „Tag der Heimsuchung", damit sie den christlichen Wandel als das erkennen, was er ist. Was sie bestenfalls für mustergültig, keinesfalls aber für weiter verbindlich halten konnten, wird jetzt transparent auf den Glauben hin. Es eröffnet sich die Möglichkeit für sie, in der Umkehr zum Glauben Gott zu preisen.

Das Ziel dieser Einsicht der Heiden ist die Preisung Gottes, nicht etwa der Beifall für die Christen oder gar die Erleichterung der Situation der Christen durch eine Beendigung der Schmähungen. Die Kirche kann ihr Zeugnis in der Treue zum Glauben ablegen, der Erfolg ist aber ihrem Einfluß entzogen und ist die Gnadenstunde Gottes. Als gelebter Glaube ist das Zeugnis einzig am Gehorsam gegen das Wort des Glaubens, nicht an Erfolgsaussicht und Effekt gegenüber den Heiden orientiert. Es ist ja Zeugnis nur, solange es den Glauben selbst zeigt. Der Christ wird es darum „unbekümmert" vor der Welt leben, es nicht verkrampft und hektisch erjagen wollen. Freilich ist die stets wache Bereitschaft zur Antwort und zum Zeugnis verlangt (1 Petr 3,15); sie ist aber der wahre Glaube selbst, nicht etwas „neben" ihm.

Endlich bringt der Brief auch das Verhältnis dieses Zeugnisses im Wandel zum Zeugniswort der Verkündigung zur Sprache, deren gegenseitige Zuordnung sich ja tatsächlich als Frage stellt. Das wird an einem speziellen, aber durchaus nicht überholten Fall des Zeugnisses berührt. In der frühen Kirche war es keine Ausnahme, daß von zwei Eheleuten nur der eine Teil gläubig war und infolge dieser Schwierigkeiten einen erheblich schweren Stand hatte – sowohl dem Ehegatten wie der Gemeinde gegenüber[34]. Den christlichen Frauen, die in dieser Situation stehen, wird gesagt: „Ebenso sollen die Frauen ihren Männern Untertan sein, damit, wenn einige dem Wort nicht gehorchen, sie durch den Wandel der Frauen ohne Wort gewonnen werden, wenn sie euren in (Gottes-)Furcht lauteren Wandel sehen" (1 Petr 3,1f.) – Man hört wiederum die unbestechliche Zuversicht in die Wirksamkeit des Zeugnisses heraus. Der Gedanke ist einfach: Wenn der Mann sich dem Wort der Verkündigung verschließt, soll man ihn nicht länger mit der Predigt belästigen, sondern dann soll die Frau durch die aus ihrem Glauben mit ihm gelebte Ehe ein lebendiges Zeugnis „ohne Wort" ablegen, welches ihm dann immer noch Anlaß zum Glauben werden kann. „Dann soll die Wirklichkeit des Evangeliums, das sich im Wandel der Frau darstellt, den Mann gewinnen"[35]. Es mag ihm in der Lauterkeit der Frau deren Gottesfurcht, also die Motiva-

---

34 Paulus gibt 1 Kor 7,12–16 Anweisungen für diese Situation.
35 Vgl. Schelkle, Die Petrusbriefe 88.

tion ihres Verhaltens, aufleuchten und als Wirklichkeit greifbar werden, so daß er „gewonnen" wird. In einem solchen Fall tritt das Zeugnis im Wandel also an die Stelle des Wortes. Offenbar wird ihm noch da eine Chance eingeräumt, wo das Wort nicht erfolgreich war. Der Lebenswandel des Christen kann eine gewinnende, auch menschlich überzeugende Wirkung ausüben, wo sie dem Wort in gleicher Weise nicht eigen ist. Indessen wird man auf Grund der neutestamentlichen Wort- und Glaubenstheologie niemals sagen können, daß der Wandel das Wort jemals erübrigen könne. Nachdem der Glaube (im vollen Sinn) „aus dem Hören" kommt (Röm 10,17), ist das Wort der Verkündigung immer unentbehrlich für den Glauben, der sich kirchlich manifestieren und also bekenntnismäßig artikulieren will, um nicht „anonym" zu bleiben. Der Wandel kann aber die Brücke bauen, kann hellhörig und aufmerksam machen, kann sogar den Glauben dort als auf der Ebene des menschlichen Vollzugs überzeugend ausweisen, wo er vom Gegenüber nicht oder noch nicht übernommen und existentiell nachvollzogen wird. Der Wandel der Christen ohne Wort ist „ein ständiger, stiller Ruf zum Wort hin, eine ... Bitte an die, die ihn ‚sehen', ihn vom Wort her zu verstehen und den bisherigen Ungehorsam gegen das Wort in Gehorsam zu verwandeln ... Der Wandel der Christen ist der Kommentar zu diesem Wort. Oder tiefer: Er ist die Form, in der dem Ungehorsam das einmal abgelehnte Wort nachgeht, eine ständige Erinnerung an dieses Wort. Durch Gottes Gnade ist es so gefügt, daß dieser Wandel auch nach den Maßstäben der Heiden eine überzeugende Seite hat ... Aber am ‚Tage der Heimsuchung' klingen das gehörte Wort und der Wandel der Christen zu einer Einheit zusammen: Dann wird der Wandel die Bestätigung des Wortes sein und das Wort selbst im Wandel der Christen gehört."[36]

Diese Überzeugung blieb in der alten Kirche lebendig. Es wurde oben das Wort vom Bischof zitiert, „dessen Haltung als solche eine große Predigt, dessen Milde eine Macht" ist, und den „vermutlich auch die Gottlosen achten" (IgnTrall 3,2). Die frühchristlichen Apologeten beschreiben dann zur Rechtfertigung gegen die mannigfachen Verleumdungen den Wandel der Christen im Detail. Bei Justin dem Märtyrer († um 165) zum Beispiel findet sich folgendes Wort an die heidnischen Obrigkeiten: „Das können wir auch an vielen, die früher bei euch waren, nachweisen: Sie haben ihr gewalttätiges

36 BRANDT, Wandel als Zeugnis 25.

und herrisches Wesen abgelegt, überwunden entweder, indem sie dem standhaften Leben ihrer (christlichen) Nachbarn folgten ... oder auf ihre Erfahrung hin mit denjenigen (Christen), die mit ihnen Geschäfte machten."[37] Der Umgang mit Christen selbst im Geschäftsleben hat ihren Wandel offenbar gemacht und hat zum Glauben geführt. – Der Apologet Athenagoras (zweite Hälfte des 2. Jahrhunderts) stellt in seiner an den Kaiser gerichteten Bittschrift für die Christen ebenfalls das Zeugnis im Wandel „ohne Wort" als ein in der Kirche greifbares Faktum heraus: „Bei uns könnt ihr ungebildete Leute, Handwerker und alte Frauen finden, die zwar nicht imstande sind, mit Worten die Nützlichkeit der Lehre darzutun, die aber durch Werke die Nützlichkeit ihrer Grundsätze zeigen. Denn sie machen nicht ständig (viele) Worte, sondern legen gute Werke an den Tag: geschlagen nicht zurückzuschlagen, ausgeraubt nicht zu prozessieren, den Bittenden zu geben, die Mitmenschen wie sich selbst zu lieben."[38] Die Christen scheuten sich nicht, auf das zum Teil „uneinsichtige", „törichte" Verhalten hinzuweisen, das ihnen eigen ist, und die Formulierungen den Evangelien anzugleichen, die Anstoß erregen (vgl. Mt 5,39.42; 19,19). Und das „Leuchtende", Bezeugende ihres Wandels war ihnen lebendig im Bewußtsein. Von daher kommt ein Zug großer Ernsthaftigkeit in das Glaubensverständnis, nämlich dem Bekenntnis mit dem Munde auch im Zeugnis des Wandels zu entsprechen. Minucius Felix drückt das (vermutlich in der ersten Hälfte des 3. Jahrhunderts) bündig so aus: „Wir reden nicht von großen Dingen, wir leben sie."[39] – Aus der Fülle der einschlägigen altchristlichen Aussagen sei ein letzter, längerer Text wegen seiner bezeichnenden Sprache zitiert. Er atmet in seinen schlichten Antithesen noch deutlich die Neuheitserfahrung des eschatologischen Glaubens und das Einzigartige, Unvergleichliche christlicher Weltexistenz. Es handelt sich um das 5. Kapitel des ‚Diognetbriefes', einer frühchristlichen Apologie, die schwer datierbar und vielleicht um 200 n. Chr. entstanden ist.[40] Die Zeichenhaftigkeit des Lebens der Christen, welches mitten im Alten das Neue und „andere" transparent macht, ist hier geradezu das Charakteristische der Glaubens-Existenz. Man möchte den Text einen Kommentar zu dem „als-

---

37 *Justin*, 1 apol. 16,4 (Text z.B. bei Rauschen, S. Justini apologiae duae 34–36; BKV² 12, 27f., diese Übersetzung wurde hier nur teilweise übernommen.).

38 *Athenagoras*, suppl. 11,3 (PG 6, 911–913; vgl. TU 4, 2; BKV² 12, 29, dessen Übersetzung ebenfalls nicht vollständig gefolgt ist.).

39 *Minucius Felix*, Octavius 38,6.

40 Vgl. MARROU, À Diognète, Paris 1951; jetzt LONA, An Diognet (KfA 8), Freiburg u.a. 2001.

ob-nicht" des Paulus (1 Kor 7,29–31) nennen: „Denn die Christen[41] sind weder durch Heimat noch durch Sprache und Sitten von den übrigen Menschen verschieden. Sie bewohnen nirgendwo eigene Städte, bedienen sich keiner abweichenden Sprache und führen auch kein absonderliches Leben. Keineswegs durch einen Einfall oder durch Scharfsinn vorwitziger Menschen ist diese ihre Lehre aufgebracht worden, und sie vertreten auch keine menschliche Schulweisheit wie andere. Sie bewohnen Städte von Griechen und Nichtgriechen, wie es einem jeden das Schicksal beschieden hat, und fügen sich der Landessitte in Kleidung, Nahrung und in der sonstigen Lebensart, legen aber dabei einen wunderbaren und anerkanntermaßen überraschenden Wandel in ihrem bürgerlichen Leben an den Tag. Sie bewohnen jeder sein Vaterland, aber wie Beisassen; sie beteiligen sich an allem wie Bürger und lassen sich alles gefallen wie Fremde; jede Fremde ist ihnen Vaterland und jedes Vaterland eine Fremde. Sie heiraten wie alle anderen und zeugen Kinder, setzen aber die Geborenen nicht aus. Ihren Tisch teilen sie mit allen, aber nicht ihr Bett.[42] Sie sind im Fleisch, leben aber nicht nach dem Fleisch. Sie weilen auf Erden, aber sie sind Bürger im Himmel[43]. Sie gehorchen den bestehenden Gesetzen und überbieten in ihrem Lebenswandel die Gesetze. Sie lieben alle und werden von allen verfolgt. Man kennt sie nicht und verurteilt sie doch; man tötet sie und bringt sie dadurch zum Leben. Sie sind arm und machen viele reich; sie leiden Mangel an allem und haben (dabei) an allem Überfluß. Sie werden mißachtet und in der Mißachtung verherrlicht; sie werden geschmäht und doch als gerecht befunden. Sie werden gekränkt und segnen, werden verspottet und erweisen Ehre. Sie tun Gutes und werden wie Übeltäter bestraft; (mit dem Tode) bestraft freuen sie sich, als würden sie zum Leben erweckt[44]. Von den Juden werden sie angefeindet als Fremde, von den Griechen werden sie verfolgt, aber einen Grund für ihre Feindschaft vermögen die Hasser nicht anzugeben."[45]

41 Die Übersetzung ist mit geringen Änderungen aus BKV² 12, 165.
42 Dieser Satz ist hier ähnlich wie in der (gegenüber G. Rauschen [BKV² 12]) verdeutlichenden Übersetzung von J. Chrys. Mayer, Die Schriften der apostolischen Väter (BKV¹ 1, 428), wiedergegeben. Vgl. Marrou, À Diognète, 63: „Ils partagent tous la même table, mais non la même couche". Ebd. 118ff. ist dieses Kapitel ausführlich kommentiert.
43 Vgl. Phil 3,20.
44 Zu einem Teil der letzten Formulierungen vgl. 2 Kor 6,9f.; 1 Kor 4,12.
45 *Diogn.* 5. – Ähnliche Texte aus altchristlicher Zeit, in denen das Leben der Christen (allerdings mit unterschiedlicher Motivierung) als offenkundiges Zeugnis für das Evangelium beschrieben wird, sind zum Beispiel zu finden: *Aristides,* apol. 15–17; *Justin,* 1 apol. 14ff.; 27; 29; 39; 67; dial. 110,3f.; *Athenagoras,* suppl. 11; 32; *Theophilos,* Autol. III 15; *Tertullian,* apol.

g. Zeugnis als Antwort des Glaubens

In der christlichen Gemeinde ist der gemeinsame Glaube aller die Basis des Zusammenlebens und des Zusammenkommens der Christen. Die brüderliche gegenseitige Zuwendung der Menschen zueinander – wo sie verwirklicht ist – bezeugt die vorausgegangene Hinwendung Gottes zum Menschen, welche die Quelle der zwischenmenschlichen Liebe ist. Was Gott tat, gewinnt Fleisch in dem, was nun Liebesgemeinschaft der Glaubenden ist (vgl. vor allem Joh 13,34; 1 Joh 3,16; 4,7–11.19.21). Seine Epiphanie stiftet die zwischenmenschliche Gemeinschaft, in der sie weiterhin als seine Gegenwart erfahren wird. So daß die Liebe nicht etwas Zweites nach dem Glauben, sondern dessen Vollzug selbst ist. Die Liebe zeigt den Glauben und bezeugt somit das Woher des Glaubens: Gottes in Jesus Christus erschienene „Gnade", auf die hin „die selige Hoffnung und die Epiphanie der Herrlichkeit des großen Gottes und unseres Retters Christus Jesus erwartet" wird (Tit 2,11–13). Die Gemeinde und der einzelne Glaubende beginnt sich so zu verhalten, wie Gott sich in Jesus Christus den Menschen gegenüber gezeigt hat. Gottes Handeln selbst wird also darin sichtbar. Die Christen lieben einander, „weil die Liebe aus Gott ist" (1 Joh 4,7), weil sie „an die Liebe glauben, die Gott zu uns hat" (1 Joh 4,16), weil „Gott die Liebe ist" (1 Joh 4,8.16); „seine Liebe ist in uns vollendet" (1 Joh 4,12). Alle Ermahnungen werden im Neuen Testament damit motiviert, daß Gott zuerst am Menschen zu dessen Heil gehandelt hat und der Mensch mit seinem Tun dem von Gott an ihm Geschehenen nachkommt. Des Menschen Anstrengung schafft nicht die Voraussetzung, sondern folgt als Konsequenz des Glaubens nach.

Diese Ordnung verleiht dem Glauben die Zeugniskraft. Denn wo der Glaube gelebt wird, unterscheidet er sich häufig genug bereits durch das Gesetz seines Handelns – eben die Liebe – von der „Welt"; vor allem aber steht er mit seiner Hoffnung für die endgültige Zukunft der Welt, mit seiner sicheren Zuversicht, daß Gott „alles in allem" sein wird (1 Kor 15,28), den „üb-

45f.; Acta Apoll. 26; *Origenes*, Cels. III, 30; *Lactanz*, inst. VI, 30. – Freilich gibt es dann bald die Erfahrung, daß der Wandel der Christen den frommen Heiden zum Anstoß wird (*Johannes Chrysostomus*, hom. in 1 Tim. III, 3; *Augustinus*, in psalm. XXX, 6) und also ein Zeugnis gegen die Gemeinde ist.

rigen" gegenüber, „die keine Hoffnung haben" (1 Thess 4,13). Dadurch kommt dem Glauben eine unterscheidende Zeichenhaftigkeit zu, die in Zeugenschaft umschlagen kann, sofern sie nicht bloß Anstoß und Widerstand provoziert. Übersehbar ist dieses Zeichen jedenfalls nicht, solange der Glaube sich nicht verbirgt, sich nicht konform macht mit seiner Umgebung oder tot ist. – Wo er einen Menschen, für den „der Tag der Heimsuchung" Gottes anbrach, überzeugt, dort geht nun der Weg des Erkennens im Glauben umgekehrt: Wie der Glaube die Antwort des Menschen auf Gottes Anrede und Heilsoffenbarung ist, so wird jetzt aus der Antwort diese Anrede „erkannt". Die Existenz des Gläubigen weist über sich hinaus. Die Gemeinschaft der Gläubigen als greifbare Selbstdarstellung des Glaubens und als dessen eigentlicher „Ort" ist ein Zeichen in der Welt. Die in ihr lebendige Liebe ist als Form der eschatologischen Existenz unmittelbarer Erweis des erfahrenen eschatologischen Heils: „Wir wissen, daß wir vom Tod zum Leben hinübergeschritten sind, weil wir die Brüder lieben" (1 Joh 3,14). Was die Erfahrung der Glaubenden selbst ist, soll zum Zeichen für die Welt werden. Das Handeln des Christen bestätigt, daß Gottes Heil Gegenwart, daß Auferstehung schon geschehen ist und die Menschen in Gottes eschatologischer Liebe leben. Ihr Glaube ist als Antwort ein Zeugnis für das Geschehene.

h. Die Gefährdung des Zeugnisses

Das christliche Zeugnis in dieser Gestalt, von der im Vorigen die Rede war, ist nun – wie sich ohne weiteres ergibt – Sache jedes Christen, weil es kein Amt, kein besonderer Auftrag, sondern der gelebte Glaube selbst ist. Christsein ist durch sich selbst Zeugnis, die Kirche als solche das Zeichen. Das Leben der Christen und ihre Gemeinschaft im Zusammensein auf Grund des Glaubens, in der Liebe und auf Hoffnung hin bezeugt Gottes Heil, das in der Geschichte, in Jesus Christus offenbar wurde und ohne das solches Verhalten und Zusammenkommen der Christen „leer" wäre.

Freilich ergibt sich gerade aus den frühchristlichen Texten, die von dieser Wirklichkeit sprechen, zugleich, daß der Zeugnischarakter der kirchlichen, christlichen Existenz nicht statisch unverletzbar vorhanden, vielmehr aufs höchste gefährdet ist, weil Unzulänglichkeit und Unglaube das Zeichen aufheben können. Von der Gefährdung des Zeugnisses muß noch die Rede sein, weil auch daran sein eigentliches Wesen, sein Woher und sein Sinn deutlich werden können.

Man muß den Anspruch dieses Zeugnisses, das vom Christen abgelegt oder eben verfehlt wird, nicht weiter betonen, nachdem anhand biblischer und altchristlicher Texte die Gestalt herausgestellt wurde, in der es abgelegt wird: als der gelebte Glaube, als wirksame Liebe und als lebendige Hoffnung aller Christen und der Kirche als ganzer. Aber gerade so muß man das Zeugnis als „empfangenes" Zeugnis verstehen. Alle Aktivität der Christen erstellt nicht etwas von unten her, sondern bezeugt Empfangenes. Die Glaubwürdigkeit des Zeugnisses reicht so weit, als in aller Demut Gottes Selbstbezeugung angenommen und in der Gestalt des Glaubens bezeugt wird. Die menschliche Unternehmung „kann immer nur darauf basieren, daß er (der Christ) als der Ergriffene ergreift, als der schon Geliebte liebt, als der Gerufene ruft, als der Geschaffene ‚schafft', ... als der Erweckte erweckt, ... als der Beschenkte schenkt, was er selbst empfangen hat"⁴⁶. Im christlichen Zeugnis spricht sich die Antwort des Glaubens aus, dort „wird ein Vollbrachtes, ein Geschehenes, ein vollkommen Gelungenes, ein nicht wieder rückgängig zu Machendes bezeugt. Vollbracht, gelungen, geschehen, nicht rückgängig zu machen nämlich ist das Heil in Christus, dem Fleischgewordenen und Auferstandenen"⁴⁷.

Diese „Reihenfolge" prägt die Gestalt des christlichen Zeugnisses sowie das Ziel, unter dem der Glaube als Zeugnis vor der Welt steht. Die Gefahr eines dem Glauben fremden Aktivismus statt rechtverstandener Aktivität ist groß genug – eines Aktivismus, der meint, etwas erreichen zu sollen, was von ihm nicht abhängen kann; der meint, einen Sieg erkämpfen und einen Erfolg herbeizwingen zu müssen, der noch ausstünde und in Frage gestellt wäre und von der Menschen Anstrengung abhinge. „In der Zeugenschaft Christi aber geht es im Gegenteil um einen Sieg, der unbestreitbar errungen ist"⁴⁸. Wo das übersehen wird, ist die Gefahr akut, daß das Zeugnis seinen genuin christlichen Charakter verliert und von sich aus Programme entwirft, die an dem einen großen Plan Gottes vorbeigehen, den allein es zu bezeugen gilt. Das Zeugnis ist zunächst der „absichtslose" Selbstvollzug des Glaubens und lebt nicht anders als dieser aus dem Gegenüber der Selbstbezeugung Gottes. Es ist als christliches Zeugnis – im Wort und im Wandel – nur so weit vor-

---

46 HARBSMEIER, Ihr werdet meine Zeugen sein! 4.
47 Ebd. 5.
48 Ebd. 5.

handen, als die Kirche das sichtbare, glaubwürdige Zeichen der Selbstbezeugung Gottes in seiner Heilsoffenbarung ist. Die Christen bezeugen „augenfällig" Gottes Heil als empfangenes und erhofftes. Ihre Sorge muß es sein, daß das Licht ihres Wandels im Glauben „auf dem Lichtstock" statt „unter dem Scheffel" steht, damit es „allen im Haus leuchte" (Mt 5,15f.). Aber der Glaube muß nicht aufdringlich sein, um zum Zeugnis zu werden; er „leuchtet" durch sich selbst vor allen. Die Gestalt des Zeugnisses vor der Welt ist von dieser „Vorlage" abzulesen, auch wenn sie in den Augen der Welt unter Umständen wenig attraktiv ist: Diese Gestalt ist der Glaube an das Heil im Kreuz, ist die Liebe, die sich aufgibt, und ist die Hoffnung gegen alle Hoffnung (Röm 4,18). Was in den früheren Kapiteln als die Gestalt des Zeugnisses (weil des Glaubens) in Grundzügen dargelegt wurde, bedarf der Anwendung als des Kriteriums für die Reinheit und Unverfälschtheit des Zeugnisses. Es bleibt ja die Aufgabe: „Solange es Kirche Jesu Christi gibt, so lange wird ihre Zeugenschaft der Gefahr widerstehen müssen, in einen Wettlauf eintreten zu wollen mit denen, die das Heil von unten schaffen wollen. Weiß sie nicht mehr um die Geschichtlichkeit ihrer Zeugenschaft, so wird sie sich das Gesetz ihres Handelns von konkurrierenden Strömungen vorschreiben lassen"[49]. Es kann ja tatsächlich so weit kommen, daß „die kirchliche Aktivität zum Aktivismus (wird), zur eiligen Geschäftigkeit, die immer aufgeregt ist und keine Zeit hat, die sich laut gebärdet und von der Konkurrenz innerlich abhängig ist, zur Eifersucht, die herrschen will; die Botschaft wird Programm, die Mission Propaganda, die Liebe wird Zweck, das Tun Getue, das Haben Gehabe"[50].

Solche pointierten Umschreibungen eines mißverstandenen christlichen Zeugentums mögen als Kontrast das oben über das Zeugnis Gesagte noch illustrieren. Freilich könnte der Irrtum entstehen, daß die gemeinte Vorstellung vom Zeugnis einer Harmlosigkeit und Resignation gleichkommt, wenn der Christ – um Zeuge zu sein – „nichts weiter" tun muß als ein Christ tatsächlich zu sein. Was aber will er anders tun als ein Christ sein, um seinen Glauben, seine Liebe und seine Hoffnung in ihrer Herkunft und als Geschenk Gottes zu bezeugen? Christsein ist ja zudem weder harmlos noch ein-

---

49 HARBSMEIER, Ihr werdet meine Zeugen sein! 7.
50 Ebd. 3. – Der leidenschaftliche Appell, der in der genannten kleinen Schrift niedergelegt ist, zielt sicherlich auf etwas Wesentliches. Wir haben – trotz etlicher Einzelheiten, denen wir nicht zustimmen können – ihre Warnungen hier zitiert, weil ihnen offenbar ein ähnlicher Begriff von Zeugnis zugrunde liegt wie der hier gewonnene.

fach, sondern dort, wo es in der Gnade Gottes „gelingt", überzeugend genug. Und wo das Bekenntnis im Wort gefordert ist, ist das nichts Neues über den Glauben hinaus. Wenn eigene (aktions- und organisationsmäßige) Anstrengungen zur Zeugnisabgabe gemacht werden, sind sie wirkliches Zeugnis im biblisch-christlichen Sinn nur als Äußerungen des Glaubens (statt des verborgenen Unglaubens), der Liebe (statt der Gewalt), der Hoffnung (statt der Erfolgssucht). Alle solche Überlegungen laufen auf die Erkenntnis hinaus, daß die Kirche, je besser sie ihr Zeugnis ablegen will, desto intensiver sich auf ihr Wesen und dessen greifbare Darstellung besinnen muß, und nicht anders der Einzelchrist, der dort, wo er unter Nichtchristen lebt, ja das ganze Zeugnis zu tragen hat. Es ergibt sich zugleich, daß die Kirche da, wo sie von den gesellschaftlichen und politischen Mächten weitgehend gefördert und getragen wird, höchst wachsam sein muß, daß ihre „Auffälligkeit" und Einflußnahme in der Welt die den Glauben weckende, unverwechselbare Zeichenhaftigkeit ist und bleibt und sich nicht unversehens in die Indienstnahme jener Sicherheiten kehrt, die den eschatologischen Glauben und seine Bezeugung nicht kennen, sondern ausschließen; daß sie umgekehrt dort, wo sie als Institution unterdrückt und unauffällig gemacht wird, wo ihre Verkündigung als Zeugnis im Wort zum Schweigen gezwungen ist, – daß also dort die Kirche nicht nur wartend stillsteht und „besserer Zeiten" harren muß, ehe sie „wieder" wirksam wird. Durch ihre Präsenz und als Gemeinde von Glaubenden, Liebenden und gemeinsam Hoffenden ist sie durch sich selbst das Zeugnis, das bis auf sein Wesentliches entkleidet ist: In ihrer Verfolgungs- und Leidensgestalt bezeugt sie das Kreuz (und darin die Auferstehung) um so deutlicher, – selbst wenn das Zeugnis von den Menschen nicht anerkannt und verschmäht wird. Der einzelne Christ teilt dann diese Gestalt der Kirche und ihrer Zeugenschaft. Die frühe Kirche nannte jemand, der Verfolgungsleiden getragen hatte, in spezifischer Weise einen „Zeugen der Leiden Christi" (1 Petr 5,1), und Jesus Christus selbst hatte „vor Pontius Pilatus das schöne Zeugnis abgelegt" (1 Tim 6,13). Die frühe Kirche erblickte in Verfolgung und Martyrium nicht eine Unterbrechung oder den Abbruch der Zeugnisabgabe, sondern umgekehrt eine neue, unvertauschbare Möglichkeit des einen Zeugnisses. Vom Blutzeugnis soll unten noch eigens die Rede sein.

Das Eigentliche des christlichen Zeugnisses, wie es der gelebte Glaube ablegt, ist nicht unbedingt im äußeren Verhalten schon zu suchen. Der Nichtchrist kann unter Umständen ebenso handeln wie der Christ, ohne dasselbe Zeugnis abzulegen. Wie es „Märtyrer", das heißt Blutzeugen, für vielerlei Überzeugungen und auch für Illusionen gibt und ihr Sterben sich von dem der christlichen Blutzeugen der Art nach nicht unterscheidet, so können auch Nichtchristen auffällig und anerkanntermaßen erstaunlich leben und in ihrem Verhalten sich mit den Christen treffen. Das Verhalten und Geschehen als solches muß nicht schon in jedem Fall das Unterscheidende darstellen; entscheidend und unterscheidend ist die Kraft des Glaubens an Gottes in Jesus Christus erschienenes Heil, die sich im Menschenherzen und in der Glaubensgemeinde wirksam bezeugt. Darum ist auch das Zeugnis nicht in äußeren, wenn auch bewährten Formen einfach da, weder als proklamierte Lehre noch als Organisation der Zeugen. Gerade bei der Betonung bloß dieser Kategorien des vordergründig Überlegenen, Institutionellen wird das christliche Zeugnis mit allerlei konkurrierenden Erscheinungen verwechselbar. Die wesensgemäße Gestalt des Zeugnisses ist die des Glaubens in der beschriebenen Weise. Wo auf sie – gegen alle Lockungen der menschlichen Versuchung zu Macht und spektakulärem Effekt – vertrauensvoll gesetzt wird, da ist dies bereits ein leuchtendes Zeugnis des Glaubens. Dort spricht sich die Neuheit und eschatologische Unüberbietbarkeit dieses Glaubens aus – vielleicht auch für den Nichtgläubigen vernehmbar.

i. Das Blutzeugnis

Die Kirche kennt seit ihren ersten Tagen eine außerordentliche Form des ihr aufgetragenen Zeugnisses, welches sie nicht überall und immer ablegt und das sie auch nicht sucht, sondern als besonderen, äußersten Anspruch des Glaubens in exponierter Situation versteht: das Blutzeugnis. In ihm gewinnt das christliche Zeugnis seine äußerste Augenfälligkeit und Anschaulichkeit, sofern jemand nur fähig ist zu erkennen, was hier geschieht. Zugleich wird hier der Vorgang der Zeugnisabgabe radikal offenkundig: Der Zeuge stellt sich mit seinem Zeugnis in die Öffentlichkeit und ist dem Urteil exponiert, das über sein Zeugnis und damit immer auch über ihn selbst gefällt wird. Er teilt das Schicksal dessen, den er bezeugt, entweder angenommen oder verworfen zu werden. Von Anfang an erkannten die Christen in der Verfolgungssituation die Ähnlichkeit mit dem gefolterten und gekreuzigten Jesus. Sie hatten sein Wort, wonach es ihnen nicht anders ergehen werde als ihm, der sich darin bereits in der Nachfolge der alttestamentlichen Propheten wußte (z.B. Mk 8,1–8; 13,9–13; Mt 5,11f.; 10,17–25; 23,29–35.37; vgl. Joh 15,18–21; 17,14), und so wurde das Verfolgungsleiden der Christen von seiner Ähnlichkeit mit dem Gekreuzigten her und als eine Teilhabe an seinem Leiden gedeutet (vgl. aus den vielen unterschiedlichen Aussagen Gal 6,17; 2 Kor 4,10f.; Phil 1,29; Kol 1,24; 1 Thess 2,14f.; 1 Petr 2,21). Der Christ trägt die „Wunden Jesus sein Todesleiden ist die „Verlängerung" der Passion des Herrn. In diesem außerordentlich aufschlußreichen Feld der biblischen und altchristlichen Leidenstheologie[51] kann im vorliegenden Zusammenhang der Blick wiederum nur auf ein einziges, aber wesentliches Moment gelenkt werden, welches auf der hier verfolgten Linie des Glaubensverständnisses liegt.

Die alte Kirche bedachte den Blutzeugen mit dem Titel „Märtyrer", das heißt sie nannte ihn den Zeugen schlechthin (denn nichts anderes heißt dieses griechische Wort „martys"). Sein Tod ist „martyrion", Zeugnis. Und zwar ist sein Weg in ganz spezifischer Weise als Zeugenschaft betrachtet worden, denn er allein ist „Märtyrer"; der „Bekenner", der zwar um des Namens Jesu Christi willen verfolgt wurde und gelitten hat, der Bedrängnis aber entronnen ist und nicht getötet wurde, trägt diesen Ehrentitel nicht. Der Märtyrer legt ein Zeugnis ab, das nur im Martyrium, im Tod um des Glaubens willen, liegt. Er ist nicht gescheitert, sondern mehr als alle anderen Christen und erst im Vollsinn Zeuge. Ihm bleibt der Name in einem besonderen Sinn vorbehalten. Er ist Zeuge nicht durch sein Wort und seinen Wandel, sondern im Tod[52].

Es stellt sich die Frage, was der Tod mit dem Zeugnis für das Evangelium zu tun habe. Ist er lediglich ein Erweis der Überzeugungskraft christlicher Lehre, die „sogar bis in den Tod" festgehalten wird? Soll der heroische Einsatz des Märtyrers als psychologisches Argument überzeugen? Will der Märtyrer als überzeugter Glaubensheld auch andere durch sein Tun gewinnen? – Die oben angestellten Beobachtungen stießen bereits immer wieder darauf, daß das Zeugnis des Christen enger mit dem Bezeugten zu tun hat als eine feste Behauptung und ein unbeirrbares Verhalten mit der Gewißheit der dahinterstehenden Überzeugung. Das christliche Zeugnis partizipiert an seinem „Inhalt", es zeigt in seiner Gestalt die Ähnlichkeit mit dem erniedrigten und gekreuzigten Sohn Gottes. Gerade darin lag bereits sein Zeugnischarakter, die „Schwachheit" war das Zeichen. Nicht nur eine Intensivierung, sondern eine spezifisch neue Nähe zum Bezeugten selbst gewinnt das Zeugnis

---

51 Vgl. z.B. Schelkle, Die Passion Jesu, Heidelberg 1949.
52 Zum folgenden vgl. wiederum Brox, Zeuge und Märtyrer 196ff.

im Tod. Der am Kreuz hingerichtete Jesus selbst wird im Martyrium verkündet, wird im Märtyrer als seinem Zeugen augenfällig und unübersehbar nachgebildet. So verstand es die frühe Kirche. Die Märtyrer sind nicht nur „treu bis zum Tod", wie man es für viele Überzeugungen sein kann und wie für mancherlei „Glauben" gestorben wird. Der Zeugentod für den christlichen Glauben offenbart dessen Wesen als Verähnlichung mit dem Gekreuzigten in unvergleichlicher, sonst nirgends erreichbarer Weise. Wie der Glaubenswandel als ganzer zur Gestalt und Geschichte Jesu nicht in der äußeren, losen Verbindung des Gehorsams gegen den Gesetzgeber oder der Nachahmung eines Vorbildes steht, vielmehr eine gestalthafte, wesentliche Ähnlichkeit, ein „Mitgekreuzigt-werden" ist, so geht im Martyrium diese Gleichförmigkeit, die eine Wesensgemeinschaft bedeutet, bis in einen Grad der Sichtbarkeit hinein, der in seiner Zeichenhaftigkeit unüberbietbar ist.

Denn wie gesagt werden konnte, daß der Wandel der Christen und die Gestalt des gelebten Glaubens das an ihnen Geschehene bezeugen, so wurde in frühester Zeit auch bereits vom Martyrium her „rückwärts" argumentiert: Wenn die Christen den gewaltsamen Tod sterben, so ersieht man daraus die Wahrhaftigkeit der Passion Jesu, Die Gleichgestalt konnte mit Händen gegriffen werden, obwohl sie selbst hier (wie in der Form der „Schwachheit", der Liebe und der Hoffnung) mißdeutet werden kann. – Die entscheidenden Anfänge für diese Heraushebung des Glaubensstodes in seinem Zeugnischarakter liegen in der Leidenstheologie und zum Teil auch in der Redeweise schon des Neuen Testaments. Der Gedanke selbst soll hier aber sogleich an einigen Texten aus nachbiblischer Zeit verfolgt werden, weil auf Grund der mannigfachen Erfahrung in Verfolgungszeiten die Vorstellung dort deutlicher ausgebildet ist. Aus der vielfältigen altchristlichen Anschauung vom Märtyrer sei hier ausschließlich der eine Zug des Zeugnisses aufgegriffen[53].

Die ersten Spuren eines expliziten Verständnisses des Martyriums als eines Zeugnisses begegnen bei Ignatius von Antiochia, der (gestorben ca. 110 n. Chr.) – als Gefesselter auf dem Weg nach Rom zum eigenen Martyrium – den Tod der Christen zum Argument gegen die Leugner der Realität der Passion Jesu Christi macht: „Nicht die Sprüche der Propheten überzeugten sie, auch nicht das Gesetz Mosis, ja nicht einmal bis jetzt das Evangelium, noch auch unsere Leiden Mann für Mann" (IgnSmyrn 5,1). Das täglich sich abspielende Martyrium müßte sie also überzeugen können. In diesem Tod wird

---

53 Die frühen Vorstellungen vom Märtyrer sind ausführlich von CAMPENHAUSEN, Die Idee des Martyriums in der alten Kirche, Göttingen ²1964, dargestellt.

mit stummer Beredsamkeit der Tod Jesu Christi verkündet. Das Martyrium läßt einen unmittelbaren Schluß auf das Geschehen der Passion zu. Ignatius spricht so gegen die irrige Meinung, Christus sei leidensunfähig gewesen und habe nur zum Schein gelitten. Und er sieht das Martyrium in so enger Einheit des Geschehens mit der Passion Jesu, daß für ihn mit der Passion auch das Martyrium seine Realität verliert: „Wenn er aber, wie einige, die Gottlose, das heißt Ungläubige sind, sagen, zum Schein gelitten hat, … wozu bin ich dann gefesselt, wozu auch sehne ich mich nach dem Tierkampf? Umsonst also sterbe ich. Also bringe ich Lügen vor gegen den Herrn" (IgnTrall 10). Das Martyrium ist entweder Zeugnis für das Kreuz oder aber Lüge und Lügenzeugnis. Aus sich selbst hat es weder Wert noch Wirklichkeit, es ist ganz Hinweis und Zeichen, „Wenn nämlich dies zum Schein von unserem Herrn vollbracht wurde, so bin auch ich zum Schein gefesselt. Wozu aber habe ich mich dann dem Tode ausgeliefert, zu Feuer, zu Schwert, zu Bestien?"[54] Das Martyrium ihrer Glieder war der alten Kirche ein Beweis für die Realität des Kreuzes. Im blutig sterbenden Christen ist der Gekreuzigte abgebildet. – In Auseinandersetzung mit demselben Irrglauben äußert sich Irenäus von Lyon (ca. 180) mit demselben Gedanken: „Einige haben sich zu solcher Kühnheit verstiegen, daß sie sogar die Märtyrer verachten und sie tadeln,[55] weil sie sich für das Bekenntnis des Herrn töten lassen und alles ertragen, was von dem Herrn vorausgesagt worden ist, und demgemäß wagen, in die Fußstapfen der Passion des Herrn zu treten, indem sie Zeugen (martyres) des leidensfähigen (Christus) geworden sind."[56] Die Christen würden nicht als Märtyrer sterben, wenn nicht Christus gelitten hätte. Das Martyrium ist transparent, in ihm scheint das Kreuz durch. Im Todesleiden wird der Christ dem Gekreuzigten so gleich gestaltet, wie es anders nicht möglich und anschaulicher nicht denkbar ist, so daß er mit seinem Leib das Zeugnis ist.

In den alten Märtyrerakten und auch sonst in der altchristlichen Literatur findet sich die Anschauung, daß Christus im Märtyrer leidet,[57] und noch

---

54 IgnSmyrn 4,2 (Fischer, Die Apostolischen Väter 206f.).
55 Es dürfte sich hier wie bei Ignatius um Gnostiker handeln, von deren Ablehnung des Martyriums uns die kirchlichen Schriftsteller berichten, z.B. *Irenaeus*, haer. IV 33,9; *Tertullian*, adv. val. 30; *Clemens Alexandrinus*, str. IV 16,3; 81–88; *Philaster von Brescia* 36, 3 (CSEL 38, 20); *Ps-Tertullian*, haer. I (CSEL 47, 215).
56 *Irenaeus*, haer. III, 18,5 (PG 7, 935f.; BKV² 3, 290.; FC 8/3, 228f.).
57 Vgl. z.B. *Passio Perpetuae et Felicitatis* 15; *Martyrium der Lugdunenser* bei *Eusebius*, h.e. V 1,23.42).

verbreiteter ist die undifferenzierte Vorstellung eines engen Nahverhältnisses zwischen Christus und dem Märtyrer[58]. Das Martyrium wird auf mannigfache Weise nicht nur als Nachahmung der einst geschehenen Passion, sondern viel unmittelbarer auch als gegenwärtige Fortsetzung und Präsenz des Leidens Jesu, ja nahezu als Teil seiner bleibenden Passion gedeutet. Statt vieler Texte sei eine Wendung des Irenäus ausgewählt, die diese altchristliche Theologie des Martyriums kurz so zusammenfaßt: Im Martyrium der Christen „folgt der Leib seinem Haupt nach"[59]. Also ist der Tod des Hauptes in der Hinrichtung des Leibes bezeugt. Das Martyrium ist der frühen Kirche nicht einfachhin ein Zeugnis für das Evangelium, für die christliche Botschaft allgemein oder „für die richtige Lehre", sondern sehr präzise der unmittelbar anschauliche Erweis der Wahrhaftigkeit und Wirksamkeit der Passion Jesu Christi, der in dieser Weise vom Wortzeugnis nicht, vom Zeugnis im Wandel nur annähernd erbracht wird. Darum allerdings ist die Intensität und Evidenz dieses Zeugnisses im Martyrium von der inhaltlichen Eingrenzung auf die Passion (darin aber sogleich der Auferstehung) begleitet. Man „sieht" das Leiden Christi, wenn man den Märtyrer leiden sieht. Diesen Märtyrerbegriff bezeugt noch die Syrische Didaskalia (3. Jahrhundert n. Chr.): „Durch ihn (den Märtyrer) nämlich seht ihr den Herrn, unseren Erlöser, darin, daß er der unvergänglichen Krone würdig geworden ist und das Märtyrertum des Leidens wieder erneuert hat."[60] Der Märtyrer stellt den leidenden Herrn vor Augen. Umgekehrt erweist er sich durch das, was er ‚nach dem Beispiel Christi selbst'[61] leidet, als Christen.

Wo in der frühesten Zeit das Martyrium als Zeugnis interpretiert wird, findet sich ausschließlich diese prägnante Version, die auf der Vorstellung von einer „Identität" im Geschehen von Martyrium und Passion beruht. Aus diesem Martyriumsverständnis ist auch die Tendenz der alten Märtyrer-Schriften zu erklären, eine umfangreiche äußere Parallelität im Ablauf des Martyriums und der Passion zu entdecken. Man glich die Erzählungen in vielen Einzelheiten an die Passionsberichte der Evangelien an, so daß sie in ihren unübersehbaren Übereinstimmungen mit der Passion Jesu das Ereignis

---

58 Vgl. z.B. *M.Polyk* 2,2; *IgnSmyrn* 4,2; *M.Lugd.* 1,6; Akten des Karpus, Papylus und der Agathonike 39.
59 *Irenaeus*, haer. IV 34,4. (FC 8/4, 286f.).
60 *Didasc.* 19 (TU.NF X/2, 92, Z. 20f.).
61 Vgl. *Tertullian*, praescr. 13 (BKV² 24, 319f.).

des Martyriums sich selbst auf sinnenfällige Weise deuten lassen. Man sieht in den Christen den Herrn selbst leiden. Die Überlieferung, nach welcher Petrus in Rom den Kreuzestod starb, also selbst in der Todesart dem Tod Jesu angeglichen wurde, kommt diesem Begriff vom Martyrium als höchst anschauliches Beispiel entgegen: „Wie glücklich ist doch diese Kirche, in welche die Apostel die Fülle der Lehre mit ihrem Blute überströmen ließen, wo Petrus in der Weise des Leidens dem Herrn gleichgemacht wird!"[62] So also wurde das Martyrium als Zeugnis verstanden. Es ist nicht zufällige Form und auch nicht einfach die extremste Form des Zeugnisses, sondern dessen eindringlichste, genuine Gestalt in der Ähnlichkeit mit dem getreuen und wahrhaften Zeugen Jesus Christus (Offb 1,5; 3,14). Nicht das Ausmaß des Erlittenen und der Grad der Standhaftigkeit allein, sondern in erster Linie und vor allem die Schicksalsgemeinschaft mit Jesus bis in diesen Tod hinein machen die Zeugenschaft des Märtyrers aus. Deshalb fügte noch im 4. Jahrhundert der Interpolator der Ignatius-Briefe in den Römerbrief des Ignatius von Antochia in dessen Sinn die Verdeutlichung ein, daß Ignatius „als Zeuge seiner (des Herrn) Leiden" nach Rom kommt: „damit ihr … dem Vater in Christus Jesus lobsingen könnt, weil Gott den Bischof von Syrien (= Ignatius) gewürdigt hat, sich im Gebiet des Sonnenunterganges (= Rom) zu befinden, vom Aufgang herbeigeholt – als Zeuge seiner Leiden" (IgnRom 2,2).[63] Zeuge der Passion wird Ignatius in Rom aber dadurch sein, daß er dort zum Märtyrer wird. Das Zeugnis in diesem spezifischen Sinn ist eben das Martyrium allein, nicht schon das Verfolgungsleiden des christlichen Bekenners. Nur der Tod des Blutzeugen bezeugt im konsequenten Sinn dieser altchristlichen Märtyreridee den „bis zum Tode gehorsam Gewordenen" (Phil 2,8).

Es verdient zum Verständnis der christlichen Zeugenschaft Beachtung, daß diese Deutung des Martyriums als Zeugnis in der alten Kirche offenbar gegen die Leugnung der wahrhaften Geschichtlichkeit der Fleischwerdung ausgeprägt wurde. Die Epiphanie Gottes in seiner Offenbarung in Jesus von Nazaret war so sehr Wirklichkeit und nicht nur „Schein", war als Geschichte so sehr ein „Stück Welt", daß sie es in der Geschichte der Glaubenden bleibt. Was am Martyrium in unüberbietbarer Zeichenhaftigkeit zu erkennen ist,

---

62 *Tertullian*, praescr. 36,3 (BKV² 24, 345). Diese Überlieferung ist auch bei *Eusebius*, h. e. III 1, 2; *Laktanz*, mort. pers. 6, bezeugt.

63 *IgnRom* 2,2 (Ignatii epistularum recensio longior, bei Diekamp, Patres apostolici II, Tubingae ³1913, 260); vgl. BROX, „Zeuge seiner Leiden." 218–220.

macht das Wesen auch der früher genannten Formen des christlichen Zeugnisses aus: Es bezeugt immer die Inkarnation des göttlichen Wortes. Die Offenbarung Gottes geschah nicht „über" oder „außer" der Geschichte, sie berührte die Geschichte nicht nur von fern und uneigentlich, sondern geschah als Geschichte, so daß sie auch fortgesetzt in der Geschichte der Glaubenden, als erfahrbare Gnade, ihre Bezeugung findet und manifestiert wird. Die alte Kirche bestand gegenüber dem Gnostizismus, der diese Welt und ihre Geschichte bestenfalls als Randerscheinung oder als „phantasia", lieber aber als „Schein" und „Nichts" bezeichnete[64], auf der Annahme der Welt durch den Gott, der sich in Jesus offenbarte. Sie lebte aus der Erfahrung der Geschichtsmächtigkeit seines Wortes und zeigte auf sich selbst und ihre einzelnen Glieder als auf das anschauliche Zeugnis für die Gestalt göttlicher Offenbarung und des eschatologischen Heils in dieser Welt. Darin zeigt sich der biblisch-christliche Gottes- und Offenbarungsbegriff und das durch ihn bedingte spezifische Weltverständnis des Christen. Die frühe Kirche setzte sich mit aller Leidenschaft von der totalen welt- und geschichtsnegativen Einstellung des Gnostizismus ab, die auf der strengen Weltjenseitigkeit und Distanziertheit des gnostischen Gottes basiert. Für den Gnostiker war auf seinen Gottesbegriff hin ausgeschlossen, was die eschatologische Erfahrung des Christen ist, daß nämlich Gott sich in geschichtlichen, weltimmanenten „Einbruchstellen" geoffenbart hat.

Im Martyrium wird das verkündete und gelebte Zeugnis der Kirche für den Gekreuzigten greifbar, wie es nur hier möglich ist nach Eindeutigkeit und Zeugniskraft für den, der „sieht". Denn hier gewinnt die Gestalt des Glaubens, der die Welt überwindet, als das freie „Mitgekreuzigtsein" eine unüberbietbare Offenkundigkeit. Die alte Kirche sah die Einheit zwischen dem Märtyrer und dem gekreuzigten Jesus so eng, daß sie wie von einer Identität von Zeugnis und Bezeugtem reden konnte. In diesem Tod erscheint, was in ihm geschieht: „Hier wird in absoluter Gültigkeit und Vollendung vollzogen, was bezeugt wird: das christliche Dasein als siegreiche Gnade Gottes. Das Zeugnis setzt das Bezeugte gegenwärtig, und das Bezeug-

---

64 Die doketische Christologie ist lediglich ein Niederschlag des gesamten gnostischen Weltverhältnisses und Wirklichkeitsverständnisses, wie es zum Beispiel belegt ist im koptisch-gnostischen Traktat ‚De Resurrectione' [Rheg.] 48,13–16.22f. 27–30 [NHC I,4] (Ed. und Übers. Malinine u.a., De resurrectione), im ebenfalls bei Nag-Hammadi gefundenen ‚Evangelium der Wahrheit' p. 17,18–25; 28,24–30,6 [NHC I,3/XII,2] (Ed. und Übers. Malinine u. a., Evangelium Veritatis); vgl. Irenaeus, haer. I 8, 2 (FC 8/1 176–179).

te schafft sich selbst die Bezeugung, die untrüglich ist."[65] – Wo aber der Glaube zur außerordentlichen, alles überbietenden Greifbarkeit seiner eigenen Gestalt findet, dort ist er zugleich im selben Grad der greifbaren Anschaulichkeit das Zeugnis in der Welt.

4. Schluß

Das christliche Zeugnis, wie es sich in den biblischen und frühchristlichen Schriften dargestellt findet, ist also bleibender Auftrag und die „Mission" der Kirche, nicht zusätzliche Aufgabe, sondern der Vollzug des Glaubens selbst in seiner Zeichenhaftigkeit. Der Glaube steht ursprünglich und durchgängig in der Dimension des Zeichens, insofern er sich und sein „Woher" in den Konkretionen kirchlichen und christlichen Lebens bezeugt. Dieses Zeugnis ist seiner Verständlichkeit und Glaubwürdigkeit nach sowenig zeitbedingt und situationsabhängig wie der Glaube. Es ist keinem Weltbild unterworfen und wird durch keine „Bewußtseinsänderung" überholt, denn es trägt sich gerade in den bleibenden Strukturen menschlicher Weltexistenz und mitmenschlichen Lebens durch, obschon es in der Treue zu der ihm eigenen Gestalt in verschiedenen Epochen sich verschieden konkretisieren mag. Die grundlegende Gestalt ist dagegen unaufgebbar und bleibende Möglichkeit. Vielleicht wird sich in zunehmendem Maße bestätigen, daß diese Gestalt des christlichen Zeugnisses, die bereits mit dem Glauben selbst zusammenfällt, nicht nur die primäre, wesentliche, sondern zugleich die glaubwürdige ist – auch dort, wo der Glaube nicht geteilt wird. Das in der Hoffnung auf Gottes Zukunft gelebte Leben mag das unaufdringlichste und zu gleich beredteste Zeugnis sein, ohne dessen Antreffbarkeit jeder andere Ausweis des Glaubens schwerlich überzeugt. Alle etwaigen anderen, zum Teil inzwischen schwierig gewordenen Zeugnisse für Gott neben dem im Glauben abgelegten werden vielleicht erst als diesem nachgeordnet und durch dieses vorbereitet ver-

---

65 RAHNER, Zur Theologie des Todes 93. Auf den dortigen Exkurs „Über das Martyrium" (ebd. 73–106), der aus systematischen Überlegungen über das Martyrium im Ergebnis sehr nahe und bis in solche Formulierungen wie die soeben zitierte hinein mit unseren historisch angesetzten Gedanken zusammenkommt, sei nachdrücklich verwiesen. Die Benennung des Martyriums als des Zeugnisses und des Märtyrers als des Zeugen schlechthin ist in der alten Kirche offenbar tatsächlich aus dem Umkreis der von Rahner gemeinten tiefgründigen Interpretation des Glaubenstodes geboren.

nehmbar: „Wo das Heilszeichen der zwischenmenschlichen Liebe leuchtet, lassen sich auch die Hieroglyphen des äußeren Weltbuches einigermaßen auf Gott hin enträtseln. Je durchsichtiger die Christenheit im ganzen sich auf das Kreuz hin macht, je mehr sie dessen überweise Torheit in unsere so gescheite und so ratlose Gegenwart ausstrahlen läßt – in Taten, nicht in Worten allein –, desto theophaner wird sie die Welt wieder machen."[66]

66 VON BALTHASAR, Gott begegnen in der heutigen Zeit 474.

Epilog

Das Leben als Weg zu begreifen, als eine Reise, eine Fahrt – dies, so macht Norbert Brox zu Beginn seiner Studie über den Glauben als Weg deutlich, ist keine kühne, außergewöhnliche Metapher, scheint vielmehr nahezuliegen, hat etwas allgemein Menschliches. Doch steht das weniger für die Trivialität als vielmehr für die Erfahrungsnähe dieses Deutungsmotivs. Die Wegmetapher auf den Glauben zu übertragen bedeutet, diesen sehr nahe an das Leben heranzurücken. Zu glauben heißt dann auch: zu leben, ein Leben zu führen. Norbert Brox' Wiederentdeckung des Wegs als Metapher für den Glauben erinnert auch daran, dass die Nähe des Glaubens zum konkreten Leben der Menschen wenigstens in der Geschichte des Katholizismus in der Moderne nicht immer so selbstverständlich war, wie sie uns heute einleuchten mag. Konnte doch Glaube als bloß intellektuelle Annahme einer „Wahrheit" aufgefasst werden, die Gott per Offenbarung, also „übernatürlich" den Menschen satzhaft mitgeteilt hat und deren Akzeptierung die Kirche kraft ihrer „göttlichen Stiftung" als Glaubensgehorsam einfordern, überwachen und verwalten zu können glaubte. Wie es sich mit einem solchen Glauben, der möglichst nicht durch die realen Bedingungen eines konkreten Lebens strapaziert werden durfte, tatsächlich lebte, steht auf einem anderen Blatt.

Nun soll man nicht meinen, diese Bestimmung des Verhältnisses von Glaube und Leben als Opposition wäre in dem Sinn historisch, dass sie als eine überwundene Dysfunktion des Katholizismus oder gar des Christentums gelten könnte und uns heute nicht mehr interessieren müsste. Wo immer der christliche Glaube als solcher oder einzelne inhaltliche Bestimmungen desselben als prinzipiell, das heißt unabhängig von einer die realen Lebensumstände der Menschen einbeziehenden Plausibilisierung geltend gemacht werden, wirkt jene Oppositionsbestimmung noch fort. Diese aus theologischen Gründen zurückzuweisen, bedeutet umgekehrt freilich nicht, den christlichen Glauben den realen Lebensbedingungen im Sinn eines Diktats des *status quo* zu unterwerfen. Gefordert ist vielmehr, die Gehalte, die inhaltlichen Bestimmungen des christlichen Glaubens, als fruchtbare Beanspruchungen des Lebens im Leben der Menschen im ‚Alltag der Welt' zur

Geltung zu bringen. Genau dies aber könnte als das theologale Movens der Arbeiten von Norbert Brox identifiziert werden.

Der Glaube als Weg: Die Moderne, so ist gesagt worden, sei vor allem durch den „Verlust der Mitte" (Hans Sedlmayr), durch den Verlust eines Ziels, ausgezeichnet. Darin sei sie das Ergebnis des Austritts der Neuzeit aus dem geschlossenen Weltbild des Christentums, so dass die alles koordinierende Zielvorgabe christlichen Heils verloren gegangen sei. Aus der Pilgerfahrt in die Vollendung sei eine „unendliche Fahrt" (Manfred Frank) ohne Aussicht auf Ankunft geworden. Doch stimmt es denn, dass die christliche Glaubensfahrt durchs Leben so unverrückbar von Eindeutigkeit und Sicherheit in Herkunft, Wegstrecke und Ziel bestimmt ist? Die Metapher des Wegs sagt doch anderes (und Norbert Brox weist darauf hin): Wer unterwegs ist, ist nicht zuhause. Die frühen Christen konnten sich durchaus als „Fremdlinge" verstehen und bezeichnen (1 Petr 1,1; 1,17; 1 Clem praef.; Diogn. 5,5). Reisende müssen mit Unvorhergesehenem rechnen, mit Verzögerungen, Umwegen, vielleicht sogar Zielablenkungen. Die Wegstrecke ist unausrechenbar und hat ihren eigenen Realitätsgehalt. Deswegen sind die Reisenden dankbar um jede Raststation, die sich bietet. Hier können sie sich erholen, sich stärken, sich mit Proviant versehen. Wenn die kirchlichen Vollzüge, vor allem die Eucharistie- oder Abendmahlsfeier, als solche Stationen der Stärkung verstanden werden, und wenn etwa die persönliche Gebetsfrömmigkeit als ein Schöpfen aus einem geistlichen Reiseproviant angesehen werden kann, dann markiert dies doch den Glaubensweg gerade nicht als immer schon prästabilisiert, sondern als wirklich jeweils allererst zu leben, zu gehen – offensichtlich eine Aufgabe, die den Gläubigen niemand, auch Gott nicht, abnimmt.

In dem Maß, wie das Christentum dies den einzelnen Glaubenden zumutet, ist der Auszug aus dem festen Gehäuse einer (in der Antike, etwa stoisch ausgebildeten Vorstellung der) Heilsökonomie bereits angebahnt. Und wenn dieser Auszug Kennzeichen der Moderne ist, steht sie nicht dem Christentum antithetisch gegenüber, sondern beginnt mit seiner frühen Geschichte. Die Modernität des christlichen Glaubensverständnisses artikuliert sich auch in der über viele theologiegeschichtliche Entwicklungsstufen gewonnenen Einsicht, dass Glaubensgewissheit nicht objektiv garantiert sein, sich vielmehr nur auf die Selbst-Mitteilung und Heilszusage Gottes beziehen kann, also in der ‚Treue Gottes' gründende Heilsgewissheit ist, die nicht anders als im personal-existentiellen Akt des Vertrauens auf diesen Gott erreicht werden kann. Thomas von Aquin spricht deswegen von Hoffnungsgewissheit (*certitudo spei*): Nicht des eigenen Glaubens sind Christen gewiss, sondern der Heilszusage Gottes, und dies auch nur im Modus des Vertrauens, der Hoffnung darauf, dass dieser, auf den die Glaubenden ihr Leben jetzt setzen, sich als der Vollendungsgrund dieses Lebens erweisen möge. In einem naiven Sinn jedenfalls produziert Glaube keine Sicherheit. Die Welt des Glaubens stellt somit nicht die einfache Antithese zu einer unübersichtlich plural gewordenen Moderne (oder Postmoderne) dar. Christinnen und Christen leben ja in derselben Welt wie anders oder gar nicht oder skeptisch glaubende Menschen. Sie teilen miteinander die Situation einer unüberschaubaren Welt. Sie teilen miteinander die Pflicht und Notwendigkeit, sich in dieser Situation zu orientieren, Entscheidungen zu treffen, Verantwortung zu übernehmen, was auch heißt, füreinander einzustehen. Mit seinen Überlegungen zur Individualethik, die sein gesamtes theologisches Arbeiten begleitet haben, hat Karl Rahner deutlich gemacht, dass der Glaube nicht einen Exklusivzugang zu immerwährend-gleichbleibenden Wahrheiten darstellt, durch deren Anrufung die Gläubigen sich von der Forderung ihrer jeweiligen Lebenssituation dispensieren könnten. Im Gegenteil ist der Glaube, wenn er denn Vertrauenshoffnung auf den rettenden Gott ist, in die Lebenssituation zu investieren. Der Ort der christlichen Hoffnung – auch der Ort, an dem sie sich erfüllen möge – ist doch das konkrete Leben. Anders hätte der christliche Glaubenszusammenhang, demzufolge Gott sich so sehr mit der Sphäre der Menschen identifiziert, dass er diese in und durch Jesus aus Nazaret sich zueigen macht und dass deswegen die Hoffnungsgewissheit des christlichen Glaubens sich im Auferstehungsgedanken ausformuliert, keinen Sinn.

Glaube ist also nicht ausreichend bestimmt als eine irgendwie besondere (und genau darin heute außerordentlich unglaubhafte) Weise des Für-wahr-Haltens. Das mag er freilich auch sein, doch nicht in Letztbestimmung. Die inhaltlichen Bestimmungen des christlichen Glaubens, wie sie etwa im Glaubensbekenntnis notiert sind, halten die Glaubenden ja nicht um ihrer selbst willen für wahr – und noch gar nicht angesprochen ist damit die Frage, in welcher Weise, in welchem Verständnis sie für wahr gelten können –, sondern weil sie in diesen Bestimmungen eine Wahrheit festgehalten sehen, die für ihr Leben von fundamentaler Bedeutung ist: die Wahrheit des christlichen Glaubens als Lebens-Wahrheit, als Wahrheit für das Leben. Die glaubende Anerkennung dieser Wahrheit – dass die Menschen und die Welt insgesamt in unbedingter und vorbehaltloser Weise schlechthin anerkannt, gewollt, geliebt sind, dass sie ihre Existenz, deren Erhalt und deren Vollendung in Fülle aus dieser Liebe wie ein Geschenk gewinnen und dass dieses festgehalten und ausgesagt ist in der Glaubensrede vom dreieinen Gott, der sich erschaffend (Vater), erlösend (Sohn) und vollendend (Geist) dieser Welt zugewandt und gegeben hat – geschieht personal: als Zustimmung zu diesem Gott als dem Lebens-Grund, als ein Ja, das der Mensch gewissermaßen kraft seines Lebens spricht. Glaube vollzieht sich als Zustimmung, die sich selbst in der Welt, vor anderen Menschen sichtbar, lesbar macht: als Zeugnis. Glaube ist nach christlichem Verständnis von vornherein beredt, kommunikativ – und in diesem Sinn keine Privatsache. Wenn der Glaube doch ein Ja zum belebenden Grund allen Lebens ist, und zwar so, dass durch dieses Ja der lebendige Gott Eingang in die Sphäre der Menschen findet, so ist dies nichts, das der einzelne Glaubende für sich behalten könnte und dürfte. Die Gabe des Lebens wird fruchtbar nur, indem sie weitergegeben wird. Norbert Brox zeigt mit Beispielen aus der früh- und altchristlichen Literatur auf, dass in den Anfängen des Christentums keineswegs der Rückzug in eine vermeintlich heimelige Enklave Gleichgesinnter als Weg des Glaubens empfohlen wurde. Eine (elitäre) Gruppenbildung zur konservatorischen Pflege des Christentums widerspricht dem Evangelium Gottes vom Heil in Jesus Christus für alle Menschen. Die älteste christliche Literatur verlangt vielmehr die radikaler Realisierung der Berufung aller, den christlichen Glauben an Gott in der Welt zu bezeugen. Wo immer Menschen sich um die Verwirklichung einer je menschlicheren – und, so könnte man sagen, einer „je weltlicheren" – Welt bemühen, legen sie Zeugnis für jenes Lebens-Heil ab, das Gott für diese Welt (sein) will. Darum ist der Ort des Christentums die Welt wie die Geschichte der Topos christlicher Theologie ist.

Dieses Zeugnis des Glaubens kann ausdrücklich christlich formuliert sein, es kann auch in den Sprachen anderer Glaubenstraditionen oder in den Spielarten rein säkularer Überzeugungen oder ganz wortlos – wie es 1 Petr 3,1f. Christinnen empfiehlt, die mit einem Heiden verheiratet sind – und anonym, spontan menschlich sich artikulieren. Ist nicht der barmherzige Samariter, den Jesus als Vorbild hinstellt, ein solcher spontan menschlich Handelnder, der gar kein bestimmtes Glaubensbekenntnis braucht, um zu tun, was er tut – und was, ausweislich der Gleichniserzählung, all die Orthodoxie-Profis zu tun nicht imstande sind?

Christinnen und Christen jedenfalls glauben, vollziehen ihren Glauben, indem sie Zeugnis für das „Evangelium Jesu Christi" ablegen, für die gute

Botschaft von jenem Gott, der der Welt und den Menschen rettend nahe sein will und sich deswegen in diese Welt begibt, ohne dabei aufzuhören, Grund dieser Welt zu sein. Wo immer und in welcher Sprache immer dem unbedingten, absoluten Wert dieser Welt Geltung verschafft wird, kommt es zu einem, sei es pseudo-, hetero- oder anonymen Zeugnis für diesen Gott des Lebens dieser Welt – in der Geste des Samariters oder, mit Heinz Robert Schlette, einem Weggefährten von Norbert Brox, gesagt, in der Martinsgeste. Christsein ist darum Zeugnis im Alltag der Welt.

Dieses Glaubenszeugnis, diese Bezeugung Gottes als Glaube an Gott, muss, wiewohl als Parteinahme für diese Welt gesprochen, gar nicht konform mit dem jeweils aktuellen Selbst-Verständnis dieser Welt gehen. Es kann, gerade aus Sorge um die Welt, in Dissens zum jeweiligen *status quo* dieser Welt treten und in der extremsten Konsequenz einer solchen Bejahung der Welt, die sich dialektisch als Verneinung einer konkreten geschichtlich-gesellschaftlich-politischen Situation artikuliert, zum Martyrium im engen Sinn führen, zum Glaubenszeugnis für den Gott des Lebens – bis zum Tod. Wenn Christinnen und Christen in einem solchen Martyrium in die Nachfolge Jesu eintreten, dann auch in die Nachfolge dessen, der in der Stunde der radikalen Gottverlassenheit an diesem Gott festgehalten hat. Was bleibt uns denn, als die Hoffnung, dass das Zeugnis, das Menschen noch im überwältigenden Sog der Mächte des Tods für den Gott des Lebens geben, von diesem her ins Recht gesetzt werden wird – und den Mächten des Tods die Gewalt des letzten Worts über das Geschick dieser Welt – und aller Menschen und Lebewesen in ihr – abgesprochen wird? Das Glaubenszeugnis der Märtyrer hat doch nur Sinn, wenn es sich letztlich als ein Zeugnis des Lebens erweist und nicht als ein Grabspruch, den der Tod endgültig über all die Versuche, lebendig zu sein, spricht.

Norbert Brox war als Wissenschaftler, als ,Lehrer der Theologie' und als Mensch ein diskreter Zeuge des Lebens, des Christseins im Alltag der Welt.

Danksagung

In die gemeinsame Neuauflage der beiden in diesem Band zusammengestellten Bücher (Der Glaube als Zeugnis, München 1966; Der Glaube als Weg – nach biblischen und altchristlichen Texten, München/Salzburg 1968), in denen Norbert Brox von den Anfängen des Christentums bis zum Ausgang des Altertums zwei Linie des biblischen Denkens, nämlich der christliche Glaube als Vollzug des Christseins in der Welt und das Selbstverständnis des christlichen Glaubens in seinem Zeugnis-Charakter, nachzieht, ist auch noch ein bislang unveröffentlichter Text als Prolog aufgenommen worden. Diese Neuauflage ist von verschiedener Seite unterstützt und bewerktstelligt worden.

Als erstes gilt unser Dank Frau Hilla Brox für die Druckerlaubnis. An der Neuerfassung und Drucklegung beider Bücher haben mitgearbeitet: Frau Ursula Bösch, Sekretärin, und Frau Jasmin Hack M.A., wissenschaftliche Hilfskraft, an der Professur für Bibelwissenschaften – Neutestamentliche Exegese am Institut für Katholische Theologie der Justus-Liebig-Universität Gießen, ferner Herr Dr. Thomas Johann Bauer, Akademischer Rat am AB Neutestamentliche Literatur und Exegese der Theologischen Fakultät der Albert-Ludwigs-Univerisität Freiburg, sowie Frau Dipl.-Theol. Kerstin Stürzekarn, wissenschaftliche Mitarbeiterin, Frau Maria Freund und Frau Sarah Rosenhauer, studentische Hilfskräfte, an der Professur für Systematische Theologie, Dogmatik und Fundamentaltheologie am Fachbereich Katholische Theologie der Goethe-Universität Frankfurt; Frau Anke Wöhrle hat im Matthias-Grünewald-Verlag die Veröffentlichung betreut. Ihnen allen gilt unser herzlicher Dank.

Dem „Verein zur Förderung der Theologischen Fakultät der Albert-Ludwigs-Universität Freiburg e.V." danken wir für seine großzügige Beteiligung an den Druckkosten.

Literatur

Die Schreibweise biblischer Eigennamen sowie die Abkürzungen der biblischen Bücher folgt dem Ökumenischen Verzeichnis der biblischen Eigennamen nach den Loccumer Richtlinien, Stuttgart 1971, ²1981. Die jüdische Literatur außerhalb der (hebräischen) Bibel ist in der Regel entsprechend den Sigeln bei S. M. Schwertner, Internationales Abkürzungsverzeichnis für Theologie und Grenzgebiete (IATG²), Berlin / New York ²1992, notiert. Für die christliche griechische Literatur ist G. W. H. Lampe, A Patristic Greek Lexicon, Oxford 1961, xi–xlv, maßgeblich. Die außerjüdische und außerchristliche Gräzität ist gemäß dem Autoren- und Werkeverzeichnis bei Liddell, H. G./Scott, R., A Greek-English Lexicon. With Supplement Oxford ⁹1989 , xvi–xlv (Suppl. vii–x), notiert. Für die lateinische Literatur ist K. O. Brink, Thesavrvs lingvae latinae. Index librorvm scriptorvm inscriptionvm ex qvibvs exempla affervntvr, Lipsiae ⁵1990, maßgeblich. Abkürzungen bibliographischer Angaben in den Anmerkungen sowie im Literaturverzeichnis erfolgen nach S. M. Schwertner. Die im Literaturverzeichnis aufgeführten Titel werden in den Anmerkungen nur mit Autorname, Kurztitel und Seitenzahl zititert.

1. Editionen und Übersetzungen

Ammonius von Alexandria
Reuss, J., Johannes-Kommentare aus der griechischen Kirche (TU 89), Berlin 1966, Fragment 327.

An Diognet
Marrou, H. I., À Diognète (SC 33), Paris 1951.
Mayer, J. Chrys., Die Schriften der apostolischen Väter nebst den Martyr-Akten des hl. Ignatius und hl. Polykarp (BKV¹ 1) Kempten 1869, 415–440.
Kaspar, J./Rauschen, G./Kukula, R. C., Die Apologie des Philosophen Aristides von Athen. Die beiden Apologien Justins des Märtyrers. Der

Brief an Diognet. Tatians des Assyrers Rede an die Bekenner des Grie-
chentums. Des Athenagoras von Athen Bittschrift für die Christen (BKV²
12), Kempten/München 1913.

LONA, H. E., An Diognet (KfA 8), Freiburg u.a. 2001.

Apollinarius

REUSS, J., Johannes-Kommentare aus der griech. Kirche (TU 89), Berlin
1966, Fragment 100.

Apoŝtolische Väter

FUNK, F. X., Patres apostolici. I. Doĉtrina duodecim apostolorum. Epistulae
Barnabae, Clementis Romani, Ignatii, Polycarpi huiusque martyrium. Pa-
piae Quadrati presbyterorum apud Irenaeum fragmenta. Epistula ad
Diognetum. Pastor Hermae, Tubingae ²1901. II. Clementis Romani Epistulae de virginitate eiusdemque Martyrium. Epistulae Pseudoignatii. Ignatii Martyria. Fragmenta Polycarpiana. Polycarpi vita, Tubingae ²1901.

DIEKAMP, F., Patres apostolici II. Clementis Romani Epistulae de virginitate
eiusdemque Martyrium. Epistulae Pseudoignatii. Ignatii Martyria. Fragmenta Polycarpiana. Polycarpi vita, Tubingae ³1913.

FISCHER, J. A., Die Apostolischen Väter, Darmstadt ²1958 (= SUC 1).

MAYER, J. CHRYS., Die Schriften der apostolischen Väter nebst den Martyr-
Akten des hl. Ignatius und hl. Polykarp (BKV¹ 1) Kempten 1869.

ZELLER, F., Die apostolischen Väter (BKV² 35), Kempten u.a. 1918.

Athanasius

FISCH, J., Ausgewählte Schriften des Heiligen Athanasius, Erzbischofs von
Alexandria und Kirchenlehrers, Bd. 1 (BKV¹ 15), Kempten 1872.

Auguŝtinus

KNÖLL, P. (Hg.), Sanĉti Avrelii Avgvstini opera. 1,1. Sanĉti Avreli Avgvstini
confessionvm libri tredecim (CSEL 33), Prag u.a. 1896.

HOFFMANN, A. (Hg.), Des heiligen Kirchenvaters Aurelius Augustinus Be-
kenntnisse (BKV² 18), München 1914.

Didaskalia

ACHELIS, H./FLEMMING, J., Die syrische Didaskalia (TU.NF X/2), Leipzig
1904.

Euseb von Caesaraea

SCHWARTZ, E., Eusebius Caesariensis, historia ecclesiastica I–V (GCS 9,1), Leipzig 1903.

KRAFT, H. (Hg.), Eusebius von Caesarea. Kirchengeschichte, München 1967.

Evangelium der Wahrheit

MALININE, M. u.a. (Hg.), Evangelium Veritatis [kopt., französ., dt. u. engl.] (SJI 6,1), Zürich 1956.

SCHENKE, H.-M., Die Herkunft des sogenannten Evangelium veritatis, Göttingen 1959.

Hermetica

FESTUGIÈRE, A.-J., Hermétisme et mystique paienne, Paris 1967.

NOCK, A. D., Hermes Trimegiste. Corpus Hermeticum, Tome I, Paris ²1960.

COLPE, C./HOLZHAUSEN, J. (Hg.), Das Corpus Hermeticum Deutsch (Clavis Pansophiae 7,1/2), Stuttgart-Bad Cannstatt 2008.

SCHENKE, H.-M., Nag Hammadi Deutsch, Berlin/New York 2007.

Hippolyt von Rom

WENDLAND, P. (Hg.), Hippolytus, refutatio omnium haeresium (GCS 26), Leipzig 1916.

PREYSING, K., Des heiligen Hippolytus von Rom Widerlegung aller Häresien (Philosophumena) (BKV² 40), München 1922.

Irenaeus

BROX, N., Irenaeus Lugdunensis. Adversus haereses [gr., lat., dt.] (FC 8/2–5), Freiburg u.a. 1993–2001.

Justin der Märtyrer

GOODSPEED, E. J., Die ältesten Apologeten. Texte mit kurzen Einleitungen, Göttingen 1914.

RAUSCHEN, G. (Hg.), S. Justini apologiae duae, Bonn ²1911

–, Die beiden Apologien Justins des Märtyrers (BKV² 12) Kempten/München 1913, 57–155.

HAEUSER, PH. (Hg.), Des heiligen Philosophen und Martyrers Justinus Dialog mit dem Juden Tryphon (BKV² 33), Kempten u.a. 1917.

Klemens von Alexandria

STÄHLIN, O./FRÜCHTEL, L., Clemens Alexandrinus (GCS 12. 15. 17. 39) [gr.], Leipzig/Berlin 1909. 1936/9. 1960.

MONDÉSERT, C., Clément d'Alexandrie. Le Protreptique. Introd., trad. et notes (SC 2) [gr., franz.], Paris ²1961.

SANGARD, F., Clément d'Alexandrie. Extraits de Théodote (SC 23) [gr., franz.], Paris 1948, 202.

HOPFENMÜLLER, L., Ausgewählte Schriften des Titus Flavius Clemens, Kirchenlehrers von Alexandrien (BKV¹ 42) Kempten 1875.

STÄHLIN, O., Des Clemens von Alexandreia ausgewählte Schriften (BKV²·² 7.8.17.19.20), München 1934/6/8.

Laktanz

HARTL, A./KNAPPITSCH, A., Des Luc. Cael. Firm. Lactantius Schriften (BKV² 36), Kempten/München ²1919.

Minucius Felix

KYTZLER, B. (Hg.), M. Minucius Felix. Octavius. Lateinisch-deutsch, München 1965.

Oden Salomo

BAUER, W. (Hg.), Die Oden Salomos (KlT 64) [kopt., syr., dt.], Berlin 1933.

–, Oden Salomos, in: E. Hennecke/W. Schneemelcher, Neutestamentliche Apokryphen in deutscher Übersetzung, Bd. II (NTApo³ 2), Tübingen ³1964, 576–625.

LATTKE, M., Oden Salomo (FC 19), Freiburg u.a. 1995.

Origenes

PREUSCHEN, E., Origenes, Johanneskommentar (GCS 10), Leipzig 1903.

GÖGLER, R., Origenes. Das Evangelium nach Johannes (MKZU.NF 4), Einsiedeln u.a. 1959.

KOHLHOFER, J., Des Kirchenschriftstellers Origenes acht Bücher Gegen Celsus, (BKV¹ 39. 50), Kempten 1876/7.

Philaster von Brescia

MARX, F. (Hg.), Sancti Filastrii Episcopi Brixiensis Diversarvm hereseon liber (CSEL 38), Prag u.a. 1898.

Pseudo-Clementinen

IRMSCHER, J., Die Pseudo-Clementinen, in: E. Hennecke/W. Schneemelcher, Neutestamentliche Apokryphen in deutscher Übersetzung, Bd. II (NTA-po³ 2), Tübingen ³1964, 373–398.

Rheginusbrief

MALININE, M. u.a., De resurrectione. Epistula ad Rheginum (Codex Jung F. XXIIr – F. XXVv (p. 43–50) [kopt., dt., engl., franz.], Zürich u.a. 1963.

Tertullian

BECKER, C. (Hg.), Tertullian. Apologeticum. Verteidigung des Christentums. Lateinisch und deutsch, München 1952.

KROYMANN, E. (Hg.), Tertulliani. Bd. 3 (CSEL 47), Wien/Leipzig 1906.

KELLNER, K. A. H./ESSER, G., Tertullians apologetische, dogmatische und montanistische Schriften (BKV² 24), Kempten/München 1915/6.

Thomasevangelium

GUILLAUMONT, A. u.a. (Hg.), Evangelium nach Thomas, Leiden 1959.

KASSER, R., L'Évangile selon Thomas. Présentation et commentaire théologique (BT]N]), Neuchatel 1961.

Vorsokratiker

DIELS, H./KRANZ, W., Die Fragmente der Vorsokratiker, 3 Bde., Zürich ⁶1951.

2. Sekundärliteratur

ANZ, W., Zur Frage nach dem Ursprung des Gnostizismus (TU 15,4), Leipzig 1897.

BALTHASAR, H. U. VON, Gott begegnen in der heutigen Zeit, in: Concilium I (1965) 468–474.

BARTH, M., Der Zeugendienst der Gemeinde in der Welt (TEH 21), München 1950.

BAUER, J. B., Arbeitsaufgaben am koptischen Thomasevangelium, in: VigChr 15 (1961) 1–7.

–, Art. „Weg", in: BThW ³1967, 1489–1493.

BLANK, J., Krisis. Untersuchungen zur johanneischen Christologie und Eschatologie, Freiburg 1964.

BORNKAMM, G., Jesus von Nazaret, Stuttgart 1956.

BRANDT, W., Wandel als Zeugnis nach dem 1. Petrusbrief, in: W. Foerster (Hg.), Verbum Dei manet in aeternum (FS für O. Schmitz), Witten 1953, 10–25.

BROX, N., Zeuge und Märtyrer. Untersuchungen zur frühchristlichen Zeugnis-Terminologie (StANT 5), München 1961.

–, „Zeuge seiner Leiden." Zum Verständnis der Interpretation Ign. Rom. II,2, in: ZKTh 85 (1963) 218–220.

BULTMANN, R., Das Evangelium des Johannes (KEK), Göttingen ¹⁴1956.

BUTLER, B. C., The „Two Ways" in the Didache, in: JThS.NS 12 (1961) 27–38.

CAMPENHAUSEN, H. FREIHERR VON, Die Idee des Martyriums in der alten Kirche, Göttingen ²1964.

CONZELMANN, H., Die Mitte der Zeit. Studien zur Theologie des Lukas, Tübingen ⁴1962.

DARRIEUTORT, A., Art. „Weg", in: WBB 1964, 741–743.

FRANKENBERG, W., Das Verständnis der Oden Salomos (BZAW 21), Gießen 1911.

GROS, A., Le Theme de la Route dans la Bible, Brüssel 1957.

GRUNDMANN, W., Art. σύν – μετά κτλ., in: ThWNT VII (1963) 766–795.

GROSSOUW, W. K. M. , Die Schriften des Johannes, in: P. J. Cools (Hg.), Die biblische Welt, II. Das Neue Testament (deutsche Ausgabe vorbereitet von Th. Schwegler), Olten/Freiburg im Breisgau 1965, 273–330.

HAHN, W., Mitsterben und Mitauferstehen mit Christus bei Paulus. Ein Beitrag zum Problem der Gleichzeitigkeit des Christen mit Christus, Gütersloh 1937.

HARBSMEIER, G., Ihr werdet meine Zeugen sein! (TEH 8), München 1947.

HARNACK, A. VON, Die Apostellehre und die jüdischen beiden Wege, Leipzig 1866. ²1896.

HENNE, E., Die Heilige Schrift des Alten und Neuen Testamentes. Das Alte Testament: Teil 2. Die Lehrbücher und die prophetischen Bücher, Paderborn ⁹1952.

HOFFMANN, P., Art. „Reich Gottes", in: HThG 2 (1963) 414–428.

HOSSFELD, F.-L., Studien zur Theologie des Weges im Alten Testament, Trier (masch. Diss. theol.) 1967.

JONAS, H., Gnosis und spätantiker Geist, I. Die mythologische Gnosis, Göttingen ³1964.

KAMLAH, E., Die Form der katalogischen Paränese im Neuen Testament (WUNT 7), Tübingen 1964.

KÄSEMANN, E., Das wandernde Gottesvolk (FRLANT 55), Göttingen ²1957.

KUSS, O., Der Brief an die Hebräer (RNT 8/1), Regensburg ²1966.

–, Der Römerbrief, Regensburg 1. Lieferung 1957. ²1963, 2. Lieferung 1959. ²1963.

MARXSEN, W., Der Evangelist Markus. Studien zur Redaktionsgeschichte des Evangeliums, Göttingen ²1959.

–, Exegese und Verkündigung (TEH 59), München 1957.

MICHAELIS, W., ὁδός κτλ. in: ThWNT V (1954), 42–118, hier: 42–101.

NEUHÄUSLER, E., Der heilige Weg. Biblische Betrachtungen über den Passionsbericht der Evangelien, Düsseldorf 1959.

NÖTSCHER, F., Gotteswege und Menschenwege in der Bibel und in Qumran (BBB 15), Bonn 1958.

PASCHER, J., Ἡ βασιλικὴ ὁδός. Der Königsweg zu Wiedergeburt und Vergottung bei Philon von Alexandreia (SGKA 17,3–4), Paderborn 1931 (ND New York u.a. 1968).

PÖSCHL, V./GÄRTNER, H./HEYKE, W., Bibliographie zur antiken Bildersprache (BKAW 1. NF), Heidelberg 1964.

QUÉRÉ-JAULMES, F./HAMMAN, A., Les chemins vers Dieu. Textes choisis et présentés (LetChr[P] 11), Paris 1966.

RAD, G. VON, Das erste Buch Mose. Genesis (ATD 2/4), Göttingen ⁵1958

–, Theologie des Alten Testaments, I. Die Theologie der geschichtlichen Überlieferungen Israels, München ²1958.

–, Theologie des Alten Testaments, II. Die Theologie der prophetischen Überlieferungen Israels, München 1960.

RAHNER, K., Zur Theologie des Todes (QD 2), Freiburg 1958.

REPO, E., Der „Weg" als Selbstbezeichnung des Urchristentums. Eine traditionsgeschichtliche und semasiologische Untersuchung (AASF Ser. B, 132,2). Helsinki 1964.

RICHARD, M./HEMMERDINGER, B., Trois nouveaux Fragments grecs de l'Adversus Haereses de Saint Irénée, in: ZNW 53 (1962) 252–255.

SCHELKLE, K. H., Die Passion Jesu in der Verkündigung des Neuen Testaments, Heidelberg 1949.

–, Die Petrusbriefe. Der Judasbrief (HThK XIII/2), Freiburg u.a. 1961.

SCHERMANN, Th., Eine Elfapostelmoral oder die X-Rezension der „beiden Wege". Nach neuem handschriftlichen Material (VKHSM 2,2). München 1903.

SCHLECHT, J., Die Apostellehre in der Liturgie der katholischen Kirche, Freiburg i. Br. 1901.

SCHLETTE, H. R., Epiphanie als Geschichte, München 1966.

SCHMID, J., Das Evangelium nach Lukas (RNT3), Regensburg ³1955.

—, Das Evangelium nach Matthäus (RNT 1), Regensburg ³1956.

SCHMID, J./SÖHNGEN, G., Art. „Weg", in: LThK² 10 (1965) 974–976.

SCHNACKENBURG, R., Die Johannesbriefe (HThK VIII/3), Freiburg ²1963.

—, Das Johannesevangelium, I. Einleitung und Kommentar zu Kap. 1–4 (HThK IV/1), Freiburg u.a. 1965.

SCHÜRMANN, H., Eschatologie und Liebesdienst in der Verkündigung Jesu, in: K. Schubert (Hg.), Vom Messias zum Christus. Die Fülle der Zeit in religionsgeschichtlicher und theologischer Sicht (Hrsg. im Auftr. d. Kathol. Akademikerverbandes d. Erzdiözese Wien), Wien u.a. 1964, 203–232

SCHULZ, A., Art. „Nachfolge", in: HThG 2 (1963) 202–207.

SCHULZ, S., Art. „Salomo-Oden", in: RGG³ V, Tübingen 1961, Sp. 1339–1342.

SCHWEIZER, E., Ego eimi. Die religionsgeschichtliche Herkunft und theologische Bedeutung der johanneischen Bildreden, zugleich ein Beitrag zur Quellenfrage des vierten Evangeliums (FRLANT 56), Göttingen 1939.

SEEBERG, A., Die beiden Wege und das Aposteldekret, Leipzig 1906.

SÖHNGEN, G., Der Weg der abendländischen Theologie. Grundgedanken zu einer Theologie des „Weges" (Bücherei der Salzburger Hochschulwochen), München 1959.

SPICQ, C., L'Épître aux Hébreux. I. Introduction (EtB), Paris 1952.

STRATHMANN, H., Das Evangelium nach Johannes (NTD4), Göttingen ⁸1955.

VÖGTLE, A., Die Tugend- und Lasterkataloge im Neuen Testament. Exegetisch, religions- und formgeschichtlich untersucht (NTA XVI 4–5), Münster 1936.

WIBBING, S., Die Tugend- und Lasterkataloge im Neuen Testament und ihre Traditionsgeschichte unter besonderer Berücksichtigung der Qumran-Texte (BZNW 25), Berlin 1959.

WINTER, P., Ben Sira and the Teaching of „Two Ways", in: VT 5 (1955) 315–318.

WYTZES, J., The Twofold Way. Piatonic Influences in the Work of Clement of Alexandria I, in: VigChr 11 (1957) 226–245;

—, The Twofold Way. Piatonic Influences in the Work of Clement of Alexandria II, in: VigChr 14 (1960) 129–153.